Von
Bärbel + Peter
2012
Weihnachten!

kochen & genießen

DIE BESTEN REZEPTE

Das große Koch- und Backbuch

MOEWIG

Moewig ist ein Imprint der Edel Germany GmbH

www.moewig.de | www.edel.com
1. Auflage 2011

Redaktion kochen & genießen:
Gertraud Schwillo (Chefredaktion)

Redaktion dieser Ausgabe:
Tanja Dostal

Fotos:
Food & Foto, Hamburg;
Deko & Style, Hamburg (13)
WK BLITZKÜCHE: Silit (6); Küchenprofi (2); Fissler (2);
Kenwood (1); WMF (1); Microplane (2); Deutsches Tiefkühlinstitut (1); Die Dosenköche (1); Tante Fanny (1);
WK OFEN: Miele (1), Römertopfkeramik GmbH (1),
Le Creuset (2), Fackelmann (2), Kaiser (1), Neff (1), Toppits (1);
WK NUDELN: Food & Foto, Hamburg; VTH e.V. (1)
WK MUSCHELN: Food & Foto (1)
S. 14, 26, 29, 31, 36, 53, 77, 78, 81, 86, 89, 98, 105, 116, 171, 182, 189, 200, 203, 204, 206, 210, 211, 220, 237, 243, 271, 273, 276: Food Collection.com (29);
S. 19, 42, 44, 64, 67, 78, 82, 119, 139, 177, 185, 216, 227, 254, 268: Photo Alto/I. Rozenbaum/F. Cirou (15)
S.156, 274, 251, 255, 260, 261, 280: Deko & Style (12)
S. 285, 286, 288: Adrzeij Tokarski@/Fotolia.de
S. 164,168,169–173: Ostmann (8)
S.289: www.tortissimo.de
Alle Rechte vorbehalten

Layout und Satz:
Marion Müller, mal 3, www.mal3-design.de

Druck und Bindung:
optimal media production GmbH, Röbel

Printed in Germany

ISBN 978-3-86803-467-7

Happy Birthday – 25 Jahre kochen & genießen!

Wir haben Geburtstag und möchten mit Ihnen feiern! Denn unser Erfolg ist auch Ihrer, Sie haben uns nicht nur über ein Vierteljahrhundert die Treue gehalten, sondern auch mit zahlreichen Rezepten, Kommentaren und Tipps zum Gelingen beigetragen.

Dafür möchten wir uns bei Ihnen mit diesem Jubiläumsband bedanken: rund 290 Gerichte auf 300 Seiten – die besten Rezepte aus 25 Jahren kochen & genießen! Und unser besonderes Bonbon: Die Redaktion hat ihre persönlichen Lieblingsrezepte beigesteuert! Wir haben sie extra markiert.

Schauen Sie doch gleich mal ins Inhaltsverzeichnis: Dort finden Sie neben einer breiten Palette der beliebtesten Rezeptkategorien – mit Koch- UND Backrezepten – auch besondere Kapitel wie „Einmachen & Einlegen“, „Klassiker der deutschen Hausmannskost“, das Beste aus dem „Kinder-Kochclub“ sowie zwei Extrakapitel für stimmungsvolle Ostern und Weihnachten. Und auch die Frage „Was koche ich heute?“ lässt sich mit diesem Buch garantiert und genussvoll beantworten.

Alle Gerichte wurden in der Versuchsküche von kochen & genießen getestet und sind Schritt für Schritt – teilweise durch Handgriff-Fotos – genau erklärt. Da kann wirklich nichts mehr schiefgehen.

Wir wünschen Ihnen wie immer guten Appetit – auf die nächsten 25 Jahre!

Ihre Redaktion kochen & genießen

Inhalt

Bunter Salat mit Putenstreifen

ZUTATEN FÜR 4 PERSONEN

- 500 g Putenbrust
- 3 EL Öl (z. B. Olivenöl)
- Salz • Pfeffer • Zucker
- 1 Bio-Limette oder -Zitrone
- 300 g Vollmilch-Joghurt
- 1 Lollo rosso
- 1 Lollo bianco
- ca. 50 g Rucola (Rauke)
- 400 g Kirschtomaten
- 1 Bund Lauchzwiebeln

1 Fleisch waschen, trocken tupfen und in Streifen schneiden. 2 EL Öl in einer beschichteten Pfanne erhitzen. Fleisch darin ca. 5 Minuten braten. Mit Salz und Pfeffer würzen.

2 Limette heiß waschen, trocken reiben und Schale abreiben. Limette auspressen. Saft und Schale mit Joghurt und 1 EL Öl verrühren. Mit Salz, Pfeffer und 1 Prise Zucker abschmecken.

3 Salate putzen, waschen und in mundgerechte Stücke zupfen. Tomaten waschen und halbieren. Lauchzwiebeln putzen, waschen und in Ringe schneiden. Alles mischen. Mit Putenstreifen und Joghurtsoße anrichten. Dazu schmecken Vollkorn-Brötchen.
Getränk: kühles Mineralwasser oder Roséwein.

ZUBEREITUNGSZEIT ca. 20 Min.
PORTION ca. 290 kcal
35 g E · 12 g F · 9 g KH

Qualität spart Zeit & Geld

Achten Sie schon beim Gemüsekauf auf Qualität. Denn frische Ware schmeckt nicht nur besser, sie ist auch schneller geputzt und ergiebiger, da Sie weniger Abfall haben.

Eine gute Mischung

Mal knackig frisch, mal herzhaft und sättigend – Salate sind so vielseitig und natürlich supergesund

Lauwarmer Linsensalat mit Ingwer

ZUTATEN FÜR 4 PERSONEN

- 125 g Tellerlinsen
- 3 TL Gemüsebrühe
- 500 g Kartoffeln
- 300 g Möhren
- 1 Knoblauchzehe
- 1 walnussgroßes Stück (ca. 30 g) frischer Ingwer
- 7–8 Schalotten oder 4 kleine Zwiebeln
- 1–2 Zweige Rosmarin
- 2 EL Öl • Salz • Pfeffer • Zucker
- 3–4 EL Weißwein-Essig
- 50 g Feld- oder Kopfsalat

1 Linsen abspülen. In ½ l kochendem Wasser mit 2 TL Brühe zugedeckt ca. 45 Minuten garen.

2 Kartoffeln und Möhren schälen, waschen, in Scheiben schneiden. Knoblauch und Ingwer schälen, fein würfeln. Schalotten schälen (Zwiebeln halbieren). Rosmarin waschen, abzupfen, hacken.

3 Öl erhitzen. Schalotten darin ca. 4 Minuten anbraten. Knoblauch, Rosmarin und Ingwer mit andünsten. Kartoffeln und Möhren zufügen, ebenfalls andünsten. Mit ¼ l Wasser ablöschen, aufkochen und 1 TL Brühe einrühren. Zugedeckt 10–15 Minuten garen.

4 Gemüse und Linsen evtl. abtropfen lassen und mischen. Mit Salz, Pfeffer, Zucker und Essig abschmecken. Feldsalat putzen, waschen und abtropfen lassen. Linsensalat mit dem Feldsalat anrichten.
Getränk: kühler Weißwein.

ZUBEREITUNGSZEIT ca. 1 Std.
PORTION ca. 260 kcal
11 g E · 7 g F · 38 g KH

Lieblings-Rezept der Redaktion
kochen & genießen

Gartensalat mit Senf-Dressing

ZUTATEN FÜR 4 PERSONEN

- 4 Eier
- 3 EL Essig (z. B. Kräuter-Essig)
- 2 TL mittelscharfer Senf
- 2 EL Öl
- 3–4 EL flüssige saure Sahne
- Salz • Pfeffer • Zucker
- 1 Bund Schnittlauch
- 1 Kopfsalat
- 150 g Blattspinat oder Feldsalat
- ½ Kohlrabi (ca. 150 g)
- 1 kleine Salatgurke
- 1 Bund Radieschen
- 1 Beet Kresse

1 Eier hart kochen. Essig, 2 EL Wasser und Senf glatt rühren. Öl darunterschlagen. Saure Sahne unterrühren, abschmecken. Schnittlauch waschen und in Röllchen schneiden. Die Hälfte in die Soße rühren. Eier abschrecken, schälen und auskühlen lassen.

2 Kopfsalat putzen, waschen, trocken schütteln und in mundgerechte Stücke zupfen. Spinat verlesen, gut waschen und abtropfen. Kohlrabi schälen, waschen und in dünne Stifte schneiden. Gurke waschen, schälen und in Scheiben schneiden. Radieschen putzen, waschen und in Scheiben schneiden. Kresse abspülen und vom Beet schneiden.

3 Eier achteln oder in Scheiben schneiden. Mit vorbereiteten Salatzutaten und Soße mischen. Mit Rest Schnittlauch bestreuen. Dazu schmeckt Bauernbrot. **Getränk:** kühle Weinschorle.

ZUBEREITUNGSZEIT ca. 40 Min.
PORTION ca. 200 kcal
11 g E · 15 g F · 4 g KH

Schnell variiert

Auch ein erfrischendes Joghurt-Dressing passt prima zu so einem bunt gemischten Salat. Dafür 250 g Vollmilch- oder Sahnejoghurt und 2–3 EL Zitronen- oder Orangensaft glatt rühren. Mit Salz, Pfeffer und Zucker abschmecken. Evtl. noch gehackte Kräuter darunterrühren.

Tomaten-Pasta-Salat mit Rucola

ZUTATEN FÜR 4 PERSONEN

- 250 g kurze Nudeln (z. B. Penne)
- Salz • Pfeffer • etwas Zucker
- 3–4 EL Mandelkerne
- 1 kg Fleischtomaten
- 100 g getrocknete Tomaten in Öl (Glas)
- 75 g Rucola (Rauke)
- 4–5 EL weißer Balsamico- oder Weißwein-Essig

1 Nudeln in reichlich kochendem Salzwasser ca. 10 Minuten bissfest garen. Abtropfen und auskühlen lassen.

2 Mandeln grob hacken. In einer Pfanne ohne Fett goldbraun rösten. Herausnehmen und auskühlen lassen.

3 Fleischtomaten waschen. ¾ in dicke Scheiben schneiden, Rest grob würfeln. Getrocknete Tomaten abgießen, dabei 4–6 EL Öl auffangen. Tomaten würfeln. Rucola putzen und waschen.

4 Essig, 2 EL Wasser, Salz, Pfeffer und Zucker verrühren. Das Öl darunterschlagen. Die getrockneten Tomaten darunterheben. Nudeln, Tomatenwürfel und Marinade mischen und etwas ziehen lassen. Rucola unterheben. Teller mit Tomatenscheiben auslegen, mit Salz und Pfeffer würzen. Den Nudelsalat darauf anrichten. Mandeln darüberstreuen. **Getränk:** roter Landwein.

ZUBEREITUNGSZEIT ca. 40 Min.
AUSKÜHLZEIT ca. 30 Min.
PORTION ca. 420 kcal
12 g E · 16 g F · 53 g KH

Einkaufs-Tipps

Getrocknete Tomaten gibt's pur und in Öl eingelegt. Letztere werden auch mit Kräutern und/oder Knoblauch gewürzt angeboten.

Statt Fleischtomaten können Sie auch andere Tomatensorten wählen – Hauptsache, sie sind schön reif!

Nudelsalat mit Thunfisch & Ei

ZUTATEN FÜR 8 PERSONEN

- 500 g Nudeln (z. B. Fussili)
- Salz • Pfeffer • Zucker
- 4 Eier
- 500 g Broccoli
- 2 Dosen (à 200 g) Thunfisch
- 1 Bund/Töpfchen Basilikum
- 250 g Salat-Mayonnaise
- 300 g Vollmilch-Joghurt
- 1–2 Knoblauchzehen
- etwas Zitronensaft
- 2 EL Kapern (Glas)
- 250 g Kirschtomaten
- 50 g schwarze Oliven

1 Nudeln in reichlich kochendem Salzwasser ca. 10 Minuten bissfest garen. Eier hart kochen. Broccoli putzen, waschen und in kleine Röschen teilen. Zugedeckt in wenig kochendem Salzwasser 3–4 Minuten bissfest garen.

2 Eier abschrecken, schälen und abkühlen lassen. Nudeln abgießen, kalt abspülen, Broccoli kurz in kaltes Wasser tauchen. Beides abtropfen lassen. Thunfisch abtropfen lassen und klein zupfen. Basilikum waschen und in Streifen schneiden.

3 Mayonnaise und Joghurt verrühren. Knoblauch schälen, durch die Knoblauchpresse direkt in den Joghurt pressen. Mit Salz, Pfeffer, Zitronensaft und etwas Zucker abschmecken. Thunfisch, Kapern und Basilikum unterrühren.

4 Tomaten waschen und halbieren. Eier achteln. Beides mit Nudeln, Broccoli, Oliven und der Soße mischen. Alles kräftig abschmecken.
Getränk: kühler Roséwein.

ZUBEREITUNGSZEIT ca. 30 Min.
PORTION ca. 570 kcal
23 g E · 29 g F · 51 g KH

Geflügelsalat mit Joghurt-Dressing

ZUTATEN FÜR 4 PERSONEN

- 1 Dose (425 ml) Aprikosen
- 250 g Joghurt
- 2 EL (ca. 40 g) Salat-Mayonnaise
- 2 EL Zitronensaft
- Salz • Pfeffer
- 400 g Hähnchenfilet
- 1 EL Öl
- 1 Bund Lauchzwiebeln
- 1 Bund Radieschen
- 200 g Champignons
- ½ Römersalat
- evtl. etwas Schnittlauch

1 Aprikosen abtropfen lassen, Saft dabei auffangen. Joghurt, Salat-Mayonnaise, 3–4 EL Aprikosensaft und 1 EL Zitronensaft glatt verrühren. Mit Salz und Pfeffer abschmecken.

2 Filet waschen, trocken tupfen und in Streifen schneiden. Im heißen Öl in einer beschichteten Pfanne rundherum ca. 3 Minuten braten. Mit Salz und Pfeffer würzen. Abkühlen lassen.

3 Aprikosen in Spalten schneiden. Lauchzwiebeln, Radieschen und Pilze putzen und waschen. Lauchzwiebeln in Ringe, Radieschen und Pilze in Scheiben schneiden. Pilze mit 1 EL Zitronensaft beträufeln.

4 Salat putzen, waschen und abtropfen lassen. Einige Blätter zum Anrichten beiseite legen, den Rest in schmale Streifen schneiden. Vorbereitete Salatzutaten und Soße mischen, evtl. etwas ziehen lassen. Auf Salatblättern anrichten und mit Schnittlauch garnieren.
Getränk: kühle Saftschorle.

ZUBEREITUNGSZEIT ca. 30 Min.
PORTION ca. 300 kcal
26 g E · 11 g F · 21 g KH

Badischer Kartoffelsalat

ZUTATEN FÜR 6–8 PERSONEN

- 1,5 kg festkochende Kartoffeln
- 2 mittelgroße Zwiebeln
- 3 EL Öl
- 4–6 EL Weinessig
- 1 TL Gemüsebrühe
- 3–4 EL körniger Senf
- Salz • Pfeffer • Zucker
- 250 g Fleischwurst (Stück)
- 6 mittelgroße Gewürzgurken
- 200 g mittelalter Gouda (Stück)
- 1 Bund Schnittlauch

1 Kartoffeln waschen und zugedeckt ca. 20 Minuten kochen. Abschrecken, schälen und abkühlen lassen.

2 Zwiebeln schälen und fein würfeln. Im heißen Öl andünsten. Mit gut 3/8 l Wasser und Essig ablöschen, aufkochen. Brühe und Senf einrühren. Mit Salz, Pfeffer und Zucker würzen. Die Kartoffeln in Scheiben schneiden und mit der heißen Marinade mischen. Mind. 1 Stunde durchziehen lassen.

3 Wurst und Gurken in dünne Scheiben und Käse in Würfel schneiden. Alles unter die Kartoffeln heben. Mind. 4 Stunden zugedeckt ziehen lassen. Salat mit Salz und Pfeffer abschmecken. Schnittlauch waschen und fein schneiden, darüberstreuen.

Getränk: kühles Bier.

ZUBEREITUNGSZEIT ca. 50 Min.
ABKÜHLZEIT ca. 30 Min.
MARINIERZEIT mind. 5 Std.
PORTION ca. 380 kcal
17 g E · 21 g F · 27 g KH

Schichtsalat mit Feta-Creme

ZUTATEN FÜR 3–4 PERSONEN

- 500–600 g Porree (Lauch)
- Salz • Pfeffer
- 2 Paprikaschoten (z. B. rot und gelb)
- 3 EL Zitronensaft
- Zucker
- 3–4 EL Öl (z. B. Olivenöl)
- 150 g Fetakäse
- 250 g Joghurt (z. B. griechischer)
- 2 Knoblauchzehen
- 75 g schwarze Oliven

1 Porree putzen, waschen und in feine Ringe schneiden. In kochendem Salzwasser 1–2 Minuten blanchieren. Abschrecken, abtropfen und abkühlen lassen. Paprika putzen, waschen und in feine Streifen schneiden.

2 Zitronensaft, Salz, Pfeffer und 1 Prise Zucker verrühren. 2–3 EL Öl darunterschlagen. Porree, Paprika und Marinade mischen.

3 Feta zerbröckeln und unter den Joghurt rühren. Mit Pfeffer abschmecken. Knoblauch schälen und in dünne Scheiben schneiden. In 1 EL heißem Öl goldgelb rösten und auf Küchenpapier abtropfen lassen.

4 Mariniertes Gemüse und Joghurt abwechselnd in Gläser schichten. Mit Oliven und Knoblauch bestreuen. Etwas ziehen lassen. Evtl. übrigen Joghurt dazureichen. Dazu schmeckt frisches Fladenbrot.
Getränk: kühles Bier.

ZUBEREITUNGSZEIT ca. 30 Min.
PORTION ca. 300 kcal
13 g E · 22 g F · 10 g KH

Lieber blanchieren

Den zarten Sommerporree kann man besser roh essen als den kräftigen Herbst- oder Winterporree. Kurz in Salzwasser blanchiert wird er aber auch milder und bekömmlicher.

Radieschen-Wurst-Salat

ZUTATEN FÜR 4 PERSONEN

- 2 Bund Radieschen
- 2 rote Zwiebeln
- 5–6 Gewürzgurken (Glas)
- 4 Wiener Würstchen
- etwas Schnittlauch
- 3 EL Apfelessig
- Salz • Pfeffer • Zucker
- 3–4 EL Öl

1 Radieschen putzen und waschen. Zwiebeln schälen. Radieschen, Zwiebeln, Gurken und Würstchen in dünne Scheiben schneiden. Schnittlauch waschen und in feine Röllchen schneiden.

2 Essig, Salz, Pfeffer und 1 Prise Zucker verrühren. Öl kräftig darunterschlagen. Mit den Salatzutaten mischen. Dazu schmeckt frisches Bauernbrot.

Getränk: kühles Mineralwasser oder Bier.

ZUBEREITUNGSZEIT ca. 20 Min.
PORTION ca. 380 kcal
13 g E · 32 g F · 7 g KH

Gut zu wissen

Radieschen sollten fest und prall, die Blätter frisch und saftig sein. Geplatzte Radieschen und sehr große Exemplare besser liegen lassen – sie sind meist schwammig.

Damit das Gemüse auch frisch bleibt, gleich nach dem Einkauf das Grün entfernen. Die Knollen in einen Frischhaltebeutel geben und im Gemüsefach des Kühlschranks aufbewahren.

Freiland-Radieschen schmecken meist schärfer als Treibhausware.

Schleifchennudel-Salat mit Cabanossi & Speck

ZUTATEN FÜR 6–8 PERSONEN

- 500 g Farfalle (Schleifchennudeln)
- Salz • Pfeffer • Zucker
- 150 g TK-Erbsen
- 100 g geräucherter durchwachsener Speck
- 1 Bund Lauchzwiebeln
- 300 g Magermilch-Joghurt
- 100 g Salat-Mayonnaise
- 4 mittelgroße Tomaten
- 300 g Cabanossi

1 Nudeln in reichlich kochendem Salzwasser ca. 12 Minuten bissfest garen. Erbsen ca. 3 Minuten mitgaren. Alles gut abtropfen und auskühlen lassen.

2 Speck in Streifen schneiden und in einer Pfanne ohne Fett knusprig braten. Lauchzwiebeln putzen, waschen, in Ringe schneiden und kurz mitbraten. In eine große Schüssel füllen. Etwas abkühlen lassen. Mit Joghurt und Mayonnaise verrühren. Mit Salz, Pfeffer und Zucker abschmecken. Nudeln und Erbsen unterheben. Ca. 30 Minuten ziehen lassen.

3 Tomaten waschen, vierteln, evtl. entkernen und würfeln. Cabanossi in Scheiben schneiden. Beides unter den Salat heben. Nochmals abschmecken.
Getränk: kühles Bier.

ZUBEREITUNGSZEIT ca. 25 Min.
AUS-/ABKÜHL-/MARINIERZEIT ca. 1 Std.
PORTION ca. 550 kcal
21 g E · 26 g F · 55 g KH

Orientalischer Couscous-Salat

ZUTATEN FÜR 4 PERSONEN

- 1 Zwiebel • 1 Knoblauchzehe
- 4 EL Olivenöl
- 1 Msp. Kreuzkümmel
- 1 TL Kurkuma
- 1–2 TL Gemüsebrühe
- 250 g Couscous (grober Hartweizengrieß)
- 1 EL Butter
- 5 EL Orangensaft
- 1 TL Senf
- ½ Salatgurke
- 2 Paprikaschoten (z. B. rot und gelb)
- 50 g Kürbiskerne
- 1 Bund/Töpfchen Minze
- 200 g Fetakäse

1 Zwiebel und Knoblauch schälen. Zwiebel fein würfeln. Knoblauch durch eine Knoblauchpresse drücken.

2 1 EL Öl in einem weiten Topf erhitzen. Zwiebel, Knoblauch, Kreuzkümmel und Kurkuma darin anschwitzen. Alles mit 400 ml Wasser ablöschen und Brühe einrühren, aufkochen. Couscous einstreuen und 2 Minuten quellen lassen. Butter in Flöckchen zugeben und alles bei geringer Hitze 3 Minuten köcheln. Abkühlen lassen.

3 Inzwischen Orangensaft und Senf verrühren. 3 EL Öl darunterschlagen. Gurke waschen und in feine Würfel schneiden. Paprika putzen, waschen und ebenfalls fein würfeln.

4 Kürbiskerne in einer Pfanne ohne Fett rösten. Minze waschen und Blättchen, bis auf einige zum Garnieren, von den Stielen zupfen. Blättchen fein hacken.

5 Vinaigrette unter das Couscous rühren. Paprika, Gurke, Minze und Kürbiskerne unterheben. Feta zerbröseln und darüberstreuen. Mit übriger Minze garnieren.
Getränk: kühler Weißwein.

ZUBEREITUNGSZEIT ca. 30 Min.
PORTION 560 kcal
16 g E · 35 g F · 41 g KH

Sahnige Erbsensuppe – bunt variiert

ZUTATEN FÜR 6–8 PERSONEN

- 2 mittelgroße Zwiebeln
- 1–2 EL Öl
- 1 TL getrockneter Majoran
- 500 g getrocknete grüne Schälerbsen
- 3 EL Gemüsebrühe
- 300 g TK-Erbsen
- 300 g Schlagsahne
- Salz • Pfeffer
- evtl. Petersilie zum Garnieren

Beilagen zum Variieren

- 150 g Cabanossi oder Mettenden
- 100 g Frühstücksspeck (Bacon)
- 3 Scheiben Weißbrot oder Toast
- 150 g geräucherter Lachs
- 1 Bund Schnittlauch
- 3 EL Mandelblättchen
- 3 EL Kürbiskerne
- 100–150 g Krabbenfleisch

1 Zwiebeln schälen und grob würfeln. Öl in einem großen Topf erhitzen. Zwiebeln darin andünsten. Majoran hinzufügen und alles mit 2 l Wasser ablöschen. Erbsen kurz abspülen und in die Brühe geben. Alles zugedeckt gut 1 Stunde köcheln.

2 Inzwischen Wurst in Scheiben schneiden, Speckscheiben dritteln und Brot würfeln. Lachs in Streifen schneiden. Schnittlauch abspülen und in Röllchen schneiden.

3 Mandeln und Kürbiskerne in einer Pfanne anrösten und herausnehmen. Anschließend Speck in der heißen Pfanne knusprig braten. Wurst ebenfalls kurz anbraten. Beides zur Seite stellen. Zuletzt die Brotwürfel im Speckfett anrösten. Alle Beilagen in Schälchen anrichten.

4 Wenn die Erbsen gar sind, die Suppe fein pürieren. TK-Erbsen und 200 g Sahne einrühren und alles ca. 5 Minuten köcheln lassen.

5 Suppe mit Salz und Pfeffer abschmecken. Übrige Sahne halbsteif schlagen, unter die Suppe ziehen und alles mit Schnittlauch und Petersilie garnieren. Beilage extra dazureichen.

ZUBEREITUNGSZEIT ca. 1 ½ Std.
PORTION ca. 690 kcal
49 g E · 32 g F · 46 g KH

Leckeres aus der Terrine

Die löffelt jeder gern aus: herzhafte Suppen und Eintöpfe, die Körper und Seele gleichermaßen erwärmen

Tomatensuppe mit Pesto

ZUTATEN FÜR 4 PERSONEN

- 1 große Stange Porree (Lauch)
- 1 Knoblauchzehe
- 1 EL Olivenöl
- 2 EL Tomatenmark
- 1 Dose (850 ml) Tomaten
- 1 TL getrocknete italienische Kräuter
- 2 TL Gemüsebrühe
- 75 g Suppennudeln (z. B. Hörnchen)
- Salz • Pfeffer • etwas Zucker
- ½ Bund glatte Petersilie
- 150 g Kirschtomaten
- 4 TL Pesto (Glas)

1 Porree putzen, waschen und in feine Ringe schneiden. Knoblauch schälen und fein hacken.

2 Öl in einem großen Topf erhitzen. Knoblauch und Porree darin andünsten, ca. 4 EL herausnehmen. Tomatenmark darin anschwitzen. Tomaten samt Saft zufügen und etwas zerkleinern. ¼ l Wasser, getrocknete Kräuter und Brühe einrühren. Aufkochen und zugedeckt ca. 20 Minuten köcheln.

3 Nudeln in kochendem Salzwasser ca. 10 Minuten bissfest garen. Petersilie waschen und fein schneiden.

4 Suppe pürieren und abschmecken. Kirschtomaten waschen, halbieren und darin erhitzen. Nudeln abgießen. Zusammen mit übrigem Porree in die Suppe geben. Mit je 1 TL Pesto anrichten und mit Petersilie bestreuen.

ZUBEREITUNGSZEIT ca. 35 Min.
PORTION ca. 210 kcal
6 g E · 9 g F · 24 g KH

Gut zu wissen

Nudeln für Suppen immer separat garen, denn sonst werden Brühen oder andere Flüssigkeiten durch die Stärke trüb. Nudeln auch immer zum Schluss in die Suppe geben, denn sie garen darin noch etwas nach und werden dann matschig.

Kräutersüppchen mit Räucherforelle

ZUTATEN FÜR 4 PERSONEN

- 1 Ei
- je ½–1 Bund Petersilie, Dill und Schnittlauch
- 3–4 TL Gemüsebrühe
- 1 TL (10 g) weiche Butter oder Margarine
- 2 TL (10 g) Mehl
- 2–3 EL Crème fraîche
- Salz • Pfeffer
- 125 g geräuchertes Forellenfilet

1 Ei ca. 10 Minuten hart kochen. Dann abschrecken, schälen und auskühlen lassen.

2 Kräuter waschen. Petersilie und Dill von den Stielen zupfen. Alle Kräuter grob zerkleinern.

3 Gut ¾ l Wasser aufkochen. Brühe einrühren. Kräuter darin kurz aufkochen und fein pürieren. Butter und Mehl verkneten. In Flöckchen in die Suppe rühren. Aufkochen. Mit Crème fraîche verfeinern. Mit Salz und Pfeffer abschmecken.

4 Ei hacken. Fisch in Stücke schneiden. Suppe anrichten. Forelle und gehacktes Ei hineingeben und mit übrigen Kräutern garnieren. Dazu passt Toast oder Baguette.

ZUBEREITUNGSZEIT ca. 30 Min.
AUSKÜHLZEIT ca. 30 Min.
PORTION ca. 120 kcal
10 g E · 7 g F · 3 g KH

Hühnersuppe „alla verdura“

ZUTATEN FÜR 4 PERSONEN

- 1 Zwiebel
- 2 Hähnchenbrüste mit Haut und Knochen (à ca. 350 g)
- 1 Lorbeerblatt
- 3–4 Pfefferkörner
- 3 Paprikaschoten (z. B. grün, gelb und rot)
- 3 Möhren
- 1 Zucchini
- Salz • Pfeffer
- 100 g Suppennudeln (z. B. Gabelspaghetti)
- 100 g TK-Erbsen
- evtl. 2 TL Hühnerbrühe
- ½ Bund Petersilie

1 Zwiebel schälen und halbieren. Fleisch waschen. Beides mit Lorbeer und Pfefferkörnern in ca. 1 ½ l Wasser aufkochen. Zugedeckt ca. 45 Minuten köcheln. Ab und zu abschäumen.

2 Gemüse putzen bzw. schälen, waschen und klein würfeln. Fleisch herausnehmen und etwas abkühlen lassen. Brühe durchsieben und mit Salz abschmecken. Nudeln darin 7–8 Minuten garen. Vorbereitetes Gemüse und Erbsen 5–6 Minuten mitgaren.

3 Fleisch von Haut und Knochen lösen und in mundgerechte Stücke schneiden. In der Suppe erhitzen. Mit Salz, Pfeffer und Brühe abschmecken. Petersilie waschen, abzupfen, fein hacken und darüberstreuen.

ZUBEREITUNGSZEIT ca. 1 ¼ Std.
PORTION ca. 340 kcal
35 g E · 9 g F · 28 g KH

Ingwer-Karotten-Cremesuppe

ZUTATEN FÜR 4 PERSONEN

- 1 mittelgroße Zwiebel
- 1 Stück (ca. 30 g) frischer Ingwer
- evtl. 1 Knoblauchzehe
- 800 g Möhren
- 1 EL Öl
- 2 TL Gemüsebrühe
- 100 g Schlagsahne
- Salz • Pfeffer • Zucker
- evtl. 5 EL Orangensaft
- ½ Bund Schnittlauch
- einige Kartoffelchips zum Bestreuen

1 Zwiebel schälen und hacken. Ingwer und Knoblauch schälen und durch die Knoblauchpresse drücken. Möhren schälen, waschen und in Scheiben hobeln. Alles im heißen Öl kurz andünsten. 800 ml heißes Wasser und Brühe einrühren. Zugedeckt ca. 20 Minuten köcheln.

2 Suppe mit dem Schneidstab pürieren. Sahne einrühren und aufkochen. Mit Salz, Pfeffer, etwas Zucker und Orangensaft abschmecken. Schnittlauch waschen, fein schneiden. Suppe mit Chips und Schnittlauch bestreuen.

ZUBEREITUNGSZEIT ca. 30 Min.
PORTION ca. 160 kcal
3 g E · 9 g F · 15 g KH

Feurige Kartoffelsuppe

ZUTATEN FÜR 6–8 PERSONEN

- 2 mittelgroße Zwiebeln
- 2 kg Kartoffeln
- 2 Paprikaschoten (z. B. grün)
- 1–2 Chilischoten oder etwas Chilipulver
- 2 EL Öl
- 3 EL Gemüsebrühe
- 2 Dosen (à 425 ml) Maiskörner
- 100 g Frühstücksspeck (Bacon) in dünnen Scheiben
- Salz • Pfeffer

1 Zwiebeln und Kartoffeln schälen. Paprika putzen und waschen. Alles in kleine Würfel schneiden. Chilis längs einschneiden, entkernen und waschen.

2 Öl in einem großen Topf erhitzen. Zwiebeln, Kartoffeln und Paprika darin andünsten. Gut 2 l Wasser, Chili und Brühe zufügen. Alles aufkochen und zugedeckt ca. 25 Minuten köcheln.

3 Mais abtropfen lassen. Nach ca. 15 Minuten in die Suppe geben und mitgaren. Speck in Stücke schneiden und ohne zusätzliches Fett knusprig braten. Auf Küchenpapier abtropfen lassen. Speckfett evtl. in die Suppe rühren. Mit Salz und Pfeffer abschmecken. Mit dem Speck anrichten.

ZUBEREITUNGSZEIT ca. 1 Std.
PORTION ca. 310 kcal
10 g E · 8 g F · 47 g KH

Gut vorbereitet

Diese Kartoffelsuppe können Sie schon prima am Vortag zubereiten. Oder sogar noch früher und dann einfrieren. Den Speck sollten Sie jedoch frisch braten, damit er schön knusprig ist.

Rot-weiße Bohnensuppe mit Cabanossi

ZUTATEN FÜR 4 PERSONEN

- 500 g Kartoffeln (z. B. vorwiegend festkochend)
- 2 mittelgroße Zwiebeln
- 1–2 Knoblauchzehen
- 1 große Stange Porree (Lauch)
- 750 g Tomaten
- 1 EL Öl (z. B. Olivenöl)
- 3 TL klare Brühe
- 200 g Cabanossi oder Mettwürstchen
- 1 Dose (425 ml) Kidney-Bohnen
- 1 Dose (425 ml) weiße Bohnenkerne
- 3–4 Stiele frischer oder 1 TL getrockneter Majoran
- Salz • Pfeffer

1 Kartoffeln schälen, waschen und in Würfel schneiden. Zwiebeln und Knoblauch schälen, hacken. Porree putzen, waschen und in Ringe schneiden. Tomaten waschen und klein schneiden.

2 Öl im ofenfesten Topf erhitzen. Zwiebeln, Knoblauch, Kartoffeln und Porree darin kräftig andünsten. Tomaten zufügen. Ca. ¾ l Wasser zugeben. Aufkochen und Brühe darin auflösen.

3 Alles offen im vorgeheizten Backofen (E-Herd: 200 °C/Umluft: 175 °C/Gas: Stufe 3) ca. 30 Minuten schmoren.

4 Cabanossi in Scheiben schneiden. Gesamte Bohnen abspülen und abtropfen lassen. Majoran waschen und, bis auf etwas zum Garnieren, hacken.

5 Cabanossi, Bohnen und Majoran zum Eintopf geben. Bei gleicher Temperatur ca. 15 Minuten weitergaren, abschmecken. Mit restlichem Majoran garnieren.

Dazu schmeckt Bauernbrot.
Getränk: kühles Bier.

ZUBEREITUNGSZEIT ca. 1 ½ Std.
PORTION ca. 500 kcal
27 g E · 23 g F · 42 g KH

Ideal für Eintöpfe

Weiße und rote Bohnenkerne haben viele Pluspunkte: Sie zerfallen beim Kochen kaum, lassen sich vielseitig würzen und sättigen gut. Dazu liefern sie reichlich pflanzliches Eiweiß, Ballaststoffe und Vitamin B.

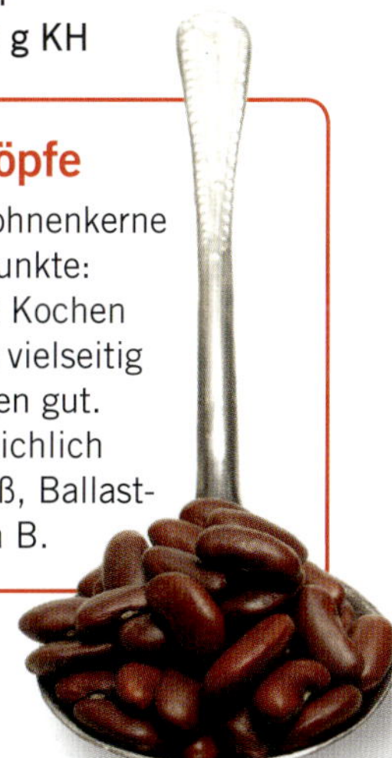

Mexikanischer Paprika-Chili-Topf

ZUTATEN FÜR 6 PERSONEN

- 1 Gemüsezwiebel
- 2 Knoblauchzehen
- 3 Paprikaschoten (z. B. grün, gelb und rot)
- 1–2 rote Chilischoten oder Chilipulver
- 4 Hähnchenfilets (ca. 600 g)
- 750 g Kartoffeln
- 3–4 EL Öl
- Salz • Pfeffer
- 2–3 TL Brühe
- evtl. 1–2 Lorbeerblätter
- 2 Dosen (à 425 ml) Kidney-Bohnen
- 2 EL Tomatenmark
- 1 Dose (850 ml) Tomaten

1 Zwiebel und Knoblauch schälen, würfeln. Paprika putzen, waschen, würfeln. Chilis längs einschneiden, entkernen, waschen und fein schneiden. Fleisch waschen, trocken tupfen und würfeln. Kartoffeln schälen, waschen und grob würfeln.

2 Fleisch im heißen Öl anbraten, mit Salz und Pfeffer würzen, herausnehmen. Zwiebel und Knoblauch im Bratfett anbraten. Kartoffeln, Paprika und Chili kurz mitbraten. ½ l Wasser, Brühe und Lorbeer zufügen. Alles aufkochen und zugedeckt ca. 20 Minuten köcheln.

3 Bohnen abspülen, abtropfen lassen. Mit Tomatenmark, Tomaten samt Saft und Fleisch in die Suppe rühren. Tomaten im Topf etwas zerdrücken. Zugedeckt ca. 10 Minuten weiterköcheln. Mit Salz und Pfeffer abschmecken. Dazu passen Tortilla-Chips.

ZUBEREITUNGSZEIT ca. 1 Std.
PORTION ca. 360 kcal
36 g E · 6 g F · 37 g KH

Kürbissuppe mit Hähnchenfilet

ZUTATEN FÜR 4 PERSONEN

- 3 Hähnchenfilets (400–500 g)
- Salz • Pfeffer
- 2 EL Öl
- 1 mittelgroßer Apfel
- 1 große Zwiebel
- 1 kg Kürbis
- ½ –1 TL Curry
- 2–3 TL Hühnerbrühe
- ½ Bund Schnittlauch
- 2 EL Kartoffelpüree-Flocken
- 4 EL Crème fraîche

1 Filets waschen und trocken tupfen. In einem Topf im heißen Öl pro Seite 5–7 Minuten braten, würzen. Apfel schälen und entkernen. Zwiebel schälen. Beides in kleine Würfel schneiden.

2 Kürbis mit einem Löffel entkernen. Schälen und grob würfeln. Filets herausnehmen. Zwiebel im Bratfett andünsten. Kürbis und Apfel ca. 2 Minuten mitdünsten.

3 Mit Curry bestäuben und kurz anschwitzen. Mit 1 l Wasser ablöschen, aufkochen. Brühe einrühren, ca. 10 Minuten köcheln. Schnittlauch waschen und in Röllchen schneiden. Fleisch in Scheiben schneiden.

4 3 EL Kürbis herausheben. Suppe pürieren. Püreeflocken einrühren, aufkochen. Fleisch und Kürbisstücke darin erhitzen. Mit Crème fraîche und Schnittlauch anrichten.

ZUBEREITUNGSZEIT ca. 40 Min.
PORTION ca. 280 kcal
28 g E · 10 g F · 17 g KH

Fernöstliche Geflügelsuppe

ZUTATEN FÜR 4 PERSONEN

- 3–4 Möhren (ca. 350 g)
- 1 mittelgroße Zwiebel
- 3 Knoblauchzehen
- 1 Stück (ca. 20 g) frischer Ingwer
- 2 Stangen frisches oder 2 TL gefriergetrocknetes Zitronengras
- 2 Hähnchenbrüste (mit Knochen; ca. 750 g)
- 8 Pfefferkörner • Salz
- 1 kleiner Blumenkohl (ca. 750 g)
- 1 kleiner Spitzkohl (ca. 400 g)
- evtl. 1 kleine Chilischote
- 2–3 EL Zitronensaft
- ca. 1 TL Sambal Oelek
- evtl. Koriander zum Garnieren

1 Möhren, Zwiebel, Knoblauch und Ingwer schälen und, bis auf die Hälfte Ingwer, grob zerkleinern. Zitronengras waschen und etwas flacher klopfen. Fleisch waschen und trocken tupfen.

2 Vorbereitete Zutaten, Pfefferkörner und 1 ½ l Salzwasser im großen Topf aufkochen. Zugedeckt ca. 40 Minuten köcheln. Zwischendurch abschäumen.

3 Kohl putzen, waschen. Blumenkohl in Röschen teilen, Spitzkohl in Streifen schneiden. Übrige Möhren schälen, waschen und in Scheiben schneiden. Rest Knoblauch schälen, mit Rest Ingwer in dünne Scheiben schneiden. Chili waschen, evtl. entkernen und in Ringe schneiden.

4 Fleisch herausnehmen und etwas abkühlen lassen. Brühe durchsieben und aufkochen. Blumenkohl darin zunächst ca. 5 Minuten garen. Möhren zufügen und weitere ca. 3 Minuten garen. Spitzkohl, Chili, Knoblauch und Ingwer zufügen und weitere ca. 5 Minuten garen.

5 Fleisch von Haut und Knochen lösen und in Stücke schneiden. In der Suppe erhitzen. Mit Zitronensaft, Salz und Sambal Oelek abschmecken. Anrichten und mit Koriander garnieren.

ZUBEREITUNGSZEIT ca. 1 ¼ Std.
PORTION ca. 260 kcal
35 g E · 9 g F · 8 g KH

Brunnenkresse-Suppe mit Schinken-Chips

ZUTATEN FÜR 4 PERSONEN

- 2 Bund Brunnenkresse (à ca. 250 g)
- 1 mittelgroße Zwiebel
- 1 EL Butter/Margarine
- 1 leicht gehäufter EL Mehl
- ¼ l Milch
- ca. 2 TL Gemüsebrühe
- 1 EL Pinienkerne
- 4 Scheiben roher Schinken
- Salz • Pfeffer
- 4 TL Crème fraîche

1 Brunnenkresse putzen, waschen und bis auf etwas zum Garnieren, grob hacken. Zwiebel schälen und fein würfeln.

2 Fett in einem Topf erhitzen. Zwiebel darin andünsten. Mehl darüberstäuben und anschwitzen. Milch, gut ½ l Wasser und Brühe einrühren. Aufkochen und ca. 5 Minuten köcheln.

3 Pinienkerne ohne Fett goldbraun rösten, herausnehmen. Schinken in der Pfanne knusprig braten. Herausnehmen und grob zerbrechen.

4 Brunnenkresse in die Suppe geben. Alles mit einem Schneidstab fein pürieren. Mit Salz und Pfeffer abschmecken. Suppe mit je 1 TL Crème fraîche anrichten. Mit Schinken-Chips, Pinienkernen und Rest Brunnenkresse garnieren.

ZUBEREITUNGSZEIT ca. 30 Min.
PORTION ca. 170 kcal
6 g E · 11 g F · 10 g KH

Paella mit Hähnchen & Chorizo

ZUTATEN FÜR 4–6 PERSONEN

- 3 Paprikaschoten (ca. 600 g; z. B. grün, gelb und rot)
- 2 mittelgroße Zwiebeln
- 2 Knoblauchzehen
- 250 g Chorizo (span. Paprikawurst) oder Cabanossi
- 1 kleiner Zweig Rosmarin
- 1 kg Hähnchen-Unterkeulen
- Salz • Pfeffer • 3–4 EL Öl
- 400 g Paella- oder Risotto-Reis
- 200 g TK-Erbsen
- 3 EL Hühnerbrühe
- 1–2 Döschen Safran
- 2–3 Lorbeerblätter
- evtl. Petersilie zum Garnieren

1 Paprika putzen, waschen und in kleine Stücke schneiden. Zwiebeln und Knoblauch schälen und grob würfeln. Wurst in Scheiben schneiden. Rosmarin abspülen.

2 Hähnchenkeulen waschen, trocken tupfen und kräftig mit Salz und Pfeffer würzen. Öl in einer großen Pfanne erhitzen und die Keulen rundherum kräftig anbraten. Herausnehmen und beiseite stellen.

3 Zwiebeln, Knoblauch und Wurst im Bratfett leicht anbraten. Paprika, Reis und Erbsen hinzufügen und alles kurz weiterbraten.

4 Reis-Gemüsemix in eine große Paellapfanne, alternativ in eine Fettpfanne, geben. Brühe und Safran in knapp 1 l kochendem Wasser auflösen und über den Reis gießen. Hähnchenkeulen auf dem Reis verteilen. Darauf Lorbeerblätter und Rosmarin geben.

5 Im vorgeheizten Backofen (E-Herd: 200 °C/Umluft: 175 °C/Gas: Stufe 3) ca. 45 Minuten garen. Wichtig: Zwischendurch nicht umrühren! Die Paella ist fertig, wenn der Reis die Brühe komplett aufgesogen hat. Rosmarin und Lorbeer entfernen und die Paella mit Petersilie garnieren.
Getränk: Sangria oder trockener spanischer Rotwein.

ZUBEREITUNGSZEIT ca. 1 ½ Std.
PORTION ca. 650 kcal
38 g E · 28 g F · 60 g KH

In die Pfanne, fertig – mmh!

Eine Pfanne findet sich selbst in der kleinsten Küche. Und viel mehr braucht man nicht für diese unkomplizierten Rezepte

Rindfleischstreifen mit Mango

ZUTATEN FÜR 4 PERSONEN

- 200 g Reis
- Salz
- 1 rote Paprikaschote (ca. 250 g)
- 1 Stange Porree (Lauch)
- 70 g frische Mungo- oder Sojabohnen-Keimlinge
- 1 Dose (425 ml) Mango
- 1 walnussgroßes Stück (20 g) frischer Ingwer oder 1 TL Ingwerpulver
- 600 g Rumpsteak oder 400 g Rinderfilet
- 2–3 EL Öl
- grober weißer Pfeffer
- 1 TL Gemüsebrühe
- 150 g Asia-Soße „süßsauer" (Flasche)
- 2–3 EL Sojasoße

1 Reis in knapp ½ l kochendes Salzwasser geben, bei schwacher Hitze 15–20 Minuten ausquellen lassen.

2 Gemüse putzen und waschen. Paprika in Streifen, Porree in Ringe schneiden. Keimlinge verlesen, waschen und abtropfen lassen. Mango abtropfen lassen und in Spalten schneiden. Ingwer schälen, fein reiben.

3 Fleisch evtl. waschen, trocken tupfen, in dünne Streifen schneiden. Öl im Wok oder in einer großen Pfanne erhitzen. Fleisch darin portionsweise rundherum 2–3 Minuten kräftig anbraten. Mit Salz und Pfeffer würzen, herausnehmen.

4 Gemüse im Bratfett unter Wenden ca. 5 Minuten braten. Keimlinge kurz mitdünsten. Mit ¼ l Wasser ablöschen, aufkochen. Brühe einrühren, Ingwer zufügen und ca. 5 Minuten dünsten. Asia-Soße, Fleisch und Mango zugeben, 2 Minuten erhitzen. Mit Salz, Pfeffer und Sojasoße abschmecken. Anrichten, Reis dazureichen.

Getränk: kühler Weißwein oder Mineralwasser.

ZUBEREITUNGSZEIT ca. 30 Min.
PORTION ca. 510 kcal
39 g E · 10 g F · 69 g KH

Wurstpfanne mit Senf-Rahm

ZUTATEN FÜR 4 PERSONEN

- 1 Bund Lauchzwiebeln
- 1 Schinken-Fleischwurst (400–500 g)
- 1–2 EL Öl
- 1–2 TL Mehl
- ⅛ l Milch
- 1–2 TL klare Brühe
- 1 ½–2 EL scharfer Senf
- 4–5 EL (75 g) Schmand
- 2–3 Stiele Petersilie

1 Lauchzwiebeln putzen, waschen und in Stücke schneiden. Die Fleischwurst aus der Haut lösen und in dünne Scheiben schneiden.

2 Öl in einer großen Pfanne erhitzen. Wurst darin unter Wenden anbraten, herausnehmen. Lauchzwiebeln im Bratfett anbraten. Mehl darüberstäuben, kurz anschwitzen. Mit Milch und ¼ l Wasser ablöschen, aufkochen. Brühe, Senf und Schmand einrühren, abschmecken. Wurst zufügen und alles 1–2 Minuten köcheln.

3 Petersilie waschen, hacken und darüberstreuen. Dazu schmeckt Bauernbrot oder Kartoffelpüree.
Getränk: kühles „Radler" (halb Bier, halb Zitronenlimonade) oder ein Hefeweizen.

ZUBEREITUNGSZEIT ca. 20 Min.
PORTION ca. 440 kcal
15 g E · 37 g F · 7 g KH

Extra-Tipp

Noch herzhafter schmeckt die Wurstpfanne, wenn Sie Krakauer oder Jagdwurst dafür nehmen.

Gefülltes Kotelett mit Rahmpilzen

ZUTATEN FÜR 4 PERSONEN

- 15 g getrocknete Steinpilze
- 100 g gekochter Schinken
- 1 mittelgroße Zwiebel
- ½ Bund Petersilie
- 4 Schweinekoteletts (à ca. 200 g)
- Salz • Pfeffer
- 2 EL Öl
- 500 g kleine Champignons
- 150 g Schlagsahne
- 250 g kleine Tomaten (z. B. Kirschtomaten)
- 1 EL mittelscharfer Senf
- Holzspießchen

1 Steinpilze in 3/8 l lauwarmem Wasser ca. 30 Minuten einweichen. Schinken würfeln. Zwiebel schälen und fein würfeln. Petersilie waschen, abzupfen und fein hacken.

2 Koteletts waschen und jeweils eine Tasche hineinschneiden. Steinpilze abtropfen, das Einweichwasser dabei auffangen. Pilze hacken. Mit Zwiebel, Schinken und Petersilie mischen, würzen. Koteletts damit füllen. Tasche mit Spießchen zustecken.

3 Öl in einer Pfanne erhitzen. Koteletts darin pro Seite 5–6 Minuten braten. Inzwischen Champignons putzen und halbieren. Koteletts würzen, herausnehmen und warm stellen.

4 Champignons im Bratfett anbraten. Steinpilzwasser und Sahne angießen. Ca. 5 Minuten köcheln. Tomaten waschen und in der Soße erhitzen. Mit Salz, Pfeffer und Senf abschmecken. Alles anrichten. Dazu passt Baguette oder Salzkartoffeln.

Getränk: kühles Bier.

ZUBEREITUNGSZEIT ca. 50 Min.
PORTION ca. 440 kcal
45 g E · 25 g F · 5 g KH

Chili-Bohnen mit Tortilla-Chips

ZUTATEN FÜR 4 PERSONEN

- 1 Zwiebel
- 1–2 EL Öl
- 400 g gemischtes Hack
- Salz • Pfeffer
- Chilipulver
- Edelsüß-Paprika
- 1 Dose (425 ml) Kidney-Bohnen
- 1 Dose (425 ml) „Baked Beans" (gebackene Bohnen, z. B. mit Schinkenspeck)
- 200 g passierte Tomaten
- 75–100 g mittelalter Gouda (Stück)
- 150–200 g Tortilla-Chips
- 4–5 EL Schmand oder Crème fraîche

1 Zwiebel schälen und hacken. Öl erhitzen. Hack darin krümelig braten. Zwiebel zufügen und andünsten. Mit Salz, Pfeffer, Chilipulver und Paprika kräftig würzen.

2 Kidney-Bohnen in ein Sieb geben, abspülen und gut abtropfen lassen. Baked Beans mit Soße und Kidney-Bohnen zum Hack geben und erhitzen. Tomaten zufügen, kurz aufkochen und abschmecken. Käse grob reiben.

3 Tortilla-Chips in eine große feuerfeste Pfanne oder Form füllen und die Bohnen-Hack-Masse darauf verteilen. Schmand und Käse daraufgeben. Im vorgeheizten Backofen (E-Herd: 225 °C/ Umluft: 200 °C/Gas: Stufe 4) 10–12 Minuten überbacken.
Getränk: trockener Rotwein oder kühles Bier.

ZUBEREITUNGSZEIT ca. 30 Min.
PORTION ca. 660 kcal
41 g E · 30 g F · 53 g KH

Schnitzel-Ei-Pfanne mit Erbsen

ZUTATEN FÜR 3–4 PERSONEN

- 250 g kurze Nudeln
  (z. B. bunte Spiralnudeln)
- Salz • Pfeffer
- 1 Zwiebel
- 300–400 g Schweineschnitzel
- 2 EL Öl
- 450 g TK-Erbsen
- 3 Eier
- geriebene Muskatnuss
- 1 Bund Schnittlauch

1 Nudeln in reichlich kochendem Salzwasser 8–10 Minuten bissfest garen. Zwiebel schälen und in dünne Ringe schneiden. Fleisch trocken tupfen und in Würfel schneiden.

2 Öl in einer großen Pfanne erhitzen. Zwiebelringe darin goldbraun anbraten, herausnehmen. Fleisch im Bratfett anbraten. Mit Salz und Pfeffer würzen. Erbsen unaufgetaut zufügen und alles unter gelegentlichem Wenden ca. 5 Minuten braten. Nudeln gut abtropfen und mit Zwiebelringen unterheben.

3 Eier mit 3–4 EL Wasser verquirlen und mit Salz, Pfeffer und Muskatnuss kräftig würzen. In die Pfanne gießen und zugedeckt bei schwacher Hitze ca. 10 Minuten stocken lassen.

4 Schnittlauch waschen, trocken schütteln und in feine Röllchen schneiden. Die Schnitzelpfanne damit bestreuen. **Getränk:** kühles Bier.

ZUBEREITUNGSZEIT ca. 25 Min.
PORTION ca. 540 kcal
40 g E · 17 g F · 54 g KH

Würziges Putenschaschlik

ZUTATEN FÜR 4–6 PERSONEN

- 6 mittelgroße Zwiebeln
- 600 g Putenbrust
- 2 EL Öl
- Salz • Pfeffer
- Currypulver
- 200 ml Curryketchup
- evtl. Tomate und Petersilie zum Garnieren
- 12 Holzspieße

1 Zwiebeln schälen und in Spalten schneiden. Fleisch waschen, trocken tupfen und in grobe Würfel schneiden. Beides abwechselnd auf die Holzspieße stecken.

2 Öl in einer großen Pfanne erhitzen. Spieße darin rundum ca. 7 Minuten braten. Mit Salz, Pfeffer und Curry würzen. Ketchup im Bratfett erhitzen, über die Spieße geben. Mit Curry bestäuben. Mit Tomate und Petersilie garnieren. Dazu passen Brötchen.
Getränk: kühles Bier.

ZUBEREITUNGSZEIT ca. 30 Min.
PORTION ca. 160 kcal
19 g E · 4 g F · 12 g KH

Extra-Tipps

Das Fleisch lässt sich später besser von den Spießen streifen, wenn Sie diese vor dem Aufstecken mit etwas Öl einpinseln.

Wer mag, kann noch rote, grüne und gelbe Paprikastücke mit auf die Spieße stecken. Die liefern zusätzlich Vitamine und bringen Farbe ins Spiel.

Hackfleisch-Pfanne mit Zwiebeln

ZUTATEN FÜR 3–4 PERSONEN

- 750 g kleine Kartoffeln
- 2–3 EL Öl
- Salz • Pfeffer
- 2 mittelgroße Zwiebeln
- 350 g gemischtes Hack oder Schweinehack
- 2–3 Stiele frischer oder ½ TL getrockneter Thymian
- Edelsüß-Paprika
- 2–3 EL Aiwar (Paprika-Gewürzpaste; Glas) oder Curryketchup
- 2 EL Crème fraîche oder Schmand

1 Kartoffeln schälen, waschen und evtl. halbieren. In einer großen Pfanne im heißen Öl ca. 20 Minuten braten. Dabei öfter wenden, würzen.

2 Inzwischen Zwiebeln schälen und in Spalten schneiden. Nach ca. 5 Minuten zu den Kartoffeln geben, mitbräunen. Alles herausnehmen.

3 Hack im Bratfett unter Wenden kräftig krümelig anbraten. Thymian waschen, trocken schütteln und die Blättchen abzupfen. Hack mit Salz, Paprika und Aiwar würzen. Ca. ¼ l Wasser angießen und aufkochen. Thymian zugeben und weitere ca. 5 Minuten köcheln.

4 Kartoffeln und Zwiebeln untermischen. Alles weitere ca. 5 Minuten köcheln. Die Hackfleisch-Pfanne nochmals abschmecken. Crème fraîche in Klecksen darauf verteilen.
Getränk: kühles Bier oder Saft.

ZUBEREITUNGSZEIT ca. 45 Min.
PORTION ca. 340 kcal
20 g E · 17 g F · 4 g KH

Safran-Reispfanne mit Gemüse-Allerlei

ZUTATEN FÜR 4 PERSONEN

- 2 Paprikaschoten (z. B. je 1 rote und gelbe)
- 1 Zucchini (ca. 200 g)
- 1 Bund Lauchzwiebeln
- 150 g Champignons
- 1 Knoblauchzehe
- ½–1 rote Chilischote
- evtl. 2 Lorbeerblätter
- 300 g Risotto- oder Vollkorn-Reis
- 2 EL Öl (z. B. Olivenöl)
- evtl. 100 ml Weißwein
- 3 TL Gemüsebrühe
- 1 Döschen gemahlener Safran
- Salz • Pfeffer
- 1 Dose (425 ml) Artischockenherzen
- 150 g TK-Erbsen
- 3–4 Stiele oder 1 TL getr. Thymian

1 Gemüse und Pilze putzen, waschen und in Stücke bzw. Scheiben schneiden. Knoblauch schälen und hacken. Chili einritzen und entkernen, waschen und in Ringe schneiden.

2 Knoblauch, Chili, Lorbeer und Reis in 1 EL heißem Öl in einer großen Pfanne andünsten. Mit ⅜ l Wasser und Wein ablöschen. Brühe und Safran einrühren, würzen. Ca. 25 Minuten garen. Dabei öfter umrühren, nach und nach ca. ⅜ l Wasser angießen.

3 Gemüse und Pilze in 1 EL heißem Öl in einer zweiten Pfanne ca. 5 Minuten braten, dann würzen. Artischocken abtropfen lassen.

4 Gesamtes Gemüse unter den Reis heben. Thymian waschen, hacken und daruntermischen. Reispfanne weitere ca. 5 Minuten garen und dann nochmals abschmecken.
Getränk: trockener Rotwein.

ZUBEREITUNGSZEIT ca. 45 Min.
PORTION ca. 460 kcal
E 13 g E · 8 g F · 82 g KH

Bauern-Pfanne mit Fetakäse

ZUTATEN FÜR 4 PERSONEN

- 750 g–1 kg Kartoffeln
- 2 Knoblauchzehen
- 6 dünne Scheiben Frühstücksspeck (Bacon)
- 4 EL Öl
- Salz
- grober Pfeffer (z. B. bunter)
- 1 Zwiebel
- 250 g Zucchini
- 100 g Fetakäse
- ½ Bund/Töpfchen Basilikum

1 Kartoffeln schälen, waschen und in Spalten schneiden. Knoblauch schälen, in dünne Scheiben, Speck in Streifen schneiden. Speck in 2 EL Öl auslassen. Knoblauch zufügen, beides knusprig braten. Herausnehmen und auf Küchenpapier abtropfen lassen.

2 2 EL Öl im Speckfett erhitzen. Die Kartoffelspalten darin unter Wenden ca. 10 Minuten goldbraun braten. Mit Salz und Pfeffer würzen. Zwiebel schälen und würfeln. Zucchini putzen, waschen und in Stifte schneiden. Beides zu den Kartoffeln geben und alles weitere 5–8 Minuten braten.

3 Speck und Knoblauch zu den Kartoffeln geben. Abschmecken. Käse zerbröckeln, darüberstreuen. Basilikum waschen. Blättchen abzupfen und, bis auf einige, in Streifen schneiden. Über das Gericht streuen. Mit restlichen Blättchen garnieren.

Getränk: kühles Bier.

ZUBEREITUNGSZEIT ca. 35 Min.
PORTION ca. 340 kcal
13 g E · 16 g F · 34 g KH

Spaghetti-Omelett mit Schinken

ZUTATEN FÜR 4 PERSONEN

- 200 g Spaghetti
- Salz
- 6–8 Tomaten (ca. 500 g)
- 100 g gekochter Schinken
- 4 TL Öl
- 4 Eier (Gr. M)
- Pfeffer
- 4 Stiele Petersilie
- ½ Bund Schnittlauch

1 Spaghetti in reichlich Salzwasser ca. 10 Minuten kochen. Die Tomaten waschen und trocken reiben. Schinken und Tomaten würfeln.

2 Nudeln in einem Sieb abtropfen lassen. 1 TL Öl in einer beschichteten Pfanne erhitzen. Je ¼ Nudeln, Schinken und Tomate darin unter Wenden anbraten. 1 Ei und 2–3 EL Wasser verquirlen und mit Salz und Pfeffer würzen. Über die Nudeln gießen und stocken lassen. Omelett warm stellen.

3 Auf die gleiche Art noch 3 weitere Omeletts zubereiten. Kräuter waschen, fein schneiden und über die Omeletts streuen.
Getränk: kühler Weißwein oder Weißwein-Schorle.

ZUBEREITUNGSZEIT ca. 30 Min.
PORTION ca. 360 kcal
21 g E · 14 g F · 36 g KH

Extra-Tipp

Für dieses Omelett können Sie auch andere Nudelsorten nehmen. Kinder zum Beispiel mögen gerne Hörnchennudeln oder Farfalle. Auch Vollkornnudeln sind geeignet. Sie schmecken leicht nussig und enthalten mehr Ballaststoffe als normale Nudeln. Und blitzschnell gelingt's mit gekochten Nudelresten.

Coq au vin

ZUTATEN FÜR 4–6 PERSONEN

- 1 großes Bauernhähnchen oder 2 Hähnchen (ca. 2,2 kg)
- Salz • Pfeffer • Zucker
- 2 Knoblauchzehen
- 200 g Schalotten oder Zwiebeln
- 3 Möhren
- 500 g kleine Champignons
- 1–2 Lorbeerblätter
- je 2–3 Stiele Thymian und Petersilie
- 1 Zweig Rosmarin
- 75 g geräucherter durchwachsener Speck
- 2 EL Öl
- 3/8 l trockener Rotwein
- Küchengarn

1 Hähnchen waschen und abtupfen. Bürzel abschneiden. Das Hähnchen am Rücken mit einer Geflügelschere aufschneiden, sodass zwei zusammenhängende Hälften entstehen.

2 Mit den Händen flach drücken und mit der Brustseite nach oben in die Fettpfanne oder einen großen Bräter legen. Mit Salz und Pfeffer kräftig würzen und im heißen Backofen (E-Herd: 200 °C/Umluft: 175 °C/ Gas: Stufe 3) zunächst ca. 45 Minuten knusprig braten.

3 Knoblauch, Schalotten oder Zwiebeln schälen. Knoblauch würfeln, größere Zwiebeln vierteln. Möhren schälen, waschen und in dicke Scheiben schneiden. Champignons waschen und evtl. halbieren. Lorbeer und Kräuter waschen, mit Küchengarn zum Sträußchen (Bouquet garni) binden.

4 Speck würfeln und in einer großen Pfanne kräftig anbraten. Knoblauch, Schalotten und Möhren dazugeben und mit anbraten. Herausnehmen. Öl in der Pfanne erhitzen und Pilze darin anbraten. Wieder alles in die Pfanne geben und mit Salz und Pfeffer würzen. Gewürzsträußchen dazugeben. Rotwein und 1 Tasse Wasser angießen und alles ca. 5 Minuten köcheln lassen.

5 Gemüse und Fond um das Fleisch verteilen und ca. 1 Stunde weiterschmoren. Soße mit Salz, Pfeffer und etwas Zucker abschmecken. Mit Rosmarinkartoffeln oder Baguette servieren.
Getränk: trockener Rotwein.

ZUBEREITUNGSZEIT ca. 2 1/4 Std.
PORTION ca. 650 kcal
58 g E · 38 g F · 4 g KH

Heiße Hits aus dem Ofen

Perfekte Zeitplanung: Diese Gerichte lassen sich prima vorbereiten, den Rest erledigt dann Ihr Ofen

Schnitzeltopf „Försterin“

ZUTATEN FÜR 4 PERSONEN

- 500 g kleine Champignons
- 2 mittelgroße Zwiebeln
- 75–100 g geräucherter durchwachsener Speck
- 4 Schweineschnitzel (à ca. 150 g)
- 2–3 EL Öl • Salz • Pfeffer
- Fett für die Form
- 1–2 TL klare Brühe
- 1 TL getrockneter Thymian
- 250 g Schmand
- 1 gestrichener TL Speisestärke
- evtl. Thymian zum Garnieren

1 Pilze putzen und waschen. Zwiebeln schälen und in feine Spalten schneiden. Speck fein würfeln.

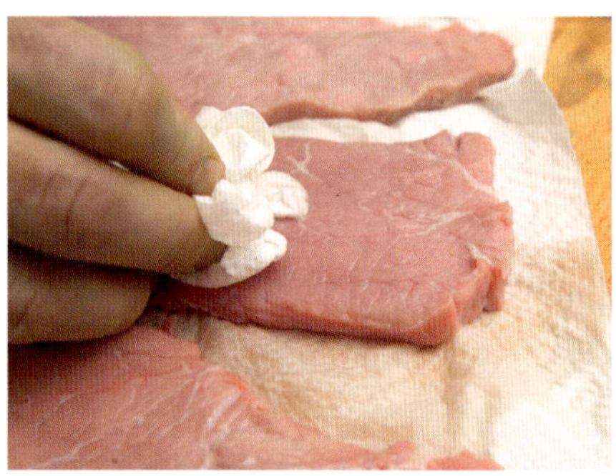

2 Schnitzel trocken tupfen und halbieren. Im heißen Öl in einer großen Pfanne portionsweise pro Seite 1–2 Minuten kräftig anbraten. Würzen, in eine gefettete Auflaufform legen.

3 Speck im heißen Bratfett knusprig braten. 1 EL herausnehmen. Zwiebeln und Pilze in die Pfanne geben und goldbraun braten. Mit Pfeffer und evtl. Salz würzen. ⅜ l Wasser, Brühe und Thymian einrühren. Aufkochen und 1–2 Minuten köcheln. 200 g Schmand und Stärke glatt rühren. In die Soße rühren und nochmals kurz aufkochen. Abschmecken und über die Schnitzel gießen.

4 Im vorgeheizten Backofen (E-Herd: 225 °C/Umluft: 200 °C/Gas: Stufe 4) 10–12 Minuten gratinieren. Rest Schmand daraufgeben, mit dem übrigen Speck bestreuen und garnieren. Dazu schmeckt Brot oder Spätzle.
Getränk: kühles Bier.

ZUBEREITUNGSZEIT ca. 1 Std.
PORTION ca. 540 kcal
41 g E · 37 g F · 6 g KH

Scharfer Fisch-Auflauf

ZUTATEN FÜR 4 PERSONEN

- 500–600 g Fischfilet (z. B. Schollenfilets; frisch oder TK)
- 2–3 Knoblauchzehen
- 3 EL Zitronensaft
- 3–4 EL Sojasoße
- 3 Paprikaschoten (z. B. rot, grün und gelb)
- 2 kleine Zucchini (ca. 300 g)
- 2 EL Öl • Salz • Pfeffer
- 2–3 Scheiben Toastbrot
- ½–1 rote Chilischote
- 4 Eier • Fett für die Form
- 1 EL Butter/Margarine
- evtl. Petersilie zum Garnieren

1 TK-Fisch auftauen lassen. Fisch waschen, trocken tupfen und längs halbieren. Knoblauch schälen und hacken. Mit Zitronensaft und 1–2 EL Sojasoße verrühren. Filets mit der Marinade beträufeln und ca. 15 Minuten kalt stellen.

2 Gemüse putzen und waschen. Paprika in Streifen, Zucchini in Scheiben schneiden. Öl in einer Pfanne erhitzen. Gemüse darin unter gelegentlichem Wenden 6–8 Minuten braten. Mit Salz und Pfeffer würzen.

3 Brot entrinden und grob zerbröseln. Chilischote einritzen, entkernen und fein hacken. Eier verquirlen. Mit Chili, 2 EL Sojasoße und etwas Salz würzen.

4 Gemüse in eine gefettete Auflaufform füllen. Die marinierten Filets und die Eier darauf verteilen. Brotbrösel und Fett in Flöckchen darauf verteilen.

5 Im vorgeheizten Backofen (E-Herd: 200 °C/Umluft: 175 °C/Gas: Stufe 3) ca. 30 Minuten backen. Mit Petersilie garnieren.
Getränk: kühle Saftschorle.

ZUBEREITUNGSZEIT ca. 1 Std.
PORTION ca. 370 kcal
33 g E · 20 g F · 11 g KH

Kartoffel-Palatschinken mit Hack

ZUTATEN FÜR 4–6 PERSONEN

- 400 g mehligkochende Kartoffeln
- Salz • Pfeffer • Muskat
- 150 g Mehl
- 3 Eier (Gr. M)
- 200 ml Milch
- 6 EL + etwas Öl
- 250 g kleine Champignons
- 1 Zwiebel
- 2 Tomaten
- 500 g gemischtes Hack
- 2 EL Tomatenmark
- 8–10 EL Mineralwasser mit Kohlensäure
- ⅛ l Gemüse- oder Tomatensaft
- 150 g Crème fraîche
- evtl. Petersilie zum Bestreuen

1 Kartoffeln schälen, waschen und in Salzwasser ca. 20 Minuten kochen. Abgießen und abdampfen lassen.

2 Mehl, Eier, Milch und 2 EL Öl gut verrühren. Kartoffeln durch eine Kartoffelpresse dazudrücken und alles gut verrühren. Mit Salz, Pfeffer und Muskat würzen. Teig ca. 15 Minuten quellen lassen.

3 Pilze putzen, waschen und, je nach Größe, halbieren oder vierteln. Zwiebel schälen, fein würfeln. Tomaten waschen, vierteln, evtl. entkernen und würfeln. 2 EL Öl erhitzen. Pilze darin kräftig anbraten. Hack zufügen und ca. 5 Minuten braten. Zwiebel mit andünsten. Tomatenmark und Tomaten unterrühren. Mit Salz und Pfeffer kräftig abschmecken.

4 Mineralwasser in den Teig rühren. 2 EL Öl portionsweise in einer beschichteten Pfanne (ca. 24 cm Ø) erhitzen. Aus dem Teig darin nacheinander ca. 6 Pfannkuchen backen.

5 Pfannkuchen mit Hack, bis auf 4 EL, füllen. Aufrollen, in eine geölte Auflaufform legen. Rest Hackmasse und Saft verrühren. Mit Salz und Pfeffer abschmecken, über die Pfannkuchen verteilen. Crème fraîche darüberklecksen. Im vorgeheizten Backofen (E-Herd: 200 °C/Umluft: 175 °C/ Gas: Stufe 3) 10–15 Minuten überbacken. Mit Petersilie bestreuen.
Getränk: kühle Saftschorle.

ZUBEREITUNGSZEIT ca. 1 ½ Std.
PORTION ca. 520 kcal
27 g E · 31 g F · 30 g KH

Gefüllte Paprikaschoten

ZUTATEN FÜR 4 PERSONEN

- 1 Brötchen (vom Vortag)
- je 2 rote, gelbe und grüne Paprikaschoten (à ca. 175 g)
- 250 g Champignons
- 1 mittelgroße Zwiebel
- 1–2 EL Öl
- Salz • Pfeffer
- ½ Bund/Töpfchen Thymian
- 600 g gemischtes Hack
- 1 Ei (Gr. M)
- 75 g Gouda (Stück)
- 400 ml Hühnerbrühe
- 2 EL (30 g) Butter/Margarine
- 2 EL (30 g) Mehl
- ¼ l Milch

1 Brötchen einweichen. Von jeder Paprika einen Deckel abschneiden. Paprika putzen, waschen. Pilze putzen, waschen und in Scheiben schneiden. Zwiebel schälen und hacken.

2 1–2 EL Öl erhitzen. Pilze darin anbraten, mit Salz und Pfeffer würzen. Herausnehmen. Thymian waschen. Blättchen, bis auf etwas zum Garnieren, abzupfen.

3 Brötchen ausdrücken. Mit Zwiebel, Hack, Ei, Pilzen und Thymian ver kneten. Paprika damit füllen. Käse fein reiben.

4 Paprika ohne die Deckel in eine Auflaufform setzen. Brühe angießen. Im vorgeheizten Backofen (E-Herd: 200 °C/ Umluft: 175 °C/Gas: Stufe 3) 50–60 Minuten backen. Nach der Hälfte der Garzeit Paprikadeckel auf die Schoten setzen. Fertig garen.

5 Paprika herausnehmen und warm stellen. Gut ¼ l der Brühe abmessen. Fett erhitzen. Mehl darüberstäuben und anschwitzen. Brühe und Milch einrühren. Aufkochen und ca. 5 Minuten köcheln. Käse unter Rühren darin schmelzen. Soße abschmecken. Alles anrichten. Mit Rest Thymian garnieren. Dazu schmeckt Reis oder Kartoffelpüree.
Getränk: kühles Bier.

ZUBEREITUNGSZEIT ca. 1 ¾ Std.
PORTION ca. 550 kcal
53 g E · 21 g F · 33 g KH

Laugenbrötchen-Gratin mit Fleischkäse

ZUTATEN FÜR 4 PERSONEN

- 4 Laugenbrötchen (à ca. 80 g)
- 300 g Fleischkäse (ca. 3 Scheiben à ca. 1 cm Dicke)
- Fett für die Form
- 3 EL (40 g) Butter/Margarine
- 2 gehäufte EL (40 g) Mehl
- 400 ml Milch
- 1–2 TL Gemüsebrühe
- 1 Ecke (62,5 g) Sahne-Schmelzkäse
- Salz • Pfeffer • Muskat
- 4 mittelgroße Zwiebeln
- 1–2 EL Öl
- ½ Bund Schnittlauch

1 Brötchen in jeweils ca. 8 Scheiben schneiden. Fleischkäse-Scheiben halbieren. Mit den Brötchenscheiben abwechselnd in eine gefettete Auflaufform schichten.

2 Fett im Topf erhitzen. Mehl darüberstäuben und anschwitzen. 400 ml Wasser, Milch und Brühe einrühren. Aufkochen und ca. 5 Minuten köcheln. Käse in Flöckchen zufügen und in der Soße schmelzen. Abschmecken.

3 Die Käsesoße über Fleischkäse- und Brötchenscheiben gießen. Im vorgeheizten Backofen (E-Herd: 175 °C/ Umluft: 150 °C/ Gas: Stufe 2) 35–40 Minuten goldgelb backen.

4 Zwiebeln schälen und in Ringe schneiden. Im heißen Öl goldbraun braten. Ca. 10 Minuten vor Ende der Backzeit Zwiebelringe auf dem Gratin verteilen. Schnittlauch waschen und, bis auf etwas, fein schneiden. Das Gratin damit bestreuen und garnieren. Dazu schmeckt Feldsalat.
Getränk: kühles Weizenbier.

ZUBEREITUNGSZEIT ca. 1 Std.
PORTION ca. 710 kcal
22 g E · 42 g F · 55 g KH

Extra-Tipp

Fleischkäse wird oft auch als „Bayerischer Leberkäse“ angeboten. Praktisch ist abgepackte Ware aus dem Kühlregal, die Sie super im Vorrat haben können.

Makkaroni-Gyros-Gratin

ZUTATEN FÜR 4 PERSONEN

- 200 g Nudeln (z. B. kurze Makkaroni)
- Salz • Pfeffer • Edelsüß-Paprika
- 250 g Kirschtomaten
- 1 mittelgroße Zucchini
- 1 Bund Lauchzwiebeln
- 600 g fertiges Gyros-Fleisch (Fleischtheke)
- 1 EL Öl
- 1 gestrichener EL Mehl
- 100 g Schlagsahne
- 1 TL Gemüsebrühe
- 100–125 g Edamer (Stück)
- Fett für die Form

1 Nudeln in reichlich kochendem Salzwasser ca. 10 Minuten bissfest garen. Gemüse putzen und waschen. Tomaten halbieren. Zucchini längs halbieren und in Scheiben, Lauchzwiebeln in Ringe schneiden. Nudeln abtropfen lassen.

2 Gyros in einer großen Pfanne ohne zusätzliches Fett unter öfterem Wenden ca. 10 Minuten braten, herausnehmen. Öl im Bratfett erhitzen. Zucchini, Tomaten und Lauchzwiebeln darin anbraten. Fleisch wieder zufügen. Mehl darüberstäuben und kurz anschwitzen. 300 ml Wasser, Sahne und Brühe einrühren. Aufkochen und ca. 5 Minuten köcheln. Mit Salz, Pfeffer und Edelsüß-Paprika abschmecken.

3 Käse raspeln. Nudeln, Gyros-Soße und ⅔ Käse abwechselnd in eine gefettete große Auflaufform schichten. Übrigen Käse darüberstreuen. Im vorgeheizten Backofen (E-Herd: 200 °C/Umluft: 175 °C/Gas: Stufe 3) ca. 20 Minuten goldbraun überbacken.
Getränk: roter Landwein.

ZUBEREITUNGSZEIT ca. 1 Std.
PORTION ca. 660 kcal
46 g E · 29 g F · 48 g KH

Überbackene Apfel-Pfannkuchen

ZUTATEN FÜR 4 PERSONEN

- 100 g Mehl
- 2 Eier
- ⅛ l Milch
- Salz
- 4 säuerliche Äpfel (600 g)
- Saft von ½ Zitrone
- 2 EL Öl
- 4 TL Nuss-Nougat-Creme
- Fett für die Form
- 150 g Schlagsahne
- 1 Eigelb
- 1 Päckchen Vanillin-Zucker
- evtl. Puderzucker und Apfelwürfel zum Bestreuen

1 Mehl, Eier, Milch und 1 Prise Salz verrühren. Teig ca. 10 Minuten quellen lassen. Äpfel schälen, grob raspeln und mit Zitronensaft beträufeln. Hälfte davon unter den Teig heben.

2 Öl portionsweise erhitzen und darin aus dem Teig nacheinander 4 goldbraune Pfannkuchen backen. Etwas abkühlen lassen. Mit Nuss-Nougat-Creme bestreichen, übrige Äpfel darauffüllen und aufrollen.

3 Pfannkuchen in eine flache gefettete Auflaufform legen. Sahne, Eigelb und Vanillin-Zucker verrühren. Über die Pfannkuchen gießen. Im vorgeheizten Backofen (E-Herd: 200 °C/Umluft: 175 °C/Gas: Stufe 3) ca. 20 Minuten überbacken. Mit Puderzucker und Apfelwürfeln bestreuen.
Getränk: Apfelsaft-Schorle.

ZUBEREITUNGSZEIT ca. 1 ¼ Std.
PORTION ca. 410 kcal
10 g E · 25 g F · 33 g KH

Aprikosen-Johannisbeer-Clafoutis

ZUTATEN FÜR 4 PERSONEN

- 12 frische oder
  1 Dose (850 ml) Aprikosen
- 200 g rote Johannisbeeren
- 4 Eier (Gr. M)
- 80 g Zucker
- 80 g Mehl
- Fett für die Formen
- Puderzucker zum Bestäuben

1 Frische Aprikosen kurz überbrühen, abschrecken und die Haut abziehen. Dann halbieren und entsteinen (Dosenfrüchte abtropfen lassen). Johannisbeeren waschen, trocken tupfen und von den Stielen streifen.

2 Eier trennen. Eiweiß steif schlagen, dabei Zucker einrieseln lassen. Eigelb darunterschlagen. Mehl unterheben. Die Masse in 1–2 gefettete Auflaufformen geben. Früchte darauf verteilen.

3 Im vorgeheizten Backofen (E-Herd: 175 °C/Umluft: 150 °C/Gas: Stufe 3) 20–25 Minuten backen. Evtl. nach 15 Minuten zudecken. Etwas abkühlen lassen. Mit Puderzucker bestäuben. Der Clafoutis schmeckt lauwarm und kalt.
Getränk: kühle Apfelschorle.

ZUBEREITUNGSZEIT ca. 45 Min.
PORTION ca. 320 kcal
10 g E · 8 g F · 49 g KH

Alles für den Backofen

Spezielle Formen, Bleche und anderes Zubehör eröffnen zusätzliche Garmöglichkeiten, erleichtern die Arbeit und sorgen für ein tolles Ergebnis

Auf Teleskopschienen lassen sich schwere Braten kippsicher und bequem aus dem Backofen ziehen.

Klassische Bräter

Einen Bratentopf mit Deckel benötigen Sie für alles, was langsam geschmort wird. Achten Sie auf stabile, ofenfeste Griffe. Als Materialien sind vor allem Edelstahl, Stahl-Email und Gusseisen zu empfehlen. Dunkle Bräter „schlucken" mehr Hitze, das Gericht wird schneller heiß und gar.

Spezielle Schmortöpfe haben einen Deckel mit Noppen an der Innenseite, an denen der Dampf kondensiert und auf das Gargut zurücktropft. So bleibt Fleisch schön saftig.

Garen im Tontopf

Tontöpfe, die es in unterschiedlichen Formen und Größen gibt, werden ausschließlich im Backofen verwendet. Das Unterteil ist innen meist glasiert und somit pflegeleicht. Form und Deckel müssen vor dem Befüllen ca. 10 Minuten gewässert werden. Die im Ton gespeicherte Feuchtigkeit schafft im Topfinnern ein spezielles Garklima. Dadurch können Speisen nahezu fettlos und aromaschonend zubereitet werden. Vitamine und Mineralstoffe bleiben weitgehend erhalten, da nur wenig Garflüssigkeit benötigt wird und so nichts auslaugt. Der Tontopf wird immer in den kalten Backofen geschoben. Die Gartemperatur ist meist höher als beim konventionellen Bräter, und auch die Garzeit kann sich verlängern. Zum Überkrusten in den letzten 10 Minuten den Deckel abnehmen.

Auflaufformen

Aus dem Ofen auf den Tisch. Formen für Gratins und Aufläufe gibt es von mini bis maxi, in rund, oval oder rechteckig. Gratinformen sind etwas flacher als solche für Aufläufe, da das Gargut nicht hoch geschichtet, sondern breitflächig überbacken wird.

Bei den Materialien ist glasiertes Steinzeug beliebt. Formen dieser Art sind nicht nur dekorativ, sondern auch robust. Man kann sie aus dem Gefrierschrank sofort in den Backofen stellen. Das Material ist geruchs- und geschmacksneutral, schnittfest, säureresistent und spülmaschinenfest. In vielen Farben erhältlich.
Ideal für den Backofen sind auch Formen aus emailliertem Gusseisen. Sie speichern die Hitze gut, sind ebenfalls säurebeständig und leicht zu reinigen.
Für Soufflés nimmt man Porzellanformen mit hohem geradem Rand, an deren glatter Innenseite der Teig gut aufgehen kann. Die Formen dürfen nicht zu groß (max. ca. 1 l) sein, sonst wird das Soufflé innen nicht gar. Die klassischen ovalen Gratinformen mit bogenförmigen Griffen werden ebenfalls aus Porzellan hergestellt. Leckere Aufläufe gelingen aber auch in Formen aus feuerfestem Glas, anti-haftbeschichtetem Aluminium und in glasierten Tonformen.

Pizza, Quiche & Co.

Pizzabäcker können aus einer ganzen Palette von Blechen auswählen: Das normale Backblech und die Fettpfanne eignen sich bestens für die Familienpizza. Bei runden Blechen aus

Stahlblech oder Aluminium mit Antihaftbeschichtung gibt es zwei Varianten: eine flache für italienische Pizza und eine tiefe mit schräg gestelltem glattem Rand für amerikanische. Letztere eignet sich auch gut für Pies. Bei den Größen reicht die Bandbreite von 18 bis 40 Zentimeter Durchmesser. Hinzu kommen 12er-Bleche für Mini-Pizzas (8 cm Ø).

Auch Quiche-Formen mit Bogenrand gibt es in kleinen und großen Varianten, z. B. aus Metall mit Antihaftbeschichtung. Sehr praktisch zum Entnehmen und Servieren sind die schnittfesten Formen mit Hebeboden (s. Foto rechts). Dabei kann man die Quiche samt Boden von unten aus dem

Formrand drücken. Porzellanformen sehen zwar gut aus, nehmen die Hitze aber nur langsam auf. Deshalb wird darin der Teigboden nicht so knusprig. Noch relativ neu sind flexible Formen aus Silikon, aus denen sich die Kuchen superleicht herauslösen lassen.

Viel Bewegungsfreiheit durch versenkbare Tür

Nützliche Backofen-Details

Damit Sie den Garprozess immer im Blick haben, sind Sichtfenster und eine gute Innenbeleuchtung wichtig. Müssen zwischendurch Zutaten ergänzt oder Braten beschöpft werden, erhöhen ein Backwagen oder Teleskopschienen die Sicherheit erheblich. Mit diesen Vorrichtungen lässt sich ein Gericht sicher aus dem heißen Backraum ziehen.

Wer Fleisch häufig offen im Ofen brät, weiß einen pflegeleichten Backraum aus Spezial-Email oder ein Selbstreinigungssystem wie Pyrolyse zu schätzen. Bei diesem Verfahren werden Fettspritzer und Rückstände bei hoher Temperatur zu Asche verbrannt.

Praktische Folien

Form oder Bräter sind für das Garen im Backofen kein Muss. Große Braten, Geflügel und ganze Fische lassen sich z. B. im Folien-Bratschlauch schonend im

eigenen Saft zubereiten. Im Innern des Beutels bildet sich eine heiße Dampfschicht, die die Feuchtigkeit im Lebensmittel hält. Aroma- und Geschmacksstoffe können so nicht entweichen.

Ideal für kleine Portionen ist Alufolie – jetzt auch mit einer schwarzen Beschichtung auf der Außenseite im Handel. Diese dunkle Schicht beschleunigt den Garprozess, spart also Zeit und Energie.

Gerichte, die nur kurz in den Backofen kommen, z. B. Fisch oder Obst, können Sie in eine doppelte Schicht Pergamentpapier einschlagen.

Das Garen in Folie und Papier hat noch weitere Vorteile. Die Vitamin-, Mineral- und Nährstoffverluste sind gering. Außerdem benötigt man weniger Fett als bei herkömmlichen Zubereitungsarten. Und Sie sparen Arbeit, denn Bratröhre und Töpfe bleiben sauber bzw. unbenutzt.

Nicht vergessen!

Wer sich das Fetten und Reinigen von Backblechen sparen möchte, sollte beim Backen von Keksen, Teigtaschen & Co. Backpapier, eine Dauerbackfolie oder eine Silikonmatte als Unterlage verwenden. Beim Entnehmen von heißen Brätern, Formen und Blechen immer die Hände vor Verbrennungen schützen. Gute Topflappen und Handschuhe sind heute meist mit speziellen feuerfesten Beschichtungen ausgerüstet. Zu empfehlen sind auch moderne Silikon-Handschuhe. Sie sind zudem wasserdicht und rutschfest. Heiße Auflaufformen immer auf einen hitzebeständigen Untersetzer stellen. Diese gibt es in vielen dekorativen Ausführungen. Formen aus feuerfestem Glas, Porzellan oder Steinzeug werden zum Teil schon mit passenden Serviergestellen angeboten.

Rinderbraten mit Bohnengemüse

ZUTATEN FÜR 6 PERSONEN

- 1,5 kg Rindfleisch (z. B. Semer- bzw. Schwanzrolle oder falsches Filet)
- Salz • Pfeffer (z. B. grober)
- 2 große Zwiebeln
- 2 EL Butterschmalz
- 1 TL klare Brühe
- 1 kg Dicke Bohnen (ersatzw. 300 g TK-Dicke Bohnen)
- 750 g Schneidebohnen
- 1,25 kg festkochende Kartoffeln
- 8–10 junge Knoblauchzehen
- 2 Fleischtomaten (ca. 500 g)
- ½–1 TL Sambal Oelek • 4–5 EL Öl
- 1 Topf/kleines Bund Koriander

1 Fleisch trocken tupfen und mit Salz und Pfeffer würzen. Zwiebeln schälen und grob würfeln. Butterschmalz in einem Bräter erhitzen, Fleisch darin rundherum anbraten. Zwiebeln kurz mitbraten. ⅜ l Wasser und Brühe zufügen und alles aufkochen. Im heißen Ofen (E-Herd: 200 °C/ Umluft: 175 °C/Gas: Stufe 3) den Braten zugedeckt ca. 2 ½ Stunden schmoren.

2 Dicke Bohnen aus den Schoten lösen und waschen. Schneidebohnen putzen, waschen und kleiner schneiden. Beides nach 1 ½ Stunden ums Fleisch verteilen und mitschmoren.

3 Kartoffeln schälen, waschen und in Spalten schneiden. Knoblauchzehen waschen. Tomaten waschen und grob würfeln. Ca. ½ Stunde vor Garzeitende Tomaten unter die Bohnen mischen und mit Salz, Pfeffer und Sambal würzen.

4 Kartoffeln und ungeschälte Knoblauchzehen im heißen Öl in einer großen Pfanne unter Wenden 20–25 Minuten braten. Salzen und pfeffern.

5 Koriander waschen, Blättchen abzupfen und mit dem Bohnengemüse mischen. Braten in Scheiben schneiden und mit Gemüse und Knoblauch-Röstkartoffeln anrichten. **Getränk:** trockener Rotwein.

ZUBEREITUNGSZEIT ca. 2 ¾ Std.
PORTION ca. 580 kcal
60 g E · 19 g F · 38 g KH

Fleisch in Topform

Ob großer Braten oder feines Filet – ein saftiges Stück vom Rind, Schwein oder Lamm ist für viele ein echter Genuss

Rosmarin-Lamm mit Salat

ZUTATEN FÜR 4 PERSONEN

- 1 kleine Salatgurke
- 600 g Tomaten • 1 Zwiebel
- 3–4 Stiele frischer oder ½ TL getrockneter Oregano
- 1 kleiner Zweig Rosmarin
- 4 EL Balsamico-Essig
- Salz • Pfeffer • Zucker
- 4–5 EL Olivenöl
- 100 g Oliven (z. B. grüne und schwarze)
- 4 Lammlachse (ausgelöster Lammrücken; à 150 g)
- 2 Knoblauchzehen
- 5 EL Rotwein
- ½ TL Gemüsebrühe
- 1 TL Tomatenmark
- 1 EL dunkler Soßenbinder
- ½ Fladenbrot

1 Gurke putzen, waschen, in dünne Scheiben schneiden. Tomaten waschen und achteln. Zwiebel schälen und in halbe Ringe schneiden. Kräuter waschen und abzupfen bzw. fein hacken.

2 Essig, Salz, Pfeffer, 1 Prise Zucker und Oregano verrühren. 3–4 EL Öl nach und nach darunterschlagen. Marinade mit Gurke, Zwiebel, Tomaten und Oliven mischen.

3 Fleisch waschen, trocken tupfen. In 1 EL heißem Öl rundherum 8–10 Minuten braten. Knoblauch schälen und in Scheiben schneiden. Knoblauch und Rosmarin kurz mitbraten. Fleisch würzen und an den Pfannenrand schieben.

4 Den Bratensatz mit Rotwein und ⅛ l Wasser ablöschen. Brühe und Tomatenmark einrühren, aufkochen. Soße binden, mit Salz, Pfeffer und 1 Prise Zucker abschmecken. Alles anrichten. Fladenbrot dazureichen.
Getränk: trockener Rotwein.

ZUBEREITUNGSZEIT ca. 30 Min.
PORTION ca. 530 kcal
39 g E · 20 g F · 43 g KH

Putenragout mit Spargel

ZUTATEN FÜR 4 PERSONEN

- 250 g Langkornreis
- Salz
- 100 g TK-Erbsen
- 1 Glas (580 ml) Spargel
- 2 mittelgroße Zwiebeln
- 750 g Putenbrust
- 2 ungebrühte Bratwürste
- 1 EL Öl
- 2 leicht gehäufte EL (ca. 30 g) Mehl
- 3 TL klare Brühe
- Pfeffer
- 1 EL eingelegte grüne Pfefferkörner
- Worcestersoße
- 2 Eigelb
- 100 g Schlagsahne
- 2 mittelgroße Tomaten
- 1 EL Butter
- evtl. Salat, Kerbel und Tomatenrose zum Garnieren

1 Reis in reichlich kochendem Salzwasser ca. 20 Minuten garen. Erbsen nach ca. 15 Minuten zufügen und mitgaren.

2 Spargel abtropfen lassen, Flüssigkeit auffangen. Zwiebeln schälen, hacken. Fleisch waschen, trocken tupfen und würfeln. Wurstbrät in Klößchen aus der Haut drücken. Im heißen Öl braten, herausnehmen. Fleisch und Zwiebeln im Bratfett leicht anbraten. Mehl darüberstäuben, kurz anschwitzen. Spargelfond mit Wasser auf ¾ l ergänzen und mit der Brühe einrühren, aufkochen. Mit Salz und Pfeffer würzen. Ca. 15 Minuten köcheln.

3 Spargel in Stücke schneiden. Mit Klößchen und Pfefferkörnern zugeben. Mit Worcestersoße abschmecken. Eigelb und Sahne verquirlen. Ragout damit legieren (nicht mehr kochen!). Tomaten waschen und würfeln. Mit Butter unter den gut abgetropften Reis mischen. Alles anrichten und garnieren.
Getränk: kühler Weißwein.

ZUBEREITUNGSZEIT ca. 50 Min.
PORTION ca. 840 kcal
63 g E · 34 g F · 64 g KH

Schnitzel in Kartoffelkruste

ZUTATEN FÜR 4 PERSONEN

- 400 g große festkochende Kartoffeln
- 100 g geriebener Gouda (z. B. mittelalter)
- 4–5 EL Paniermehl
- Salz • Pfeffer
- 4 dünne Schweineschnitzel (à ca. 150 g)
- 3–4 EL Öl
- 2 Eier
- 3–4 EL Mehl
- 1 Spitzkohl (ca. 750 g)
- 1 Tomate
- 1 Zwiebel
- 1 EL Butter/Margarine
- ½ TL Gemüsebrühe
- evtl. Oregano zum Garnieren

1 Kartoffeln schälen, waschen und grob raspeln. Raspel in einem Sieb gut ausdrücken. Mit Käse, Paniermehl, Salz und Pfeffer mischen. Fleisch trocken tupfen und etwas flach klopfen.

2 Öl in einer großen beschichteten Pfanne erhitzen. Eier verquirlen. Schnitzel erst im Mehl, dann im Ei und zuletzt in der Kartoffelmasse wenden. Panade gut andrücken. Schnitzel im heißen Öl bei schwacher bis mittlerer Hitze pro Seite 6–8 Minuten braten.

3 Inzwischen Spitzkohl putzen, waschen und in breite Streifen schneiden. Tomate waschen, vierteln und evtl. entkernen. Zwiebel schälen. Beides fein würfeln.

4 Zwiebel im heißen Fett andünsten. Kohl, ca. 100 ml Wasser und Brühe zufügen. Aufkochen und zugedeckt 5–7 Minuten garen. Tomate kurz mitdünsten. Mit Salz und Pfeffer abschmecken. Alles anrichten und mit Oregano garnieren.
Getränk: kühler Weißwein.

ZUBEREITUNGSZEIT ca. 30 Min.
PORTION ca. 540 kcal
53 g E · 22 g F · 30 g KH

Geschnetzeltes mit Pilzen

ZUTATEN FÜR 8 PERSONEN

- 1 Dose (850 ml) ganze Champignons
- 3–4 Gemüsezwiebeln (ca. 1 kg)
- 1,2 kg Schweineschnitzel
- 400 g Schlagsahne
- 2 Flaschen (à 180 ml) Hot-Chili-Soße
- Salz • Cayennepfeffer
- 150–200 g Gouda (Stück)
- 2–3 Stiele Petersilie

1 Pilze abtropfen lassen. Zwiebeln schälen, halbieren und in Scheiben schneiden. Schnitzel evtl. waschen und trocken tupfen. In dicke Streifen schneiden.

2 Alles mischen und in eine große Auflaufform oder in einen Bräter füllen. Sahne, Chili-Soße, etwas Salz und Cayennepfeffer verrühren und darübergießen. Evtl. zugedeckt über Nacht kalt stellen.

3 Käse reiben und über den Auflauf streuen. Im vorgeheizten Backofen (E-Herd: 200 °C/Umluft: 175 °C/Gas: Stufe 3) ca. 45 Minuten schmoren. Petersilie waschen, fein schneiden und darüberstreuen. Dazu passt Bauernbrot. **Getränk:** kühles Bier.

ZUBEREITUNGSZEIT ca. 1 ¼ Std.
EVTL. MARINIERZEIT ca. 12 Std.
PORTION ca. 480 kcal
45 g E · 25 g F · 16 g KH

Hochzeitsbraten mit Zwiebelsoße

ZUTATEN FÜR 8 PERSONEN

- 1,5 kg Zwiebeln
- 2 kg Rinderbraten (Keule)
- ca. 2 EL Senf
- Salz • Pfeffer
- 4–5 EL Öl
- 2 EL klare Brühe
- 1 Lorbeerblatt
- 2 große Kopfsalate
- 400 g saure Sahne
- 1–2 EL Zucker
- 4 EL Zitronensaft
- 2 leicht gehäufte EL (30 g) Mehl

1 Zwiebeln schälen, halbieren und in Streifen schneiden. Fleisch evtl. waschen und trocken tupfen. Mit Senf, Salz und Pfeffer einreiben.

2 Öl im großen Bräter erhitzen. Fleisch darin rundherum kräftig anbraten. Herausnehmen. Zwiebeln im heißen Bratfett anbraten. Fleisch, 1 l Wasser, Brühe und Lorbeer zufügen. Zugedeckt im vorgeheizten Backofen (E-Herd: 200 °C/ Umluft: 175 °C/Gas: Stufe 3) 2–2½ Stunden schmoren, dabei einmal wenden.

3 Salat putzen, waschen und gut abtropfen lassen. Blätter klein zupfen. Saure Sahne, Zucker und Zitronensaft verrühren. Mit dem Salat mischen.

4 Fleisch herausnehmen. Mehl und 100 ml kaltes Wasser glatt rühren. Bratenfond damit binden, abschmecken. Alles anrichten. Dazu schmecken Salzkartoffeln und junge Möhrchen.
Getränk: kühles Bier.

ZUBEREITUNGSZEIT ca. 3 Std.
PORTION ca. 460 kcal
59 g E · 17 g F · 15 g KH

Kasseler im Briocheteig auf Apfel-Sauerkraut

ZUTATEN FÜR 6–8 PERSONEN

- 250 g + etwas Mehl
- 2 TL Zucker • Salz • Pfeffer
- ½ Päckchen Trockenhefe
- 75 g sehr weiche Butter
- 1 Ei (Gr. M) + 1 Eigelb
- 1,5–1,7 kg ausgelöstes Kasseler-Kotelett
- 1 Gemüsezwiebel • 2 EL Öl
- 2 Dosen (à 850 ml) Sauerkraut
- 1 großer säuerlicher Apfel
- 8–10 Wacholderbeeren
- 2 Lorbeerblätter
- gut ⅛ l Apfelsaft
- 200 g Schlagsahne
- Backpapier

1 250 g Mehl, 1 TL Zucker, ½ TL Salz und Hefe mischen. Mit 75 ml lauwarmem Wasser, Butter und Ei zum geschmeidigen Teig verkneten. Zugedeckt an einem warmen Ort ca. 1 Stunde gehen lassen.

2 Kasseler in siedendem Wasser ca. 35 Minuten köcheln. Herausnehmen und gut abkühlen lassen.

3 Zwiebel schälen, würfeln. Im heißen Öl andünsten. Sauerkraut mit andünsten. Mit Salz, Pfeffer und 1 TL Zucker würzen. Apfel schälen und entkernen. Grob reiben und mit Wacholder, Lorbeer und Apfelsaft zum Kraut geben. Alles zugedeckt ca. 30 Minuten schmoren.

4 Teig durchkneten, auf etwas Mehl zum Rechteck (ca. 30 x 35 cm) ausrollen. Kasseler darin einschlagen, überstehenden Teig abschneiden. Mit der Naht nach unten auf ein mit Backpapier belegtes Blech legen. Restlichen Teig nochmals ausrollen, in Streifen schneiden und zu Kordeln drehen. Teighülle damit verzieren. Eigelb und 1 EL Sahne verquirlen. Den Teig damit bestreichen.

5 Im vorgeheizten Backofen (E-Herd: 200 °C/Umluft: 175 °C/Gas: Stufe 3) ca. 20 Minuten backen. Rest Sahne zum Sauerkraut geben, nochmals aufkochen und abschmecken. Alles anrichten. Dazu passen Salzkartoffeln oder Püree.
Getränk: kühles Bier.

ZUBEREITUNGSZEIT ca. 1 ¾ Std.
GEHZEIT ca. 1 Std.
BACKZEIT ca. 20 Min.
PORTION ca. 640 kcal
46 g E · 34 g F · 17 g KH

Schweinefilet mit Ratatouille

ZUTATEN FÜR 4 PERSONEN

- 1 Aubergine (ca. 450 g)
- je 1 gelbe und rote Paprikaschote
- 1 Zucchini (ca. 350 g)
- 4 mittelgroße Tomaten
- 1 Gemüsezwiebel
- 1 Knoblauchzehe
- 1–2 Stiele Rosmarin
- 3 EL Öl
- 1 Packung (500 g) stückige Tomaten
- 8 Schweinemedaillons (à ca. 75 g)
- 8 dünne Scheiben Frühstücksspeck (Bacon)
- Salz • Pfeffer (evtl. grober)
- Cayennepfeffer

1 Aubergine und Paprika putzen, waschen und in Stücke schneiden. Zucchini waschen, putzen und in ca. ½ cm dicke Scheiben schneiden. Tomaten waschen und klein schneiden. Zwiebel schälen und fein würfeln. Knoblauch schälen und durch eine Knoblauchpresse drücken. Rosmarin waschen und die Nadeln abzupfen.

2 1 EL Öl in einem weiten Topf erhitzen. Zwiebel, Rosmarin und Knoblauch kurz darin andünsten. Gesamtes Gemüse zugeben, kurz andünsten. Stückige Tomaten zufügen. Zugedeckt ca. 15 Minuten schmoren.

3 Fleisch evtl. waschen und trocken tupfen. Medaillons mit jeweils 1 Scheibe Speck umwickeln. 2 EL Öl in einer Pfanne erhitzen und die Medaillons darin ca. 8 Minuten bei mittlerer Hitze von beiden Seiten braten, mit Salz und Pfeffer würzen. Ratatouille mit Salz und Cayennepfeffer abschmecken. Mit Medaillons auf einer Platte anrichten. Mit grobem Pfeffer bestreuen. Dazu passt Baguette.
Getränk: kühles Mineralwasser.

ZUBEREITUNGSZEIT ca. 30 Min.
PORTION ca. 380 kcal
42 g E · 16 g F · 14 g KH

Hackbraten nach Pizza-Art

ZUTATEN FÜR 6–8 PERSONEN

- 1 Brötchen (vom Vortag)
- 1 Zwiebel
- 2–3 mittelgroße Tomaten
- 200 g Mozzarella
- 800 g–1 kg gemischtes Hack
- 1 Ei + 1 Eigelb
- Salz • Pfeffer
- 2 TL italienische Kräuter
- Fett fürs Blech
- 1 Bund/Töpfchen Basilikum
- 2 Bund Petersilie
- 1–2 Knoblauchzehen
- 250–300 g Magermilch-Joghurt
- 2–3 EL (75 g) Crème fraîche
- 1 Beutel (230 g) Pizza-Teig
- etwas Mehl

1 Brötchen einweichen. Zwiebel schälen. Tomaten waschen und evtl. entkernen. Zwiebel, Tomaten und Mozzarella fein würfeln.

2 Hack, ausgedrücktes Brötchen und 1 Ei verkneten. Mit Salz, Pfeffer und italienischen Kräutern würzen. Zwiebel, Tomaten und Käse darunterkneten, zum Laib formen. Auf einem gefetteten Backblech im vorgeheizten Backofen (E-Herd: 200 °C/Umluft: 175 °C/Gas: Stufe 3) ca. 50 Minuten braten. Etwas abkühlen lassen.

3 Kräuter waschen und, bis auf etwas Basilikum, grob hacken. Knoblauch schälen. Beides mit Joghurt und Crème fraîche pürieren. Mit Salz und Pfeffer abschmecken.

4 Teig-Mischung mit 1/8 l lauwarmem Wasser verkneten. Auf etwas Mehl ca. 30 x 40 cm ausrollen. Hackbraten darin einschlagen. Eigelb verquirlen und Teig damit bestreichen. Einige Basilikumblättchen darauflegen. Bei gleicher Temperatur 20–30 Minuten backen. Hackbraten mit der Kräutercreme servieren. Dazu schmecken Tomatensalat und Oliven. **Getränk:** trockener Rotwein.

ZUBEREITUNGSZEIT ca. 1 3/4 Std.
PORTION ca. 460 kcal
28 g E · 26 g F · 26 g KH

Filetsteak mit Balsamico-Tomaten

ZUTATEN FÜR 4 PERSONEN

- 6 EL Balsamico-Essig
- Salz • Pfeffer
- 4 Rinderfiletsteaks (à ca. 100 g)
- 300 g Schalotten
- 1 TL Gemüsebrühe
- 150 g Risotto-Reis
- 400 g Kirschtomaten
- 150 g Champignons
- 1 EL Öl
- evtl. Zucker
- evtl. Basilikum zum Garnieren
- Alufolie

1 Essig mit Salz und Pfeffer würzen. Steaks darin marinieren. Schalotten schälen und halbieren. 2 Schalotten fein würfeln. Brühe in knapp 1 l heißem Wasser auflösen. 800 ml davon aufkochen. Reis und gewürfelte Schalotten darin unter gelegentlichem Rühren ca. 20 Minuten garen.

2 Inzwischen Tomaten waschen und halbieren. Champignons putzen, waschen und in feine Scheiben schneiden. Öl in einer beschichteten Pfanne erhitzen. Steaks aus der Marinade nehmen, trocken tupfen und von beiden Seiten 2–3 Minuten im heißen Öl scharf anbraten. Herausnehmen und in Folie wickeln.

3 Champignons kurz im Bratfett anbraten. Herausnehmen. Schalotten und Tomaten ins Bratfett geben und ca. 5 Minuten braten. Mit Marinade und Rest Brühe ablöschen. Aufkochen und 2–3 Minuten köcheln. Pilze unter den Risotto heben, mit Pfeffer abschmecken.

4 Risotto, Tomaten-Schalotten-Gemüse und Filetsteaks anrichten. Balsamico-Jus mit Zucker abschmecken, darüberträufeln. Mit Basilikum garnieren.
Getränk: kühles Mineralwasser.

ZUBEREITUNGSZEIT ca. 30 Min.
PORTION ca. 370 kcal
28 g E · 7 g F · 46 g KH

Rahm-Geschnetzeltes zu Pappardelle

ZUTATEN FÜR 4 PERSONEN

- 500 g Broccoli
- 500 g Champignons (z B. braune)
- 1 mittelgroße Zwiebel
- 600 g Schweineschnitzel
- 2 EL Mandelblättchen
- 2–3 EL Öl • Salz • Pfeffer
- 200 g Schlagsahne
- ca. 4 EL trockener Sherry
- 2 TL klare Brühe
- 400 g Pappardelle (breite Bandnudeln)
- ca. 4 EL Soßenbinder • evtl. Muskat
- 1–2 EL Butter

1 Broccoli und Pilze putzen, waschen. Broccoli in Röschen teilen. Pilze in Scheiben schneiden. Zwiebel schälen und fein würfeln. Fleisch trocken tupfen und in Streifen schneiden.

2 Mandeln in der Pfanne ohne Fett rösten, herausnehmen. Fleisch im heißen Öl portionsweise kräftig anbraten. Mit Salz und Pfeffer würzen, herausnehmen.

3 Pilze und Zwiebel im heißen Bratfett kräftig anbraten. Mit Salz und Pfeffer würzen. ½ l Wasser, Sahne, Sherry und Brühe einrühren. Aufkochen und ca. 5 Minuten köcheln.

4 Nudeln in reichlich kochendem Salzwasser ca. 10 Minuten bissfest garen.

5 Broccoli in wenig kochendem Salzwasser zugedeckt 5–6 Minuten dünsten. Fleisch in die Pilzsoße geben. Mit Soßenbinder binden. Mit Salz, Pfeffer und Muskat abschmecken.

6 Broccoli und Nudeln abtropfen lassen. Butter und Mandeln zum Broccoli geben und schwenken. Alles anrichten. **Getränk:** kühler Weißwein.

ZUBEREITUNGSZEIT ca. 1 Std.
PORTION ca. 860 kcal
53 g E · 33 g F · 82 g KH

Perlhuhn mit Schalotten

ZUTATEN FÜR 4–6 PERSONEN

- 1 EL Butterschmalz
- 500 g kleine Schalotten
- 2 Perlhühner (à 1–1,2 kg)
- Salz • Pfeffer
- 1 Bund/Töpfchen Thymian
- ¼ l Madeira oder weißer Portwein
- ca. ⅜ l Hühnerbrühe
- 1 Romanesco
- 300 g Möhren
- 1–2 TL Speisestärke

1 Butterschmalz zerlassen. Schalotten schälen. Hühner waschen, trocken tupfen. Innen und außen mit Salz und Pfeffer würzen. Thymian waschen und in die Hühner geben.

2 Hühner auf die Fettpfanne setzen, mit flüssigem Butterschmalz bestreichen. Schalotten zufügen. Im vorgeheizten Backofen (E-Herd: 200 °C/Umluft: 175 °C/Gas: Stufe 3) 50–60 Minuten braten. Nach ca. 15 Minuten nach und nach Madeira und Brühe angießen. Hühner öfter mit Fond beschöpfen.

3 Romanesco putzen, waschen und in kleine Röschen teilen. Möhren schälen, waschen und in Scheiben schneiden. Gemüse in kochendem Salzwasser ca. 10 Minuten dünsten. Abtropfen lassen.

4 Hühner herausnehmen. Fond aufkochen. Stärke und 2 EL Wasser glatt rühren. Fond damit binden, abschmecken. Hühner in Stücke schneiden. Brustfleisch vom Knochen lösen, aufschneiden. Anrichten. Dazu passen Röstkartoffeln. **Getränk:** kühler Roséwein.

ZUBEREITUNGSZEIT ca. 1 ½ Std.
PORTION ca. 500 kcal
62 g E · 20 g F · 17 g KH

Kalbsschnitzel in Sherry-Jus

ZUTATEN FÜR 4 PERSONEN

- 1 kg grüner Spargel
- 8 kleine Kalbsschnitzel (à ca. 80 g)
- 8 Scheiben Serrano-Schinken
- 1 Zweig Rosmarin
- 2–3 Stiele Salbei
- Salz • Zucker • Pfeffer
- 2–3 EL Öl
- 150–200 ml Kalbsfond (Glas) oder Fleischbrühe
- 6 EL Sherry medium
- 2–3 EL Butter
- 2 EL Mandelblättchen
- evtl. Bio-Zitrone zum Garnieren
- Holzspießchen

1 Spargel waschen, Enden großzügig abschneiden. Schnitzel trocken tupfen und flacher klopfen. Mit je einer Scheibe Schinken belegen. Kräuter waschen, abzupfen. Schnitzel damit belegen, überklappen und feststecken.

2 Spargel in kochendem, leicht gesalzenem Wasser mit etwas Zucker zugedeckt 8–10 Minuten garen.

3 Die Schnitzel im heißen Öl pro Seite 3–4 Minuten braten. Mit Salz und Pfeffer würzen, warm stellen. Bratfett mit Fond und Sherry ablöschen und ca. 5 Minuten einkochen lassen. Abschmecken.

4 Butter erhitzen. Mandeln darin bräunen. Spargel herausheben, mit den Schnitzeln anrichten. Mandelbutter über den Spargel, Sherry-Jus über das Fleisch träufeln. Mit Zitronenspalten garnieren. Dazu schmeckt frisches Baguette. **Getränk:** kühler Weißwein.

ZUBEREITUNGSZEIT ca. 30 Min.
PORTION ca. 430 kcal
43 g E · 23 g F · 6 g KH

Statt vom Kalb ...

... dürfen diese Schnitzel natürlich auch vom Schwein sein. Aber bitte schön flach klopfen, damit sie bei der kurzen Bratzeit auch gar werden. Sonst sind sie außen schon braun, aber innen noch halb roh.

Dorade in Salzkruste zu Caponata

ZUTATEN FÜR 3–4 PERSONEN

- 1 gr. Dorade (küchenfertig; ca. 1,2 kg)
- einige Kräuterstiele (Kerbel, Estragon, Petersilie, Basilikum)
- 1–2 Auberginen (ca. 500 g)
- 150 g Stangensellerie
- Salz • Pfeffer
- ca. 300 g Tomaten
- 1 sehr kleine Zwiebel
- je 50 g grüne Oliven und Kapern
- 2 kg grobes Meersalz • 3 Eier
- 75 g Mehl • 30 g Speisestärke
- 5–6 EL Olivenöl • 1–2 TL Zucker
- 1 EL Rotweinessig
- Alufolie

1 Fisch waschen, trocken tupfen. Kräuter waschen und in die Bauchhöhle füllen. Auberginen und Sellerie putzen, waschen. Auberginen in dickere Scheiben schneiden, mit Salz bestreuen, 20–30 Minuten ziehen lassen. Tomaten überbrühen, abschrecken, häuten und entkernen. Klein schneiden. Zwiebel schälen, würfeln. Sellerie fein schneiden. Oliven entsteinen, klein schneiden. Kapern hacken.

2 Meersalz, Eier, Mehl und Stärke mit den Knethaken des Handrührgerätes zum krümeligen Teig verkneten. Evtl. noch 3–4 EL Wasser zugeben.

3 Backblech mit Folie auslegen. Eine Schicht Salzteig (ca. 1 cm dick) in Größe der Dorade darauf andrücken. Fisch darauflegen. Mit Salzteig bedecken, dabei fest andrücken. Im vorgeheizten Backofen bei 200 °C/Umluft: 175 °C/Gas: Stufe 3) 25–30 Minuten garen.

4 Auberginen trocken tupfen, vierteln. Tomaten und Zwiebel in 1 EL heißem Öl andünsten, herausnehmen. 4–5 EL Öl erhitzen. Auberginen darin anbraten. Sellerie mit andünsten. Tomaten und Zwiebel zugeben, würzen. Oliven, Kapern, Zucker und Essig untermischen. 2–3 Minuten dünsten.

5 Salzkruste rundherum aufschneiden, Deckel abheben. Haut vom Fisch abziehen, Dorade filetieren, würzen. Alles anrichten. Dazu schmeckt Baguette.
Getränk: trockener Weißwein.

ZUBEREITUNGSZEIT ca. 1 ½ Std.
PORTION ca. 320 kcal
27 g E · 17 g F · 9 g KH

Lust auf Meer?

Dann bringen Sie doch die Meeresfrische direkt auf Ihren Tisch! Fisch in raffinierten Variationen macht Appetit auf mehr...

Paprika-Fisch-Auflauf

ZUTATEN FÜR 4 PERSONEN

- 750 g Paprikaschoten (z. B. grün, gelb und rot)
- 1 mittelgroße Zwiebel
- 2 EL Öl • Salz • Pfeffer
- 1 TL getrockneter Thymian
- 600 g Fischfilet (z. B. Seelachs)
- 2–3 EL Zitronensaft
- 200 g Schmand oder Crème fraîche
- 8 EL Milch
- ca. 1 TL Edelsüß-Paprika
- Fett für die Form
- evtl. Thymian zum Garnieren

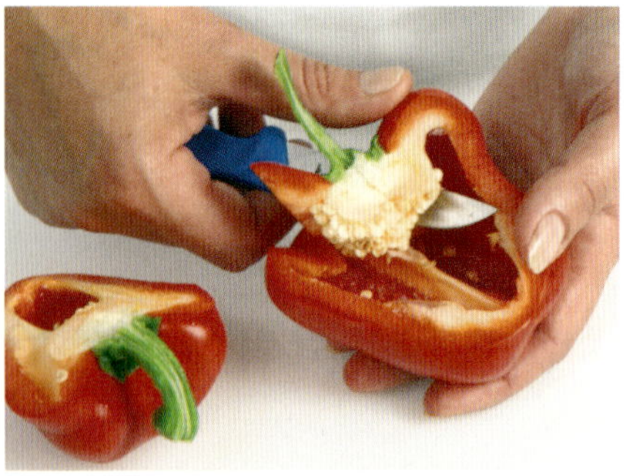

1 Paprika putzen, waschen und in grobe Stücke schneiden. Zwiebel schälen und würfeln. Beides im heißen Öl unter öfterem Wenden ca. 5 Minuten braten. Mit Salz, Pfeffer und Thymian würzen.

2 Fisch waschen, trocken tupfen und evtl. in 4 Stücke schneiden. Mit Zitronensaft beträufeln. Schmand und Milch verrühren. Mit Salz und Edelsüß-Paprika abschmecken.

3 Paprika und Zwiebel in eine gefettete Auflaufform füllen. Fisch mit Salz und Pfeffer würzen und darauflegen. Schmandsoße darübergießen.

4 Im vorgeheizten Backofen (E-Herd: 225 °C/Umluft: 200 °C/Gas: Stufe 4) 15–18 Minuten braten, mit Thymian garnieren. Dazu schmeckt Kartoffelpüree. **Getränk:** kühle Saftschorle.

ZUBEREITUNGSZEIT ca. 40 Min.
PORTION ca. 310 kcal
30 g E · 17 g F · 8 g KH

Oder mit Käsekruste?

Wer mag, kann noch 2 EL geriebenen Käse unter den Schmand rühren oder auf den Fisch streuen. Das gibt eine tolle goldgelbe Kruste. Und schmeckt!

Knoblauchgarnelen mit Ofenkartoffeln

ZUTATEN FÜR 4 PERSONEN

- 3–4 Zweige Rosmarin
- 1 kg mittelgroße Kartoffeln
- 6 EL Olivenöl • Salz • Pfeffer
- 4 Knoblauchzehen
- 2 Schalotten oder 1 kleine Zwiebel
- 3–4 Stiele Petersilie
- 250 g Schmand • 250 g Magerquark
- 3–4 EL Milch
- 1 kg rohe Garnelen (ohne Kopf, mit Schale)
- Saft von 1 Zitrone
- 2 EL Butter • Backpapier

1 Rosmarin waschen, Nadeln abzupfen und auf ein mit Backpapier ausgelegtes Backblech streuen. Kartoffeln schälen, waschen und längs halbieren. Mit 3 EL Öl und etwas Salz mischen. Mit der Schnittfläche nach unten auf dem Backblech verteilen. Im heißen Backofen (E-Herd: 175 °C/Umluft: 150 °C/Gas: Stufe 2) 45–50 Minuten backen.

2 Für den Dip Knoblauch schälen. 2 Zehen in Scheiben schneiden, 2 Zehen sehr fein hacken. Schalotten schälen und fein würfeln. Petersilie waschen und trocken tupfen. Blättchen bis auf einige in Streifen schneiden. Schmand, Quark, Milch, Schalotten, gehackten Knoblauch und Petersilie verrühren. Mit Salz und Pfeffer abschmecken.

3 Schale der Garnelen entfernen, dabei Schwanzflossen dran lassen. Darm vorsichtig herausziehen. Garnelen waschen und trocken tupfen. 3 EL Öl in einer großen Pfanne erhitzen und Garnelen darin rundherum ca. 6 Minuten braten. Nach ca. 2 Minuten Knoblauchscheiben hinzufügen. Anschließend Zitronensaft und Butter dazugeben und alles weitere 2 Minuten dünsten. Mit Salz und Pfeffer würzen. Mit Kartoffeln und Dip anrichten. Restliche Petersilie darüberstreuen.
Getränk: kühler Weißwein.

ZUBEREITUNGSZEIT ca. 1 ¼ Std.
PORTION ca. 730 kcal
56 g E · 37 g F · 37 g KH

Extra-Tipp

Nehmen Sie ganz frischen und, wenn möglich, den jungen Knoblauch mit den grünen Stängeln. Der ist milder und viel aromatischer.

Überbackene Miesmuscheln

ZUTATEN FÜR 4 PERSONEN

- 800 g–1 kg Miesmuscheln
- 2 Zwiebeln
- 1 Lorbeerblatt
- ⅛ l Weißwein
- Salz • Pfeffer
- 2 EL + etwas Olivenöl
- 1 Dose (850 ml) Tomaten
- Zucker • Cayennepfeffer
- 2 Scheiben Toastbrot
- 1 Knoblauchzehe
- 1 Bund Petersilie (z. B. glatte)
- 100 g mittelalter Gouda (Stück)
- 1 Ei
- 2 mittelgroße Tomaten

1 Muscheln unter fließendem kaltem Wasser gut abbürsten, evtl. Bartfäden dabei entfernen. Offene Muscheln aussortieren. 1 Zwiebel schälen und vierteln. Zwiebel, Lorbeer, Wein, Salz und Pfeffer aufkochen. Muscheln darin ca. 5 Minuten kochen, bis sie sich öffnen. Muscheln herausnehmen, nicht geöffnete aussortieren, Sud aufheben.

2 1 Zwiebel schälen und würfeln. 2 EL Öl erhitzen. Zwiebel andünsten. Mit Muschelsud und Dosentomaten ablöschen. Ca. 20 Minuten einkochen. Mit Salz, Zucker und Cayennepfeffer abschmecken.

3 Toastbrot zerbröseln. Knoblauch schälen und hacken. Petersilie waschen und fein schneiden. Käse reiben. Brösel, Knoblauch, Petersilie, Hälfte Käse und Ei verrühren. Mit Salz und Pfeffer würzen. Tomaten waschen und würfeln.

4 Muscheln auseinanderbrechen. Leere Hälften wegwerfen. Kräutermasse in die Muscheln füllen. Tomatensugo in eine flache geölte Auflaufform geben. Muscheln daraufsetzen. Mit Tomatenwürfeln und restlichem Käse bestreuen.

5 Im vorgeheizten Backofen (E-Herd: 200 °C/Umluft: 175 °C/Gas: Stufe 3) ca. 15 Minuten überbacken. Dazu passt frisches Weißbrot.
Getränk: kühler Roséwein.

ZUBEREITUNGSZEIT ca. 1 Std.
PORTION ca. 380 kcal
26 g E · 16 g F · 24 g KH

Köstliche Muscheln

Harte Schale, weicher Kern. Muscheln zählen wie Tintenfische zu den Weichtieren

Nährwerte

Muschelfleisch liefert das **Augen-Vitamin A** sowie verschiedene **B-Vitamine**. Es enthält die Mineralstoffe **Natrium, Magnesium, Kalium und Phosphor** sowie die wichtigen Spurenelemente **Eisen, Zink und Jod**.

Austern sind noch leichter verdaulich als Miesmuscheln, enthalten allerdings relativ viel **Cholesterin** (220 mg pro 100 g Fleisch). Mit durchschnittlich 60 bis 70 kcal pro 100 g ausgelöstem Fleisch sind Muscheln recht **figurfreundlich**. Im Übrigen werden sie streng auf Schadstoffe geprüft.

Königin der Muscheln ist die **Auster**. Und sie „regiert" schon lange. Bereits die Römer legten vor 2000 Jahren Austernzuchten an. Heute beherrschen in Europa Frankreich, Dänemark, Holland, England und Irland den Markt. Auch in Schleswig-Holstein gibt es sie wieder. Bis zur Marktreife muss die Auster 3 bis 4 Jahre lang intensiv gepflegt werden. Deshalb ist sie auch so teuer. Als Top-Qualitäten gelten die tiefschaligen, kräftig schmeckenden Fines de Claires, die große Sylter Royal, die irische Felsenauster und die milde, flache Belon. Austern gibt es frisch, gefroren und als Konserve.

Die sehr dekorative **Jakobsmuschel** (Pilgermuschel, engl. Scallop, franz. Coquille St. Jacques) kommt in allen Meeren vor und wird bis zu 14 cm groß. Der orangefarbene Rogensack, „Corail" genannt, gilt unter Kennern als Delikatesse. Einen ausgezeichneten Ruf haben die Scallops aus Irland und Schottland. Da die Jakobsmuschel lebend nur kurz lagerfähig ist, wird ihr Fleisch überwiegend tiefgefroren angeboten. Es schmeckt gedünstet, gegrillt oder gebraten.

raue Venusmuscheln

Die kleinen, zarten **Herz- und Venusmuscheln** gehören zu den Sandklaffmuscheln und sind bei uns noch nicht so gefragt wie in Holland, Frankreich oder am Mittelmeer. Herzmuscheln schmecken in Olivenöl und Zitrone gedünstet oder frittiert. Venusmuscheln verwendet man für Bouillabaisse und Paella, mit Knoblauchbutter überbacken oder ausgelöst für Ragouts. Beide sind frisch, mit und ohne Schale, als TK- oder Dosen-Ware im Handel.

„Auster des kleinen Mannes" wird die blauschwarze **Miesmuschel** (Pfahlmuschel) genannt. Sie ist die wichtigste Muschel und kommt in allen Ozeanen vor. Sie wird meist in „Muschelgärten" an Pfählen oder Tauen gezüchtet, vor allem an der deutschen Nordseeküste, in Dänemark, Holland und Frankreich. Frische Miesmuscheln werden gewaschen und ungewaschen in Plastikbeuteln angeboten. Ein Kilogramm ergibt ca. 180 Gramm Muschelfleisch, das bei Weibchen orange, bei Männchen cremefarben ist.

Es gibt sie auch tiefgefroren und als Konserve in Marinade, Öl oder im eigenen Saft. Eine Verwandte der Miesmuschel ist die große, fleischige **Grünschalmuschel** aus Neuseeland. Sie wird 10 bis 23 cm lang und eignet sich prima zum Füllen.

Einkaufstipps

Bei Muscheln in Schale, die nicht tiefgefroren sind, handelt es sich um lebende Tiere, die einige Tage mit dem in ihnen enthaltenen Salzwasser überleben können. Sie müssen fest geschlossen sein bzw. sich auf Antippen hin sofort schließen, sonst gehören sie in den Abfalleimer. Frische Muscheln möglichst noch am Einkaufstag verzehren. Bis zur Zubereitung im Kühlschrank (ca. 2 °C) lagern. Austern stets mit der tiefen Schale nach unten transportieren und aufbewahren.

Backfisch mit Senfsoße & Lauch-Reis

ZUTATEN FÜR 4 PERSONEN

- 4 Stücke (600 g) TK-Fischfilet (z. B. Alaska-Seelachs)
- 3 EL Zitronensaft
- 300 g Porree (Lauch)
- 1 EL Butter/Margarine
- 200 g Reis
- Salz • Pfeffer
- 1 mittelgroße Zwiebel
- 40–50 g geräucherter durchwachsener Speck
- 3–4 EL Öl
- 6–7 EL Mehl
- 1–2 TL Gemüsebrühe
- 1–2 EL mittelscharfer Senf
- 2 Eier (Gr. M)
- evtl. Zitrone, Petersilie und Cornichons zum Garnieren

1 Fisch auftauen lassen. Waschen, trocken tupfen und mit Zitronensaft beträufeln. Etwas ziehen lassen.

2 Porree putzen, waschen, in Ringe schneiden. Im heißen Fett im Topf andünsten. Reis kurz mit andünsten. ½ l Wasser zugießen, Salz zufügen. Aufkochen und zugedeckt bei schwacher Hitze ca. 20 Minuten ausquellen lassen.

3 Zwiebel schälen. Zwiebel und Speck fein würfeln. Beides in 1 EL heißem Öl anbraten. 2 EL Mehl darüberstäuben und anschwitzen. ½ l Wasser, Brühe und Senf einrühren. Aufkochen und ca. 5 Minuten köcheln. Mit Salz und Pfeffer abschmecken.

4 Fisch salzen. Erst in 4–5 EL Mehl, dann in verquirlten Eiern wenden. 2–3 EL Öl in einer großen beschichteten Pfanne erhitzen. Fisch darin pro Seite ca. 3 Minuten goldbraun braten. Alles anrichten und evtl. garnieren.
Getränk: kühles Mineralwasser.

ZUBEREITUNGSZEIT ca. 30 Min.
AUFTAUZEIT ca. 3 Std.
PORTION ca. 540 kcal
35 g E · 19 g F · 53 g KH

Herings-Stipp mit Joghurtsoße

ZUTATEN FÜR 4 PERSONEN

- 1 kg Kartoffeln (z. B. neue)
- 2 EL (30 g) Schinkenwürfel
- 1 mittelgroße Zwiebel
- 2 Gewürzgurken
  + 3–4 EL Gurkensud (Glas)
- 250 g Schmand oder saure Sahne
- 300 g Vollmilch-Joghurt
- Salz • Pfeffer • Zucker
- 6–8 Matjesfilets
- ½ Bund Schnittlauch

1 Kartoffeln gründlich waschen und zugedeckt ca. 20 Minuten garen. Schinken in einer Pfanne ohne Fett knusprig braten. Auf Küchenpapier abtropfen und abkühlen lassen.

2 Zwiebel schälen und in feine Ringe, Gurken in dünne Scheiben schneiden. Schmand, Joghurt und Gurkensud glatt rühren. Mit wenig Salz, Pfeffer und 1 Prise Zucker abschmecken.

3 Schinken, Zwiebel und Gurken unter die Soße heben. Matjes abtupfen und in Stücke schneiden. Mit der Soße locker mischen. Schnittlauch waschen, fein schneiden, darüberstreuen. Kartoffeln dazureichen.
Getränk: kühles Bier.

ZUBEREITUNGSZEIT ca. 30 Min.
PORTION ca. 570 kcal
26 g E · 34 g F · 36 g KH

1-a-Matjes ...

hat zartes, fast marzipanfarbenes Fleisch, einen schönen Silberspiegel auf der Hautseite und schmeckt sahnig-mild. Den „Edel-Hering“ gibt's als Einzel- und Doppelfilet. Die preiswerten Heringsfilets nach Matjes-Art werden meist in Öl eingelegt angeboten, sind aber oft sehr salzig. Am besten erst probieren und dann gut abspülen und evtl. noch wässern.

Thunfisch-Tramezzini mit Gurke & Ei

ZUTATEN FÜR 8 STÜCK

- 2 Eier
- 1 Dose (200 g) Thunfisch naturell
- 3–5 Stiele Oregano oder Petersilie
- 1 mittelgroße Zwiebel
- 3 gehäufte EL Salat-Mayonnaise
- 3 EL Vollmilch-Joghurt
- 1–2 EL Zitronensaft
- Salz • Pfeffer
- ½ kleine Salatgurke
- 12 Scheiben Sandwich-Toast
- evtl. Salatblätter zum Garnieren

1 Eier ca. 8 Minuten wachsweich kochen. Abschrecken, schälen und auskühlen lassen.

2 Thunfisch abtropfen lassen und klein zupfen. Oregano waschen und hacken. Zwiebel schälen, fein würfeln. Beides zum Thunfisch geben. Mayonnaise, Joghurt und Zitronensaft unterrühren. Mit Salz und Pfeffer abschmecken.

3 Gurke waschen und in dünne Scheiben schneiden. Toastbrot entrinden. Eier in Scheiben schneiden. Thunfischcreme auf 8 Toastscheiben streichen. 4 Thunfisch-Toasts mit Gurke und 4 mit Ei belegen. Je einen Ei-Toast, einen Gurken-Toast und einen nicht bestrichenen Toast zusammensetzen. Tramezzini diagonal halbieren und mit Salat garnieren. **Getränk:** Mineralwasser mit Zitrone.

ZUBEREITUNGSZEIT ca. 30 Min.
AUSKÜHLZEIT ca. 30 Min.
STÜCK ca. 250 kcal
10 g E · 18 g F · 133 g KH

So geht's auch

Wenn Sie die Tramezzini mit den kleineren normalen Toastscheiben machen möchten, brauchen Sie 18 Scheiben. Das ergibt dann 12 Tramezzini.

Lachs-Tatar zu Kartoffelpuffern

ZUTATEN FÜR 4 PERSONEN

- 2 kleine Zwiebeln (z. B. rote)
- ½ Bund Dill
- ½ Bund Schnittlauch
- 2–3 EL Öl
- 1 Packung (600 g; 10 Stück) TK-Kartoffelpuffer
- 300 g geräucherter Lachs (im Stück, ohne Haut)
- 2–3 EL Zitronensaft
- Salz • Pfeffer • Zucker
- 150 g Crème fraîche
- evtl. Salatblätter, Bio-Zitrone und Dill zum Garnieren
- Küchenpapier

1 Zwiebeln schälen und fein würfeln. Dill waschen, abzupfen und fein schneiden. Schnittlauch waschen und in Röllchen schneiden.

2 Öl in einer großen Pfanne erhitzen. Gefrorene Puffer darin in 2 Portionen ca. 5 Minuten bei mittlerer Hitze braten. Ab und zu wenden. Auf Küchenpapier abtropfen lassen. Warm stellen.

3 Inzwischen Lachs in feine Würfel schneiden. Zitronensaft, Schnittlauch, Hälfte Dill, Salz, Pfeffer, 1 Prise Zucker und Zwiebeln mischen. Lachs unterheben. Crème fraîche und Rest Dill verrühren. Puffer, Lachs-Tatar und Crème fraîche anrichten. Mit Salatblättern, Zitrone und übrigem Dill garnieren.
Getränk: kühles Mineralwasser.

ZUBEREITUNGSZEIT ca. 20 Min.
PORTION ca. 670 kcal
20 g E · 46 g F · 39 g KH

Spaghettini mit Scampi

ZUTATEN FÜR 4 PERSONEN

- 400 g Spagettini
- Salz
- 300 g Garnelen
- 120 g Kirschtomaten
- 1–2 Knoblauchzehen
- 1 Knolle Fenchel
- 2 EL Öl
- 1 EL Zitronensaft
- 2 cl Pernod
- 250 g Schlagsahne
- 1 EL heller Soßenbinder
- Pfeffer
- Bio-Zitrone und Dill zum Garnieren

1 Nudeln in reichlich kochendem Salzwasser ca. 8 Minuten garen.

2 In der Zwischenzeit Garnelen bis auf die Schwanzenden schälen, waschen und trocken tupfen. Tomaten putzen, waschen, halbieren. Knoblauch schälen, durch eine Presse drücken. Fenchel putzen und Strunk herausschneiden. Anschließend halbieren und in feine Streifen schneiden.

3 Öl erhitzen. Scampi darin ca. 4 Minuten bei starker Hitze braten, etwas salzen und mit Zitronensaft beträufeln. Anschließend beiseite nehmen.

4 Knoblauch und Fenchel ins Bratfett geben. Mit Pernod und 200 ml Wasser ablöschen. 3–5 Minuten bei starker Hitze einkochen lassen. Sahne und Tomaten zufügen, kurz aufkochen lassen. Soßenbinder einstreuen. Unter Rühren nochmals aufkochen. Garnelen wieder zufügen. Mit Salz und Pfeffer abschmecken. Nudeln und Soße portionsweise, mit Zitrone und Dillfähnchen garniert servieren.

Getränk: kühles Mineralwasser.

ZUBEREITUNGSZEIT ca. 40 Min.
PORTION ca. 700 kcal
29 g E · 28 g F · 77 g KH

Zanderfilet in Weißweinsoße

ZUTATEN FÜR 4 PERSONEN

- 800 g Kartoffeln
- 600 g Zanderfilet (mit Haut)
- 2–3 EL Zitronensaft
- 1–2 Knoblauchzehen
- 4 Schalotten oder 2 kleine Zwiebeln
- 3 EL Öl
- 600 g TK-Blattspinat
- Salz • Pfeffer • Muskat
- 1 EL + 100 g kalte Butter
- ⅛ l trockener Weißwein
- evtl. Bio-Zitronenscheiben zum Garnieren

1 Kartoffeln schälen, waschen und in Salzwasser ca. 20 Minuten kochen.

2 Fisch waschen, trocken tupfen und in ca. 8 Stücke schneiden. Mit Zitronensaft beträufeln. Knoblauch und Schalotten schälen und fein hacken.

3 Knoblauch und die Hälfte Schalotten in 1 EL heißem Öl andünsten. Gefrorenen Spinat und 4–5 EL Wasser zufügen. Zugedeckt ca. 15 Minuten dünsten. Ab und zu umrühren. Mit Salz, Pfeffer und Muskat abschmecken.

4 2 EL Öl erhitzen. Zander darin erst auf der Hautseite, dann auf der Fleischseite jeweils 2–3 Minuten braten. Mit Salz und Pfeffer würzen.

5 Inzwischen übrige Schalotten in 1 EL Butter andünsten. Mit Wein ablöschen und ca. 2 Minuten einkochen. 100 g Butter in Stückchen darunterschlagen. Mit Salz und Pfeffer abschmecken. Salzkartoffeln abtropfen lassen. Alles anrichten. Mit Zitronenscheiben garnieren.
Getränk: kühle Weinschorle.

ZUBEREITUNGSZEIT ca. 30 Min.
PORTION ca. 590 kcal
36 g E · 32 g F · 29 g KH

Lecker: Zander

Zander ist ideal für „Fisch-Anfänger". Denn sein delikates Fleisch ist nahezu grätenfrei. Besonders köstlich schmeckt's, wenn Sie das feine Filet auf der Haut knusprig braten.

Hack-Gemüse-Quiche

ZUTATEN FÜR 2 QUICHES À 12 STÜCKE

- 300 g + etwas Mehl
- Salz • Zucker • Pfeffer
- 1 Päckchen Trockenhefe
- 30 g + etwas weiche Butter
- 2 Paprikaschoten (z. B. gelb und rot)
- 2 Zucchini • 500 g Champignons
- 1 Zwiebel • 2 Zweige Rosmarin
- 4 EL Öl • 500 g gemischtes Hack
- Edelsüß-Paprika • 4 Eier
- 400 g Schmand • Muskat
- 2 gehäufte EL Paniermehl

1 300 g Mehl, ½ TL Salz, 1 TL Zucker und Trockenhefe mischen. 30 g Butter in Flöckchen und 150 ml lauwarmes Wasser hinzufügen und alles verkneten. Teig zugedeckt an einem warmen Ort ca. 45 Minuten gehen lassen.

2 Inzwischen Gemüse putzen und waschen. Paprika in Streifen, Zucchini und Pilze in Scheiben schneiden. Zwiebel schälen und fein würfeln. Rosmarin waschen, Nadeln abstreifen und fein hacken.

3 Zwiebel in 1 EL heißem Öl in einer Pfanne dünsten. Hack ca. 5 Minuten mitbraten. Mit Rosmarin, Salz, Pfeffer und Paprika würzen. Masse in eine Schüssel füllen. 1 EL Öl im Bratfett erhitzen und Pilze darin 3–4 Minuten anbraten, würzen und mit dem Hack mischen.

4 2 EL Öl im Bratfett erhitzen und Paprika und Zucchini darin ca. 5 Minuten anbraten, würzen und etwas abkühlen lassen. Eier, Schmand, Salz, Pfeffer und Muskat verquirlen.

5 Springform (26 cm Ø) einfetten. Teig kneten. Hälfte rund ausrollen (ca. 30 cm Ø) und den Boden der Form damit auslegen. Rand andrücken. Boden mit 1 EL Paniermehl bestreuen.

6 Hälfte Hackmasse auf dem Teig verteilen, jeweils Hälfte Gemüse und Schmandguss daraufgeben. Im vorgeheizten Ofen (E-Herd: 200 °C/Umluft: 175 °C/Gas: Stufe 3) 25–30 Minuten backen. Aus den übrigen Zutaten die zweite Quiche zubereiten.

Getränk: leichter Weißwein.

ZUBEREITUNGSZEIT ca. 1 Std.
GEHZEIT ca. 45 Min.
BACKZEIT JE QUICHE 25–30 Min.
STÜCK ca. 190 kcal
8 g E · 12 g F · 12 g KH

In der Hauptrolle: Pizza & Co.

Wenn's herrlich aus dem Ofen duftet und allen das Wasser im Mund zusammenläuft, könnte es an diesen pikanten Kuchen liegen

Pizza „rustica" mit Feta & Oliven

ZUTATEN FÜR 4 STÜCK

- 300 g + etwas dunkles Weizenmehl (Type 1050)
- 1 Päckchen Trockenhefe
- Salz • Pfeffer
- ½ Bund Lauchzwiebeln
- 4 mittelgroße Tomaten
- 3 EL paprikagefüllte Oliven
- 4 EL Tomatenmark
- 2 TL getrocknete italienische Kräuter
- 100 g Fetakäse
- 100 g Geflügel-Aufschnitt (in hauchdünnen Scheiben)
- Backpapier

1 300 g Mehl, Hefe und ½ TL Salz mischen. Mit 150 ml lauwarmem Wasser glatt verkneten. Zugedeckt am warmen Ort ca. 40 Minuten gehen lassen.

2 Lauchzwiebeln putzen, waschen. Tomaten waschen. Lauchzwiebeln fein, Tomaten in Scheiben schneiden. Oliven halbieren. Tomatenmark, Kräuter und 2 EL Wasser verrühren. Käse würfeln.

3 Teig nochmals durchkneten, vierteln und auf wenig Mehl 4 runde Böden (ca. 20 cm Ø) ausrollen. Jeweils zwei Böden diagonal versetzt auf zwei mit Backpapier ausgelegte Bleche legen. Nochmals ca. 20 Minuten gehen lassen.

4 Mit der Tomatensoße bestreichen. Mit vorbereiteten Zutaten und Aufschnitt belegen, mit Salz und Pfeffer würzen. Nacheinander im vorgeheizten Backofen (E-Herd: 200 °C/Umluft: 175 °C/ Gas: Stufe 3) ca. 25 Minuten knusprig backen.

Getränk: kühler Roséwein.

ZUBEREITUNGSZEIT ca. 25 Min.
GEHZEIT ca. 1 Std.
BACKZEIT PRO BLECH ca. 25 Min.
STÜCK ca. 390 kcal
21 g E · 8 g F · 57 g KH

Extra-Tipp

Ob grün oder schwarz, mit Paprika oder Knoblauch gefüllt, gewürzt oder pur – für Pizzas können Sie allerlei Sorten an Oliven nehmen.

Calzone mit Thunfisch

ZUTATEN FÜR 4 PERSONEN

- 2 Eier
- ½ Würfel (ca. 20 g) frische Hefe
- 400 g + etwas Mehl
- Salz • Zucker • Pfeffer
- 5 EL Olivenöl
- 1 Dose (200 g) Thunfisch naturell
- 1 Glas (30 g) Kapern
- 2 mittelgroße Zwiebeln
- 2–3 Tomaten
- 125 g Mozzarella
- 3 EL Tomatenmark

1 Eier hart kochen. Anschließend abschrecken und auskühlen lassen.

2 Hefe zerbröckeln, in 200 ml lauwarmem Wasser auflösen. Mit 400 g Mehl, 1 TL Salz, 1 Prise Zucker und Öl zum glatten Teig verkneten. Zugedeckt am warmen Ort ca. 40 Minuten gehen lassen.

3 Thunfisch und Kapern abtropfen lassen. Zwiebeln schälen und in Ringe schneiden. Tomaten waschen. Eier schälen. Tomaten, Mozzarella und Eier in Scheiben schneiden.

4 Teig nochmals durchkneten und auf etwas Mehl rund (ca. 35 cm Ø) ausrollen. Eine Teighälfte mit Tomatenmark bestreichen, dabei 1–2 cm Rand frei lassen. Tomatenmark mit den vorbereiteten Zutaten belegen. Alles mit Salz und Pfeffer würzen.

5 Teigränder mit Wasser bestreichen. Freie Teighälfte überklappen, Ränder gut andrücken. Calzone auf ein mit Mehl bestäubtes Backblech legen, nochmals ca. 20 Minuten gehen lassen.

6 2–3 EL Wasser mit ½ TL Salz verrühren. Calzone damit bestreichen. Im vorgeheizten Backofen (E-Herd: 200 °C/ Umluft: 175 °C/Gas: Stufe 3) ca. 35 Minuten goldbraun backen.
Getränk: trockener Rotwein.

ZUBEREITUNGSZEIT ca. 45 Min.
GEHZEIT ca. 1 Std.
BACKZEIT ca. 35 Min.
PORTION ca. 760 kcal
29 g E · 36 g F · 75 g KH

Porree-Käse-Tarteletts

ZUTATEN FÜR 6 STÜCK

- 250 g Mehl
- 100 g kalte Butter/Margarine
- Salz • Pfeffer • Muskat
- 3 Eier (Gr. M)
- 3 Stangen (à ca. 200 g) Porree
- 1–2 EL Öl
- Mehl zum Ausrollen
- Fett für die Förmchen
- 300 g Crème fraîche
- 150 g Bergkäse (Stück)

1 Mehl, Fett in Stückchen, ½ TL Salz, 1 Ei und 1–2 EL eiskaltes Wasser erst mit den Knethaken des Handrührgerätes, dann kurz mit den Händen glatt verkneten. Zugedeckt im Kühlschrank ca. 30 Minuten ruhen lassen.

2 Den Porree putzen, waschen und in Ringe schneiden. Im heißen Öl ca. 5 Minuten dünsten. Mit Salz und Pfeffer würzen.

3 Teig auf bemehlter Arbeitsfläche 4–5 mm dick ausrollen und rund (ca. 14 cm Ø) ausstechen. 6 Tarte-Förmchen (ca. 12 cm Ø) mit Lift-off-Boden fetten, mit dem Teig auslegen. Porree darauf verteilen.

4 Crème fraîche und 2 Eier verrühren. Mit Salz, Pfeffer und Muskat würzen. Käse reiben, ca. 50 g unter die Eimasse rühren. Über den Porree gießen, mit Rest Käse bestreuen. Im vorgeheizten Backofen (E-Herd: 200 °C/Umluft: 175 °C/Gas: Stufe 3) 25–30 Minuten backen. **Getränk:** kühler Weißwein.

ZUBEREITUNGSZEIT ca. 1 Std.
KÜHLZEIT ca. 30 Min.
BACKZEIT 25–30 Min.
STÜCK ca. 560 kcal
15 g E · 39 g F · 34 g KH

Pizza-Taler mit Mett

ZUTATEN FÜR 6 STÜCK

- 1 Bund Lauchzwiebeln
- 3 mittelgroße Tomaten
- 250 g Mett
- 6 EL Öl
- 1 TL getrockneter Oregano
- Salz • Pfeffer
- 1 EL Tomatenmark
- 225 g + etwas Mehl
- 3 gestrichene TL Backpulver
- 125 g Magerquark
- 5 EL Milch
- 75 g Gouda (Stück)
- Backpapier

1 Lauchzwiebeln putzen, waschen und in feine Ringe schneiden. Tomaten waschen, vierteln, entkernen, würfeln.

2 Mett in 1 EL heißem Öl krümelig anbraten. Mit Oregano, wenig Salz und Pfeffer würzen. Tomatenmark, Lauchzwiebeln und Tomaten kurz mitbraten. Abschmecken, etwas abkühlen lassen.

3 225 g Mehl und Backpulver mischen. Quark, 5 EL Öl, Milch und ca. ¼ TL Salz zugeben und alles glatt verkneten. Teig auf wenig Mehl zu einer Rolle formen und in 6 Stücke schneiden. Runde Teigfladen daraus formen, auf ein mit Backpapier ausgelegtes Backblech legen.

4 Die Mettmasse auf den Teigfladen verteilen. Käse grob reiben und darüberstreuen. Im vorgeheizten Backofen (E-Herd: 200 °C/Umluft: 175 °C/Gas: Stufe 3) ca. 15 Minuten backen.
Getränk: trockener Rotwein.

ZUBEREITUNGSZEIT ca. 40 Min.
BACKZEIT ca. 15 Min.
STÜCK ca. 440 kcal
22 g E · 24 g F · 31 g KH

Toll für Pizza

Dieser schnelle Quark-Öl-Teig ist eine prima Alternative für alle, denen Hefeteig zu aufwendig ist. Wichtig: Kneten Sie den Teig nicht zu lange, da er sonst klebt.

Gemüsestrudel mit Crème fraîche

ZUTATEN FÜR 12–16 STÜCKE

- 250 g + etwas Mehl
- 3 EL Öl • Salz • Pfeffer
- 1 Ei + 2 Eigelb (Gr. M)
- 2 Zwiebeln • 1 Knoblauchzehe
- je 200 g Möhren, Porree, Blumenkohl, Broccoli und Blattspinat
- 6 EL (ca. 60 g) Butterschmalz
- 150–200 g saure Sahne
- ½ Bund Petersilie
- 200 g Emmentaler (Stück)
- 2 gehäufte EL Paniermehl
- 300 g Crème fraîche
- Frischhaltefolie • Backpapier

1 250 g Mehl, Öl, ½ TL Salz, 1 Ei und 100 ml kaltes Wasser zur glatten Kugel kneten. In Folie ca. 1 Stunde kalt stellen.

2 Zwiebeln, Knoblauch und Möhren schälen, übriges Gemüse putzen. Gesamtes Gemüse waschen. Spinat hacken. Rest Gemüse, Zwiebeln und Knoblauch klein schneiden.

3 Zwiebeln und Knoblauch in 2 EL heißem Butterschmalz andünsten. Gemüse ca. 5 Minuten mitdünsten. Würzen. Alles mit Sahne und 2 Eigelb mischen. Etwas abkühlen. Petersilie waschen und hacken. Käse reiben. Petersilie, bis auf 1 EL, und ¾ Käse zum Gemüse geben.

4 Teig auf einem bemehlten Küchentuch über die Handrücken sehr dünn zum Rechteck (40 x 60 cm) ausziehen, bis die Struktur des Tuches durchscheint.

5 4 EL Butterschmalz zerlassen. Auf den Teig streichen. Paniermehl und Gemüse darauf verteilen, dabei ca. 3 cm Rand frei lassen. Ränder einschlagen. Teig mithilfe des Küchentuches von der schmalen Seite her aufrollen. Strudel mit der Nahtstelle nach unten auf ein mit Backpapier ausgelegtes Backblech legen. Im heißen Ofen (E-Herd: 200 °C/Umluft: 175 °C/Gas: Stufe 3) ca. 30 Minuten backen. Nach ca. 20 Minuten Rest Käse darüberstreuen.

6 Crème fraîche, Rest Petersilie, Salz und Pfeffer glatt rühren. Strudel warm oder kalt mit Crème fraîche servieren.
Getränk: kühler Roséwein.

ZUBEREITUNGSZEIT ca. 1 ½ Std.
KÜHLZEIT ca. 1 Std.
BACKZEIT ca. 30 Min.
STÜCK ca. 250 kcal
8 g E · 17 g F · 15 g KH

Mini-Quiches mit Möhren & Spinat

ZUTATEN FÜR 6 STÜCK

- 200 g + etwas Mehl
- Salz • Pfeffer • Muskat
- 125 g kalte + 1 EL + etwas Butter
- 400 g Möhren
- 200 g Blattspinat
- 2 Tomaten
- 3 Stiele Basilikum
- 2 Eier (Gr. M)
- 50 g Schlagsahne
- 3 EL Pinienkerne
- 3 EL geriebener Parmesan

1 200 g Mehl, ¼ TL Salz, 125 g Butter in Stückchen und 2 EL eiskaltes Wasser rasch zu einem glatten Teig verkneten. Zugedeckt ca. 30 Minuten kalt stellen.

2 Möhren schälen, waschen und in Scheiben schneiden. Spinat gut waschen, abtropfen lassen und grob hacken. Tomaten waschen, vierteln und entkernen. Fruchtfleisch fein würfeln. Basilikum waschen, bis auf etwas abzupfen.

3 Möhren in 1 EL Butter mit Salz und ca. 100 ml Wasser zugedeckt ca. 8 Minuten dünsten. Spinat und Tomaten kurz mitdünsten, etwas abkühlen lassen.

4 Quicheförmchen (ca. 12 cm Ø) mit heraushebbarem Boden oder eine große Quicheform fetten. Teig auf wenig Mehl ca. 3 mm dick ausrollen. Förmchen damit auslegen. Böden mit einer Gabel mehrmals einstechen.

5 Eier und Sahne verquirlen und in das Gemüse rühren. Mit Pfeffer und Muskat würzen. Basilikum und Pinienkerne unterheben. In die Förmchen verteilen, mit Käse bestreuen. Im vorgeheizten Backofen (E-Herd: 200 °C/Umluft: 175 °C/ Gas: Stufe 3) 20–25 Minuten backen. Mit übrigem Basilikum garnieren.
Getränk: kühle Weinschorle.

ZUBEREITUNGSZEIT ca. 45 Min.
KÜHLZEIT ca. 30 Min.
BACKZEIT 20–25 Min.
PORTION ca. 440 kcal
12 g E · 30 g F · 28 g KH

So schmeckt's auch

Pinienkerne sind recht teuer, weil sie mühsam geerntet werden. Sie können aber auch gut Mandelstifte oder Sonnenblumenkerne verwenden.

Bunt belegte Hackpizza

ZUTATEN FÜR CA. 12 STÜCKE

- 3 Scheiben Toastbrot
- 2 Zwiebeln
- 2 Knoblauchzehen
- 1 Bund/Töpfchen frisches oder 2 TL getrocknetes Basilikum
- ½ Bund/Töpfchen frischer oder 1 TL getrockneter Oregano
- 1,5 kg gemischtes Hack
- 2 Eier
- 2 EL Tomatenmark
- Salz • Pfeffer • Edelsüß-Paprika
- etwas + 2 EL Öl
- 2 große grüne Paprikaschoten (500 g)
- 600 g Tomaten
- 1 Gemüsezwiebel (ca. 300 g)
- 1 Dose (425 ml) Maiskörner
- 2 Flaschen (à 250 ml) Zigeuner-Soße
- 100 g Tomatenketchup
- 2 EL Crème fraîche
- 150 g Gouda (Stück)

1 Brot einweichen. Zwiebeln und Knoblauch schälen und fein würfeln bzw. hacken. Basilikum und Oregano waschen und, bis auf etwas Basilikum zum Garnieren, hacken. Brot ausdrücken, mit Hack, Eiern, Tomatenmark, Zwiebeln, Knoblauch und Kräutern verkneten. Mit Salz, Pfeffer und Paprikapulver würzen.

2 Hackmasse auf die geölte Fettpfanne (ca. 32 x 39 cm) des Backofens geben und andrücken. Im vorgeheizten Backofen (E-Herd: 200 °C/Umluft: 175 °C/Gas: Stufe 3) ca. 15 Minuten vorbacken.

3 Inzwischen Paprika putzen, waschen und in Stücke schneiden. Tomaten waschen und in Scheiben schneiden. Gemüsezwiebel schälen und in feine Ringe schneiden. Mais abtropfen lassen. Zigeuner-Soße, Ketchup, Crème fraîche und 2 EL Öl verrühren, abschmecken.

4 Hackboden aus dem Ofen nehmen, ca. ⅓ der Soße daraufstreichen. Mit Tomaten, Paprika, Zwiebeln und Mais belegen. Restliche Soße in Klecksen daraufgeben und Käse darüberreiben. Bei gleicher Temperatur ca. 30 Minuten backen. Mit übrigem Basilikum garnieren. **Getränk:** kühler Weißwein oder Bier.

ZUBEREITUNGSZEIT ca. 1 Std.
STÜCK ca. 550 kcal
34 g E · 33 g F · 25 g KH

Sauerkraut-Pizza mit Wurst & Schmand

ZUTATEN FÜR 4 PERSONEN

- 1 Zwiebel
- 1 EL Öl
- 2–3 Mettwürstchen (200 g)
- 300 g Sauerkraut
- Salz • Pfeffer
- Evtl. etwas Kümmel
- 1 Beutel (230 g) „Pizza-Teig“ für ⅛ l Wasser
- 200 g Schmand oder stichfeste saure Sahne
- 1 Ei (Gr. M)
- geriebene Muskatnuss
- 2 Stiele Petersilie
- Backpapier

1 Zwiebel schälen, fein würfeln und im heißen Öl dünsten. Wurst in Scheiben schneiden und kurz mit anbraten. Evtl. das Sauerkraut mit einer Gabel etwas auflockern und daruntermischen. Alles kurz dünsten, mit Salz, Pfeffer und Kümmel würzen.

2 Den Beutelinhalt der Backmischung und ⅛ l lauwarmes Wasser erst mit den Knethaken des Handrührgerätes und dann schnell mit den Händen glatt verkneten.

3 Teig auf Backpapier ca. 3 mm dick oval ausrollen. Samt Papier auf ein Backblech legen. Schmand und Ei verrühren, mit Salz, Pfeffer und Muskat würzen. ⅓ auf den Teig streichen. Sauerkraut und Wurst gleichmäßig darauf verteilen.

4 Restliche Schmandcreme darübergeben. Die Pizza im heißen Backofen (E-Herd: 225 °C/Umluft: 200 °C/Gas: Stufe 4) ca. 20 Minuten goldbraun backen. Petersilie waschen, hacken und darüberstreuen.

Getränk: trockener Weißwein oder kühler Cidre.

ZUBEREITUNGSZEIT ca. 50 Min.
PORTION ca. 600 kcal
26 g E · 37 g F · 37 g KH

Kartoffel-Wirsing-Kuchen

ZUTATEN FÜR 6–8 STÜCKE

- 200 g + etwas Mehl
- 100 g kalte Butter/Margarine
- 5 Eier (Gr. M)
- Salz • Pfeffer • Muskat
- 750 g Kartoffeln (z. B. festkochende)
- 300 g Möhren
- ½ Wirsing (500 g)
- 1 große Zwiebel
- 1–2 EL Öl
- 200 ml Milch
- 250 g Schmand oder Crème fraîche
- 2–3 Stiele Petersilie

1 200 g Mehl, Fett in Stückchen, 1 Ei, ½ TL Salz und 3 EL eiskaltes Wasser rasch zum glatten Teig verkneten. Zugedeckt ca. 30 Minuten kalt stellen.

2 Kartoffeln waschen, ca. 15 Minuten vorkochen. Möhren schälen, waschen und klein schneiden. Wirsing putzen, waschen und in Streifen schneiden. Zwiebel schälen und würfeln.

3 Öl erhitzen. Gemüse darin ca. 5 Minuten andünsten. Kartoffeln abschrecken, schälen und in Scheiben schneiden. Milch, 4 Eier und 200 g Schmand verquirlen, würzen.

4 Teig auf etwas Mehl rund (ca. 40 cm Ø) ausrollen und eine Tarteform (30 cm Ø) oder Springform (28 cm Ø) damit auslegen. Mit der Gabel den Teig öfter einstechen. Kartoffeln und Gemüse einschichten. Schmandguss darübergießen.

5 Im vorgeheizten Backofen (E-Herd: 200 °C/Umluft: 175 °C/Gas: Stufe 3) 45–50 Minuten backen. Petersilie waschen, hacken. Gemüsekuchen mit Rest Schmand und Petersilie garnieren. **Getränk:** kühle Weißwein-Schorle.

ZUBEREITUNGSZEIT ca. 45 Min.
KÜHLZEIT ca. 30 Min.
BACKZEIT 45–50 Min.
STÜCK ca. 540 kcal
15 g E · 32 g F · 43 g KH

Spaghetti-Pizza „Tomate-Mozzarella"

ZUTATEN FÜR 4 PERSONEN

- 250 g Spaghetti
- Salz • Pfeffer
- 3–4 Stiele Basilikum
- 3 Lauchzwiebeln
- 2 mittelgroße Tomaten
- 125 g Mozzarella
- 50 g Gouda (Stück)
- ¼ l Milch
- 4 Eier
- 1 TL getrockneter Thymian
- Fett für die Form
- 50 g Salami (in dünnen Scheiben)

1 Nudeln in reichlich kochendem Salzwasser ca. 10 Minuten bissfest garen.

2 Basilikum waschen und, bis auf etwas zum Garnieren, in Streifen schneiden. Lauchzwiebeln putzen, waschen und in feine Ringe schneiden. Tomaten waschen und in Scheiben schneiden. Mozzarella in Scheiben schneiden. Gouda reiben.

3 Milch und Eier verquirlen. Mit Salz, Pfeffer und Thymian würzen. Gouda unterrühren. Spaghetti abtropfen lassen und in eine gefettete Pizzaform (ca. 26 cm Ø) legen. Eiermilch darübergießen.

4 Lauchzwiebeln, Tomaten, Salami und Mozzarella auf die Spaghetti legen. Mit Basilikum bestreuen.

5 Spaghetti-Pizza im vorgeheizten Backofen (E-Herd: 200 °C/Umluft: 175 °C/Gas: Stufe 3) ca. 30 Minuten backen. Mit dem übrigen Basilikum garnieren. **Getränk:** leichter Rotwein.

ZUBEREITUNGSZEIT ca. 50 Min.
PORTION ca. 530 kcal
31 g E · 22 g F · 49 g KH

So klappt's auch

Sie haben keine Pizzaform? Dann nehmen Sie doch Ihre Springform (26 oder 28 cm Ø). Damit die Eiermilch nicht rausläuft, den Boden mit Alufolie auslegen und dabei am Rand etwas hochbiegen.

Bandnudeln mit Trüffel-Lachssahne

ZUTATEN FÜR 4 PERSONEN

- 1 Packung (250 g) TK-Lachsfilet
- 2 dicke Möhren • 1 große Zucchini (ca. 250 g)
- 3 Lauchzwiebeln • 1 kleine Zwiebel
- 2 EL Butter • Salz • Pfeffer • 2 EL Mehl
- ⅛ l trockener Weißwein • 200 g Schlagsahne
- 400 g Bandnudeln
- 2–3 EL Trüffelbutter (Glas)
- 1 EL Zitronensaft • Pfeffer
- evtl. Basilikum zum Garnieren

1 Lachs auftauen. Möhren schälen, waschen. Zucchini und Lauchzwiebeln putzen und kalt abspülen. Gemüse mit dem Julienneschneider in feine Streifen schneiden. Zwiebel schälen und fein würfeln.

2 Lachs waschen, trocken tupfen und in Würfel schneiden. Fisch in der heißen Butter anbraten. Mit Salz und Pfeffer würzen und herausnehmen. Zwiebel im Bratfett andünsten, mit Mehl bestäuben und kurz anschwitzen. Wein, ¼ l Wasser und Sahne dazugießen. Alles etwas köcheln lassen.

3 Nudeln in reichlich Salzwasser ca. 8 Minuten al dente garen. Abtropfen lassen.

4 Trüffelbutter im Nudeltopf schmelzen. Gemüsestreifen darin 2–3 Minuten andünsten und mit wenig Salz und Pfeffer würzen.

5 Soße mit Salz, Pfeffer und Zitronensaft abschmecken. Lachs hineingeben. Nudeln und Gemüsestreifen daruntermischen und pfeffern. Mit Basilikum garnieren.
Getränk: trockener Weißwein.

ZUBEREITUNGSZEIT ca. 40 Min.
PORTION ca. 800 kcal
29 g E · 33 g F · 85 g KH

Einfach, aber raffiniert: Parmesankörbchen

Ein besonderer Clou – servieren Sie die Nudeln in Parmesankörbchen. Dafür 200 g Parmesan fein reiben und daraus 4 Kreise (ca. 14 cm Ø) aufs Blech mit Backpapier streuen. Etwas andrücken. Im vorgeheizten Backofen (E-Herd: 200 °C/ Umluft: 175 °C/Gas: Stufe 3) 8–10 Minu-ten backen, bis der Käse geschmolzen und goldgelb ist. Mit einem Pfannenheber vorsichtig vom Backpapier lösen, über umgedrehte Müsli-Schälchen legen und auskühlen lassen.

Pasta-Fans aufgepasst!

Hier kommen leckere Rezepte rund um Spaghetti, Cannelloni und Co. Ob überbacken oder mit köstlicher Soße – die sind immer ein Renner

Tagliatelle mit Hähnchen in Zitronensoße

ZUTATEN FÜR 4 PERSONEN

- 2 Bio-Zitronen
- 400 g Bandnudeln (Tagliatelle)
- Salz • Pfeffer
- 400 g Hähnchenfilet
- 2 EL Öl
- 2–3 EL heller Soßenbinder
- 100 g stichfeste saure Sahne
- einige Stiele Kerbel oder Petersilie

1 Zitronen waschen, trocken tupfen und etwas Schale abraspeln. 4 Zitronenscheiben zum Garnieren beiseite legen. Dann Saft auspressen. Nudeln in reichlich kochendem Salzwasser 6–8 Minuten bissfest garen.

2 Filet waschen und trocken tupfen. Öl in einer Pfanne erhitzen. Filet darin pro Seite 3–4 Minuten braten. Mit Salz und Pfeffer würzen, herausnehmen. Etwas abkühlen lassen und in Scheiben schneiden. Bratensatz mit Zitronensaft und ¼ l Wasser aufkochen. Mit Soßenbinder binden, Sahne einrühren. Soße abschmecken. Fleisch wieder zufügen.

3 Kerbel waschen und fein schneiden. Nudeln abgießen. Alles anrichten. Mit Kerbel und Zitronenraspeln bestreuen. Mit den Zitronenscheiben garnieren. Dazu passt grüner Salat.
Getränk: kühler Weißwein.

ZUBEREITUNGSZEIT ca. 25 Min.
PORTION ca. 580 kcal
35 g E · 13 g F · 76 g KH

Rezept-Variation

Eine lieblichere Note bekommt die Soße, wenn Sie statt Zitronen Orangen nehmen. Frisch-säuerlich wird sie mit Limetten.

Bandnudeln mit Vier-Käse-Creme

ZUTATEN FÜR 4 PERSONEN

- 1 mittelgroße Zwiebel
- je 75 g Parmesan und Gorgonzola (Stück)
- je 50 g Fontina- und Bel-Paese-Käse (Stück; ersatzweise 100 g Butterkäse)
- 250 g Champignons
- 1–2 EL Sonnenblumenkerne
- 400–500 g Bandnudeln (s. Kasten)
- Salz • Pfeffer
- 1 EL Öl
- 1/8 l Milch
- 1 TL Gemüsebrühe
- 1 mittelgroße Tomate

1 Zwiebel schälen und würfeln. Parmesan reiben. Übrige Käse würfeln. Pilze putzen, waschen und halbieren oder vierteln. Kerne rösten, herausnehmen.

2 Bandnudeln in reichlich kochendem Salzwasser 8–10 Minuten garen.

3 Öl erhitzen, Zwiebel und Pilze darin kräftig anbraten. Mit 1/4 l Wasser und Milch ablöschen, aufkochen und Brühe einrühren. Käse zufügen und unter Rühren schmelzen. Bei schwacher Hitze ca. 2 Minuten köcheln. Soße abschmecken.

4 Tomate waschen, entkernen und fein würfeln. Bandnudeln abgießen und mit der Vier-Käse-Creme anrichten. Mit Tomatenwürfeln und Kernen bestreuen. Dazu passt ein grüner Salat.
Getränk: kühler Roséwein.

ZUBEREITUNGSZEIT ca. 30 Min.
PORTION ca. 670 kcal
34 g E · 26 g F · 70 g KH

Bunte Vielfalt

Ob grün, rot oder schwarz – „bunte" Nudeln bringen Abwechslung auf den Teller: **Grüne** werden mit Spinat, **rote** mit Möhren- oder Rote-Bete-Saft und **schwarze** mit Sepiatinte eingefärbt. **Steinpilz-, Trüffel- oder Bärlauchnudeln** haben ein würziges Aroma.

Übrigens: Getrocknete italienische Pasta wird traditionell mit **Hartweizengrieß/-mehl** und **ohne Ei** hergestellt. Frische Pasta dagegen enthält oft Ei (al' uovo). Die deutschen Nudeln sind aus **Weich- und/ oder Hartweizen** und enthalten in der Regel Eier.

Cannelloni al forno

ZUTATEN FÜR 4 PERSONEN

- 500 g Möhren
- 1 Zucchini (250 g)
- 1 Zwiebel
- 1–2 Knoblauchzehen
- 2 EL Öl • Salz • Pfeffer
- je 2–3 Stiele frisches oder je ½ TL getrocknetes Basilikum und Oregano
- 50 g Gouda (Stück)
- 50 g Gorgonzola
- 2 EL (30 g) Butter/Margarine
- 2 leicht gehäufte EL (30 g) Mehl
- 100 g Schlagsahne
- 2 TL Gemüsebrühe
- 12 Cannelloni (ca. 120 g; dicke Nudelröhren zum Füllen)
- 12 Scheiben (ca. 100 g) Baguette-Salami
- Fett für die Form
- evtl. Kräuter zum Garnieren

1 Möhren schälen, waschen und längs in Stifte schneiden. Zucchini putzen, waschen und ebenfalls in lange Stifte schneiden. Zwiebel schälen und fein würfeln. Knoblauch schälen und hacken.

2 Öl erhitzen. Möhren darin bei mittlerer Hitze ca. 5 Minuten dünsten. Nach 2 Minuten Zwiebeln, Knoblauch und Zucchini zufügen und mitgaren. Mit Salz und Pfeffer kräftig würzen.

3 Basilikum waschen, abzupfen und in Streifen schneiden. Oregano waschen und abzupfen. Gouda raspeln. Gorgonzola würfeln. Fett im Topf erhitzen. Mit Mehl bestäuben und anschwitzen. Unter Rühren mit ½ l Wasser und Sahne ablöschen, aufkochen. Brühe, Käse und Kräuter einrühren. Mit Salz und Pfeffer abschmecken.

4 Gemüse in die Cannelloni füllen. Die Cannelloni mit Salami umwickeln und in eine gefettete Auflaufform geben. Die Soße darüber verteilen.

5 Im vorgeheizten Backofen (E-Herd: 200 °C/Umluft: 175 °C/Gas: Stufe 3) 40–45 Minuten backen. Evtl. nach ca. 30 Minuten der Backzeit zudecken. Mit Kräutern garnieren.
Getränk: roter Landwein.

ZUBEREITUNGSZEIT ca. 1 ¼ Std.
PORTION ca. 520 kcal
22 g E · 30 g F · 36 g KH

Spaghetti-Hack-Auflauf

ZUTATEN FÜR 4 PERSONEN

- 250 g Gabelspaghetti
- Salz • Pfeffer
- 3–4 Möhren (ca. 300 g)
- 1 kleine Zwiebel
- 1 Dose (212 ml) Maiskörner
- 1 EL + etwas Öl
- 250 g gemischtes Hack
- 500 g passierte Tomaten
- 1 TL Gemüsebrühe
- 1 Bund Petersilie
- 50–75 g Gouda (Stück)

1 Nudeln in reichlich kochendem Salzwasser 7–8 Minuten bissfest garen. Möhren schälen, waschen und grob raspeln. Zwiebel schälen und fein würfeln. Nudeln und Mais abtropfen lassen.

2 1 EL Öl in einer Pfanne erhitzen. Hack darin krümelig braten. Mit Salz und Pfeffer würzen. Möhren und Zwiebel kurz mitbraten. Tomaten, ⅛ l Wasser und Brühe zufügen. Aufkochen und zugedeckt ca. 10 Minuten köcheln. Abschmecken. Mais zufügen.

3 Petersilie waschen und, bis auf etwas zum Garnieren, hacken. Unter die Soße rühren. Nudeln und Soße mischen, in eine geölte Auflaufform füllen. Käse darüberreiben. Im vorgeheizten Backofen (E-Herd: 200 °C/Umluft: 175 °C/Gas: Stufe 3) ca. 20 Minuten backen. Mit Rest Petersilie bestreuen.
Getränk: kühles Mineralwasser.

ZUBEREITUNGSZEIT ca. 1 Std.
PORTION ca. 560 kcal
29 g E · 20 g F · 63 g KH

Kartoffel-Maultaschen mit Porree-Pilz-Füllung

ZUTATEN FÜR 4 PERSONEN

- 500 g mehligkochende Kartoffeln
- Salz • Pfeffer • Muskat
- 2 Eigelb
- 2 EL + 2 TL + etwas Mehl
- 2 EL (20 g) Speisestärke
- 3–4 Schalotten oder 1 kleine Zwiebel
- 2 kleine Stangen Porree (300g; Lauch)
- 200 g Champignons
- 2 EL Öl • 1 TL Gemüsebrühe
- 150 g Crème fraîche
- 50 g Allgäuer Bergkäse (Stück)
- 1 Bund Schnittlauch
- 2 EL Butter

1 Kartoffeln schälen und waschen. In Salzwasser ca. 20 Minuten kochen. Abtropfen lassen, heiß durch die Kartoffelpresse drücken. Mit 1 Eigelb, 2 EL Mehl und Stärke verkneten, würzen.

2 Für die Füllung Schalotten schälen und hacken. Porree und Pilze putzen, waschen. 1 Stange Porree und die Hälfte Pilze fein würfeln. Schalotten im heißen Öl andünsten. Porree- und Pilzwürfel 3–5 Minuten mitdünsten, würzen und herausnehmen.

3 Restlichen Porree und Pilze in feine Ringe bzw. Scheiben schneiden. Im Bratfett ca. 3 Minuten dünsten. 2 TL Mehl darin anschwitzen. 350 ml Wasser einrühren und aufkochen. Brühe und Crème fraîche einrühren, abschmecken.

4 Käse reiben. Schnittlauch waschen und in Röllchen schneiden. Beides mit 3 EL Soße unter die Füllung mischen.

5 Teig auf etwas Mehl rechteckig (ca. 30 x 32 cm) ausrollen. Auf einer Teighälfte ca. 12 Rechtecke (ca. 5 x 8 cm) markieren. Je 1 TL Füllung darauf verteilen. Ränder mit dem übrigen Eigelb einstreichen. 2. Teighälfte darüberklappen. Ränder gut andrücken. Mit dem Teigrädchen Maultaschen ausradeln.

6 Maultaschen in leicht kochendem Salzwasser 8–10 Minuten gar ziehen lassen. Abtropfen lassen. Anschließend portionsweise in der heißen Butter braten. Soße erwärmen und mit den Maultaschen anrichten.
Getränk: kühler Weißwein.

ZUBEREITUNGSZEIT ca. 1 ½ Std.
PORTION ca. 460 kcal
12 g E · 29 g F · 34 g KH

Penne mit Broccoli & Brätbällchen

ZUTATEN FÜR 4 PERSONEN

- 500 g Broccoli
- 250 g Möhren
- 1 Zwiebel
- 250 g Nudeln (z. B. Penne)
- Salz • Pfeffer
- 1–2 EL Öl
- 2–3 ungebrühte feine Bratwürste (ca. 300 g)
- 150–200 g Schlagsahne
- 2 TL Gemüsebrühe
- 2–3 EL heller Soßenbinder

1 Broccoli und Möhren putzen bzw. schälen und waschen. Broccoli in kleine Röschen teilen, dicke Stiele schälen und würfeln. Möhren in schräge Scheiben schneiden. Zwiebel schälen und fein würfeln. Nudeln in reichlich kochendem Salzwasser ca. 10 Minuten garen.

2 Öl in einer großen Pfanne erhitzen. Brätmasse als Klößchen direkt aus der Haut ins heiße Öl drücken. Rundherum ca. 5 Minuten knusprig braten.

3 Zwiebel zufügen, kurz mitbraten. Broccoli und Möhren in die Pfanne geben, mit ½ l Wasser und Sahne aufkochen. Brühe einrühren. Alles zugedeckt 6–8 Minuten köcheln. Soßenbinder einrühren, nochmals ca. 1 Minute kochen. Nudeln abgießen, daruntermischen. Abschmecken.

Getränk: Saftschorle oder kühles Bier.

ZUBEREITUNGSZEIT ca. 30 Min.
PORTION ca. 630 kcal
21 g E · 36 g F · 51 g KH

Nudelpfanne mit Würstchen

ZUTATEN FÜR 3–4 PERSONEN

- 200 g Nudeln (z. B. Gabelspaghetti)
- Salz
- 2 Wiener Würstchen (à ca. 80 g)
- 1 EL Öl
- 300 g TK-„Balkangemüse“
- 4 Eier
- ⅛ l Milch
- Pfeffer • Edelsüß-Paprika • Muskat
- evtl. Petersilie zum Garnieren

1 Nudeln in reichlich kochendem Salzwasser ca. 7 Minuten garen.

2 Würstchen in dünne Scheiben schneiden. Öl in einer großen Pfanne (mit Deckel) erhitzen. Würstchenscheiben darin rundherum kurz anbraten. Das gefrorene Balkangemüse zufügen und kurz mit andünsten. Öfter wenden.

3 Nudeln gut abtropfen lassen und zum Gemüse geben. Alles ca. 5 Minuten unter öfterem Wenden braten. Eier und Milch verquirlen. Mit Salz, Pfeffer, Paprika und Muskat würzen.

4 Eiermilch gleichmäßig über Nudeln, Gemüse und Würstchen gießen. Alles zugedeckt bei schwacher Hitze ca. 20 Minuten stocken lassen, bis die Eiermilch fest ist. Mit Petersilie garnieren.
Getränk: kühle Saftschorle.

ZUBEREITUNGSZEIT ca. 45 Min.
PORTION ca. 510 kcal
23 g E · 23 g F · 47 g KH

Einkaufs-Tipp

Wenn Sie kein Balkangemüse bekommen, können Sie auch 100 g TK-Erbsen, 100 g Maiskörner (Dose) und eine halbe fein gewürfelte Paprikaschote nehmen.

Lasagne alla mexicana

ZUTATEN FÜR 6 PERSONEN

- 2 Zwiebeln
- 2 EL Öl
- 1 EL Tomatenmark
- 1 Dose (850 ml) Tomaten
- Salz • Cayennepfeffer • Pfeffer
- je 1 Dose (à 425 ml) Maiskörner und Kidney-Bohnen
- 2 EL (40 g) + etwas Butter/Margarine
- 3 leicht gehäufte EL (45 g) Mehl
- 200 g Schlagsahne
- 1 gehäufter TL Gemüsebrühe
- 125 g Gouda (Stück)
- 9 Lasagneplatten

1 Zwiebeln schälen und würfeln. Öl erhitzen. Zwiebeln darin anbraten. Tomatenmark kurz mit anschwitzen. Tomaten samt Saft zufügen und grob zerkleinern. Aufkochen, mit Salz und Cayennepfeffer würzen. Mais und Bohnen abtropfen lassen, zufügen. Alles offen ca. 10 Minuten einköcheln.

2 Für die Béchamelsoße 2 EL Fett erhitzen, Mehl darin anschwitzen. 600 ml Wasser, Sahne und Brühe einrühren. Alles aufkochen und ca. 5 Minuten köcheln. Abschmecken. Käse reiben.

3 Eine eckige Auflaufform (ca. 20 x 24 cm) fetten. Den Boden mit etwas Béchamelsoße bedecken. 3 Lasagneplatten, ½ Gemüsesoße, ⅓ Béchamelsoße und ⅓ Käse einschichten. Vorgang wiederholen. Mit Lasagneplatten, Béchamelsoße und Käse abschließen.

4 Im vorgeheizten Backofen (E-Herd: 175 °C/Umluft: 150 °C/Gas: Stufe 2) ca. 50 Minuten backen. Evtl. nach ca. 30 Minuten abdecken.

Getränk: kühles Bier.

ZUBEREITUNGSZEIT ca. 1 ¼ Std.
PORTION ca. 540 kcal
20 g E · 28 g F · 47 g KH

Warum wir alle Nudeln lieben

Ganz einfach: weil Spaghetti & Co. leicht zu kochen sind, super schmecken und glücklich machen

Nudeln kochen ist kinderleicht. Da helfen sogar die Kleinen gerne mit.

Eine lange Karriere

Nudeln sind weltweit ein Hit. Das älteste Rezept ist über 4000 Jahre alt und stammt aus China. Ob die Nudeln dort auch erfunden wurden, darüber streiten sich die Experten. Sicher ist aber: Auch die Griechen, Araber und natürlich die Italiener kennen und lieben die leckeren Teigwaren seit mindestens 2000 Jahren.

Wie viele Sorten gibt es?

Wirklich gezählt hat sie wohl noch keiner. Aber es dürften locker 1000 Sorten sein. Die allermeisten kennen zwar die Italiener, allerdings haben wir – was den Nudelverbrauch betrifft – mit den „Spaghetti-Essern" längst aufgeholt. 7 kg Nudeln isst im Durchschnitt jeder Deutsche pro Jahr – damit belegen wir in Europa einen Spitzenplatz.

Machen Nudeln glücklich?

Nudeln enthalten genau den richtigen Nährstoff-Mix aus komplexen Kohlenhydraten, wertvollem Eiweiß, Vitaminen, Mineral- und Ballaststoffen (s. Tabelle rechts), der uns fit und gesund hält. Doch damit nicht genug: Die Kohlenhydrate (Glukose) regen im menschlichen Gehirn die Bildung von Serotonin an. Dieses körpereigene Hormon – auch als Gute-Laune-Hormon bekannt – bewirkt, dass wir uns rundum glücklich fühlen.

Wie viel Nudeln pro Person?

Kochen Sie Nudeln als Beilage zum Beispiel zu Gulasch, müssen Sie pro Person 50–75 g rohe Nudeln rechnen. Gibt es Nudeln als Hauptgericht, beispielsweise mit Tomatensoße, dürfen es ruhig 150 g pro Person sein. Bei sehr gehaltvollen Soßen mit Sahne und Käse reichen 100 g.

Lange Nudeln wie Spaghetti (1), Makkaroni (2) und Linguine (3) sind echte Allrounder. Ideal zu Soßen auf Tomaten- oder Sahnebasis, für Gratins und zu Ragouts.

Bandnudeln wie breite Pappardelle (4), mittelbreite Fettuccine mit Spinat (5) und schmale Tagliatelle passen zu edlen Zutaten wie Lachs, Spargel und Trüffeln.

Zum Füllen und Überbacken sind Lasagneplatten (6), die man meist nicht vorgaren muss. Cannelloni (7) schmecken z. B. mit würziger Hackfleisch- oder Käse-Spinatfüllung.

1 2 3

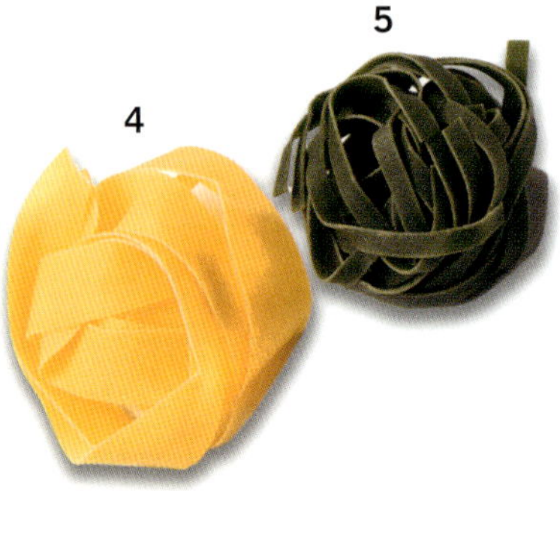

4 5

7

6

Gefüllte Nudeln Ob Ravioli (10), Tortellini (11), aromatische Steinpilz- (12) oder grüne Ravioli mit Käsefüllung (13) – im Frischepack im Kühlregal gibt's eine riesige Auswahl. Ihr Vorteil: Man muss sie nur kurz in Salzwasser kochen. Trockenprodukte brauchen länger.

Kurze Nudeln wie Farfalle (Schleifchennudeln) (14), Penne (15) und Gnocchi-Nudeln (16) nehmen Soßen besonders gut auf. In Nudelsalaten, Eintöpfen und Aufläufen sehen sie nicht nur dekorativ aus, sondern bleiben auch besser in Form.

17

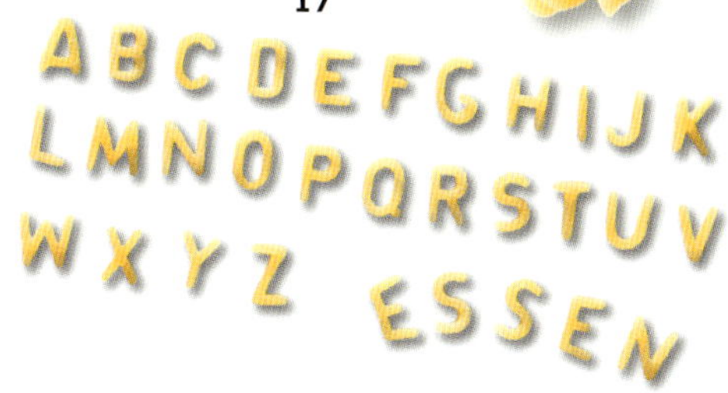

Suppennudeln sind blitzschnell gar. Formen gibt's viele: Über Buchstaben- (17), Sternchen-, Faden- oder Muschelnudeln freuen sich nicht nur Kinder.

Was steckt drin?

pro 100 g, roh	Eiernudeln	Nudeln ohne Ei	Vollkorn-Nudeln ohne Ei
Kalorien (kcal)	354	352	335
Eiweiß (g)	12,3	12,0	12,1
Fett (g)	2,8	1,8	2,4
Kohlenhydrate (g)	69,9	72,0	61,4
Ballaststoffe (g)	3,4	3,4	9,1

Asiatische Nudeln (8 u. 9) werden aus Reis-, Buchweizen- oder Weizenmehl (Mie-Nudeln) mit oder ohne Ei gemacht. Sie sind meist sehr dünn, oft schon vorgekocht und daher ruck, zuck gar. Toll als Bratnudeln oder für Suppen.

8

9

Nudeln kochen leicht gemacht

Nudeln müssen schwimmen: Kochen Sie pro 100 g Nudeln 1 l Wasser und 1 TL Salz im großen Topf auf.

Nudeln immer sprudelnd kochen. Dabei ab und zu umrühren, sonst kleben sie zusammen. Öl nützt nichts.

Die richtige Garzeit ermitteln Sie am besten mit einer Probe: Perfekte Nudeln haben noch etwas Biss, sind „al dente".

Zügig abgießen, aber nicht abschrecken: Sonst spülen Sie die Stärkeschicht ab, an der die Pastasoße so gut haftet.

Pfannengemüse mit Spaghetti

ZUTATEN FÜR 4 PERSONEN

- 150 g Champignons
- 2 Knoblauchzehen
- 2 mittelgroße Möhren
- 1 Zucchini
- 1 Fenchelknolle (ca. 200 g)
- 2 Paprikaschoten (z. B. gelb und rot)
- 1 Bund Lauchzwiebeln
- 1 kleiner Zweig Rosmarin
- 4–5 EL Öl
- ½ Bund/Töpfchen Basilikum
- 400–500 g Spaghetti • Salz
- 100 ml trockener Weißwein
- 1 TL Gemüsebrühe
- Pfeffer • Zucker
- ½ TL Chiliflocken oder -pulver

1 Pilze, Knoblauch und Gemüse schälen, putzen und waschen. Knoblauch und Möhren in Scheiben, Lauchzwiebeln in grobe Stücke schneiden. Große Pilze halbieren. Rosmarin waschen, die Nadeln abzupfen.

2 3 EL Öl in einer großen Pfanne erhitzen. Möhren, Knoblauch, Lauchzwiebeln, Pilze und Rosmarin darin ca. 3 Minuten anbraten.

3 Inzwischen das restliche Gemüse klein schneiden. Basilikum waschen und Blättchen abzupfen. Nudeln in reichlich kochendem Salzwasser 8–10 Minuten garen.

4 Fenchel und Paprika in die Pfanne geben und alles weitere 2–3 Minuten braten. Zucchini dazugeben und kräftig braten. ½ Tasse Wasser und Wein angießen. Brühe einrühren und einmal aufkochen. Alles bei schwacher Hitze ca. 3 Minuten köcheln. Mit Salz, Pfeffer und 1 Prise Zucker abschmecken. Basilikumblättchen unterheben.

5 Nudeln abgießen und abtropfen lassen. 1–2 EL Öl im Nudeltopf erhitzen und Chiliflocken darin kurz anrösten. Nudeln darin schwenken. Alles auf einer Platte anrichten. Dazu schmeckt frisch geriebener Parmesan.

Getränk: kühle Weißwein-Schorle.

ZUBEREITUNGSZEIT ca. 40 Min.
PORTION ca. 560 kcal
18 g E · 13 g F · 86 g KH

Aus dem Garten & vom Markt

Broccoli, Zucchini, Paprika und Co. bringen nicht nur Geschmack, sondern auch jede Menge Vitalstoffe auf den Teller

Paprika mit Pilz-Hirsefüllung

ZUTATEN FÜR 4 PERSONEN

- 4 TL Gemüsebrühe
- 150 g Hirse
- 4 große Paprikaschoten (z. B. rot und gelb)
- 1 Bund Lauchzwiebeln
- 500 g Champignons
- 1–2 EL + etwas Butter/Margarine
- Salz • Pfeffer
- 100 ml Milch
- 5 EL Schlagsahne
- 1 gestrichener EL (10 g) Mehl
- 1 Beet Kresse
- 100 g Käse (z. B. Greyerzer; Stück)

1 600 ml Wasser und 2 TL Brühe aufkochen. Hirse waschen und darin zugedeckt bei schwacher Hitze ca. 20 Minuten ausquellen lassen.

2 Von jeder Paprika einen Deckel abschneiden. Paprika putzen, waschen. Lauchzwiebeln putzen, waschen und in Ringe schneiden. Pilze putzen, waschen und in Scheiben schneiden.

3 1–2 EL Fett im Topf erhitzen. Pilze darin anbraten, Hälfte herausnehmen. Lauchzwiebeln kurz mitbraten, würzen. Mit 400 ml Wasser und Milch ablöschen, aufkochen und 2 TL Brühe einrühren. Sahne und Mehl glatt rühren. In die Brühe rühren, ca. 5 Minuten köcheln und abschmecken. Kresse abspülen, Hälfte vom Beet schneiden und in die Soße rühren.

4 Käse reiben. Hirse, beiseite gestellte Pilze und ⅔ Käse mischen, würzen. Paprika damit füllen, Deckel darauflegen. Pilzsoße und Paprika in eine gefettete Auflaufform füllen. Übrigen Käse darüberstreuen. Im vorgeheizten Backofen (E-Herd: 200 °C/Umluft: 175 °C/Gas: Stufe 3) ca. 45 Minuten backen. Rest Kresse vom Beet schneiden und darüberstreuen.
Getränk: kühle Saftschorle.

ZUBEREITUNGSZEIT ca. 1 ½ Std.
PORTION ca. 440 kcal
20 g E · 20 g F · 41 g KH

Mal anders gefüllt

Die Hirse können Sie auch einfach durch Reis ersetzen. Diesen in nur ca. 300 ml Brühe 15–18 Minuten (s. Packungsanweisung) garen.

Spargel mit Tomaten-Basilikum-Soße

ZUTATEN FÜR 4 PERSONEN

- 2 kg weißer Spargel
- Salz • Zucker • Pfeffer
- 800 g reife Fleischtomaten
- 2 Zwiebeln
- 2 EL Öl
- 2 EL Tomatenmark
- 2 TL Gemüsebrühe
- ½ Bund/Töpfchen Basilikum

1 Spargel waschen, schälen und die holzigen Enden abschneiden. Spargel in leicht gesalzenem Wasser mit etwas Zucker zugedeckt 15–20 Minuten garen.

2 Tomaten waschen, Zwiebeln schälen und beides fein würfeln. Öl in einem Topf erhitzen. Zwiebeln und Tomaten darin andünsten. Tomatenmark mit anschwitzen. 400 ml Wasser und Brühe einrühren. Aufkochen, offen ca. 10 Minuten köcheln. Mit Salz, Pfeffer und Zucker abschmecken.

3 Basilikum waschen, Blättchen abzupfen und, bis auf einige zum Garnieren, in feine Streifen schneiden. Zu den Tomaten geben. Spargel herausheben und abtropfen lassen. Mit der Soße anrichten, garnieren. Dazu passen Salzkartoffeln.
Getränk: kühle Weinschorle.

ZUBEREITUNGSZEIT ca. 40 Min.
PORTION ca. 160 kcal
9 g E · 6 g F · 16 g KH

Kochen mit Köpfchen

Spargel am besten stehend in einem speziellen Spargeltopf mit Siebeinsatz garen: die dicken Enden im Wasser, die zarten Spitzen schonend im Dampf.

Die Spargelschalen bloß nicht wegwerfen! Sie sind eine tolle Basis für Suppen und Soßen. Dazu in ca. 1 l Wasser mit wenig Salz und 1 Prise Zucker etwa 10 Minuten köcheln (nicht länger, sonst wird der Fond bitter). Den Spargelfond durch ein feines Sieb gießen. Er lässt sich auch gut einfrieren.

Gemischte Antipasti

ZUTATEN FÜR 4 PERSONEN

- 1 große Möhre
- 1 kleine Zucchini
- 3 kleine Paprikaschoten (z. B. grün, gelb und rot)
- 2–3 EL Pinienkerne
- 3–4 EL Olivenöl
- Salz • Pfeffer
- 1–2 TL Zucker
- 4 EL Balsamico-Essig (z. B. weißer)
- 2 Stiele Petersilie
- 2 Stiele frischer oder ½ TL getrockneter Estragon oder Basilikum

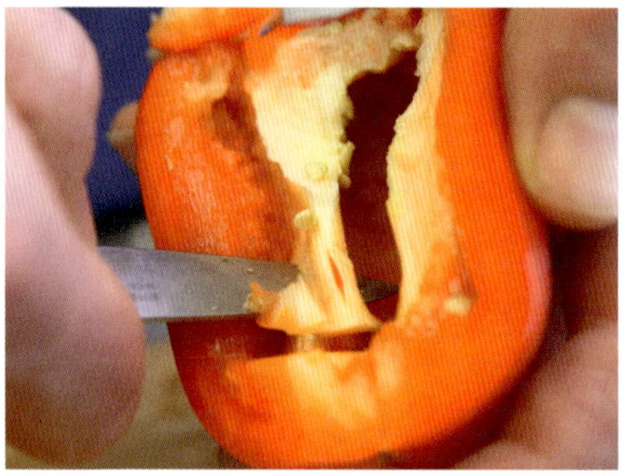

1 Möhre schälen, waschen, längs halbieren und in Stücke schneiden. Zucchini putzen, waschen und in dicke Scheiben schneiden. Paprika putzen, waschen und in Stücke schneiden.

2 Pinienkerne in einer großen Pfanne ohne Fett rösten, herausnehmen. Öl in der Pfanne erhitzen. Gemüse darin evtl. portionsweise unter Wenden anbraten. Mit Salz, Pfeffer und Zucker würzen.

3 Gemüse mit Essig und knapp 100 ml Wasser ablöschen. Aufkochen und ca. 5 Minuten köcheln. Gemüse im Sud auskühlen lassen.

4 Kräuter waschen und grob hacken. Mit den Pinienkernen unter das Gemüse heben. Alles anrichten. Dazu schmeckt Ciabatta.
Getränk: leichter Rotwein.

ZUBEREITUNGSZEIT ca. 30 Min.
AUSKÜHL-/MARINIERZEIT ca. 1 Std.
PORTION ca. 150 kcal
3 g E · 12 g F · 7 g KH

Kohlrabi & Rettich mit gebackenem Feta

ZUTATEN FÜR 4 PERSONEN

- 2 Kohlrabi (à ca. 350 g)
- 1 weißer Rettich (ca. 500 g)
- 1 Bio-Zitrone
- 1 Bund/Töpfchen Basilikum
- 1–2 EL Butter
- Salz • Pfeffer
- 400 g Fetakäse
- 5 EL Mehl
- 2–3 EL Öl
- 2–3 EL schwarze Oliven
- 150 g Sahnejoghurt

1 Kohlrabi putzen, schälen, waschen und in dünne Spalten schneiden. Rettich putzen, evtl. schälen, waschen und in dünne Scheiben schneiden. Zitrone waschen, abtrocknen und die Schale abreiben oder mit einem Juliennereißer abziehen. Basilikum waschen, trocken schütteln und, bis auf etwas zum Garnieren, grob hacken.

2 Butter in einem Topf erhitzen. Kohlrabi darin kurz andünsten. 5–6 EL Wasser zugießen. Mit Salz und Pfeffer würzen. Zugedeckt bei schwacher Hitze ca. 10 Minuten dünsten.

3 Feta erst waagerecht durchschneiden, dann jeweils diagonal vierteln. Die Ecken in Mehl wenden, gut andrücken. Rettich unter den Kohlrabi heben und zugedeckt 2–3 Minuten weitergaren.

4 Öl in einer großen Pfanne erhitzen. Feta darin von jeder Seite ca. 1 Minute goldbraun anbraten. Gemüse vom Herd ziehen. Gehacktes Basilikum, Zitronenschale und Oliven unter das Gemüse heben. Joghurt einrühren, nicht mehr kochen. Nochmals abschmecken. Alles anrichten und mit restlichem Basilikum garnieren. Dazu schmeckt Weißbrot.
Getränk: kühler Weißwein.

ZUBEREITUNGSZEIT ca. 30 Min.
PORTION ca. 400 kcal
22 g E · 26 g F · 17 g KH

Curry-Gemüse mit Spiegelei

ZUTATEN FÜR 4 PERSONEN

- 400 g Knollensellerie
- 400 g Möhren
- ½ Bund Lauchzwiebeln
- 250 g Champignons
- 1 mittelgroße Zwiebel
- 1 Knoblauchzehe
- 3 EL Butter/Margarine
- 1–2 TL Curry
- 4 EL Schlagsahne
- Salz • Pfeffer
- 8 Eier

1 Sellerie und Möhren waschen und schälen. Sellerie in feine Stifte, Möhren in Scheiben hobeln oder schneiden. Lauchwiebeln putzen, waschen und in Ringe schneiden. Champignons waschen, putzen und halbieren oder vierteln.

2 Zwiebel und Knoblauch schälen und fein hacken. 1 EL Fett in einer großen Pfanne erhitzen. Zwiebel, Knoblauch und Sellerie darin andünsten. Möhren und Pilze mit anbraten. Gemüse mit Curry bestäuben und kurz anschwitzen.

3 Mit ⅛ l Wasser ablöschen. Aufkochen und zugedeckt ca. 10 Minuten garen. Lauchzwiebeln zufügen und alles weitere 3 Minuten köcheln. Sahne unterrühren. Mit Salz und Pfeffer abschmecken.

4 Eier in 2 EL heißem Fett braten. Würzen und auf der Gemüse-Pfanne anrichten. Dazu passt Bauernbrot.
Getränk: kühles Bier.

ZUBEREITUNGSZEIT ca. 35 Min.
PORTION ca. 280 kcal
17 g E · 18 g F · 11 g KH

Überbackene Tomaten mit Spinat

ZUTATEN FÜR 4 PERSONEN

- 4 Fleischtomaten (à ca. 200 g)
- 500 g frischer Blattspinat oder 300 g TK-Blattspinat
- 1 mittelgroße Zwiebel
- 3 EL Pinienkerne
- 1 EL Öl
- Salz • Pfeffer
- Fett für die Form
- 100 g Greyerzer (Stück)
- 1 Beutel „Zubereitung für Sauce Hollandaise" (für 125 g Butter)
- 50 g Butter

1 Tomaten putzen und waschen. Je einen flachen Deckel abschneiden und würfeln. Tomaten mit einem Teelöffel aushöhlen.

2 Spinat putzen und gründlich waschen. Zwiebel schälen und fein würfeln. Pinienkerne in einer Pfanne ohne Fett rösten, herausnehmen.

3 Zwiebel im heißen Öl andünsten. Spinat tropfnass zufügen und zusammenfallen lassen, würzen. (TK-Spinat darin mit etwas Wasser ca. 15 Minuten auftauen). Tomatenwürfel zufügen und kurz mitdünsten. Kerne untermischen.

4 Tomaten in eine gefettete Auflaufform setzen. Mit Spinat füllen. Käse fein reiben. ⅛ l Wasser erhitzen. Soßenpulver einrühren, aufkochen. Butter in Stückchen und Hälfte Käse unterrühren. Die Soße über die Tomaten gießen. Mit Rest Käse bestreuen.

5 Tomaten im vorgeheizten Backofen (E-Herd: 200 °C/Umluft: 175 °C/Gas: Stufe 3) ca. 25 Minuten backen. Dazu passt knuspriges Baguette.
Getränk: kühles Mineralwasser.

ZUBEREITUNGSZEIT ca. 1 ¼ Std.
PORTION ca. 340 kcal
16 g E · 25 g F · 11 g KH

Kräuter-Reis mit Broccoli & Erbsen

ZUTATEN FÜR 4 PERSONEN

- 2 Zwiebeln
- 2 EL Öl
- 200 g Langkorn-Reis
- 2 TL Gemüsebrühe
- 800 g Broccoli
- 200 g TK-Erbsen
- 1 TL TK-italienische-Kräuter
- Salz • Pfeffer
- 80 g Parmesan (Stück)

1 Zwiebeln schälen und klein schneiden. Im heißen Öl andünsten. Reis kurz mitdünsten. ½ l Wasser angießen und aufkochen, Brühe einrühren. Zugedeckt ca. 20 Minuten garen.

2 Broccoli putzen, waschen und in kleine Röschen schneiden. In wenig kochendem Salzwasser zugedeckt ca. 5 Minuten dünsten. Broccoli abgießen. Mit Erbsen und Kräutern ca. 5 Minuten vor Garzeitende zum Reis geben, würzen. Parmesan darüberhobeln oder -reiben. **Getränk:** kühles Mineralwasser.

ZUBEREITUNGSZEIT ca. 30 Min.
PORTION ca. 390 kcal
18 g E · 11 g F · 52 g KH

Am besten frisch gerieben

Kaufen Sie Parmesan lieber im Stück. Dann können Sie ihn nach Bedarf frisch reiben – so schmeckt er einfach am besten. In Frischhaltefolie hält er sich mehrere Wochen im Kühlschrank.

Käseknödel auf Rahm-Kürbis

ZUTATEN FÜR 4–6 PERSONEN

- 300 g Weißbrot (vom Vortag)
- 200 ml Milch
- 2 Zwiebeln
- 80 g + 1 EL Butter
- je 150 g Gouda und Tilsiter (Stück)
- je ½ Bund Petersilie und Schnittlauch
- 3 Eier
- 2 leicht gehäufte EL (30 g) Mehl
- Salz • Pfeffer
- 750 g Kürbis • 250 g Möhren
- 1–2 EL Öl • 1 EL Gemüsebrühe
- 100 g Schlagsahne
- 2 EL heller Soßenbinder

1 Brot würfeln. Milch erwärmen. Brotwürfel damit übergießen. Zwiebeln schälen und hacken. Die Hälfte in 80 g Butter andünsten. Etwas abkühlen lassen. Käse fein würfeln. Kräuter waschen und fein schneiden.

2 Gedünstete Zwiebeln samt Butter, Eier, Mehl, Kräuter, Brot und Salz verkneten. Käse unterkneten. Mit angefeuchteten Händen zu Knödeln formen.

3 Kürbis und Möhren schälen, waschen und klein schneiden. Öl erhitzen. Restliche Zwiebel, Kürbis und Möhren andünsten. Mit ⅜ l Wasser ablöschen, aufkochen und Brühe einrühren. Zugedeckt ca. 15 Minuten garen.

4 Inzwischen Knödel in reichlich kochendem Salzwasser bei schwacher Hitze ca. 20 Minuten gar ziehen lassen.

5 Sahne zum Gemüse geben. Aufkochen, binden und abschmecken. Knödel abtropfen lassen. Alles anrichten. 1 EL Butter bräunen, über die Knödel geben. **Getränk:** kühler Weißwein.

ZUBEREITUNGSZEIT ca. 1 ¼ Std.
PORTION ca. 650 kcal
27 g E · 41 g F · 39 g KH

Gebratene Austernpilze mit Dip & Salat

ZUTATEN FÜR 4 PERSONEN

- 300 g Vollmilch-Joghurt
- Salz • Pfeffer
- 1 TL Zitronensaft
- ½ Bund Schnittlauch
- 2 EL Weißwein-Essig
- Zucker
- 4–6 EL Öl
- 1 kleine Zwiebel
- 2 mittelgroße Tomaten
- je ½ Kopf Lollo bianco und Radicchio
- 600 g große Austernpilze
- 2 Eier (Gr. M)
- Edelsüß-Paprika
- 3–4 EL (ca. 50 g) Paniermehl
- 3 EL geriebener Parmesan
- 3 EL (ca. 50 g) Mandelblättchen
- 3–4 EL (ca. 50 g) Mehl

1 Joghurt mit Salz, Pfeffer und Zitronensaft abschmecken. Schnittlauch waschen, in Röllchen schneiden und unterrühren.

2 Essig, Salz, Pfeffer und 1 Prise Zucker verrühren. 2 EL Öl darunterschlagen. Zwiebel schälen, fein würfeln und unterrühren. Tomaten waschen und in Scheiben schneiden. Salate putzen, waschen, trocken schütteln, in mundgerechte Stücke zupfen.

3 Austernpilze putzen, abreiben, evtl. halbieren. Eier, Salz, Pfeffer und Edelsüß-Paprika verquirlen. Paniermehl, Käse und Mandeln mischen. Pilze nacheinander erst im Mehl, dann im Ei und zum Schluss in der Paniermehl-Mischung wenden. Panade gut andrücken.

4 2–4 EL Öl portionsweise in einer beschichteten Pfanne erhitzen. Pilze darin pro Seite 3–4 Minuten braten. Auf Küchenpapier abtropfen lassen. Salate, Tomaten und Marinade mischen. Alles anrichten.
Getränk: kühler Weißwein.

ZUBEREITUNGSZEIT ca. 50 Min.
PORTION ca. 390 kcal
16 g E · 24 g F · 24 g KH

Grünkern-Bratlinge mit Radieschen-Quark

ZUTATEN FÜR 4 PERSONEN

- 2 TL Gemüsebrühe
- 250 g Grünkern
- 500 g Magerquark
- 250 g Schmand
- Salz • Pfeffer
- 1 Bund Radieschen
- 1–2 Bund Lauchzwiebeln
- 1 mittelgroße Möhre
- 1 mittelgroße Zwiebel
- 1 Bund Petersilie
- 2 Eier (Gr. M)
- 2–3 EL Mehl
- 2 EL Paniermehl
- 4–5 EL Öl

1 Ca. ¾ l Wasser aufkochen und Brühe einrühren. Grünkern darin zugedeckt bei schwacher Hitze ca. 40 Minuten ausquellen lassen. Evtl. abtropfen lassen. Abkühlen lassen.

2 Quark und Schmand glatt rühren. Mit Salz und Pfeffer abschmecken. Radieschen und Lauchzwiebeln putzen, waschen und fein schneiden. Beides unter den Quark rühren.

3 Möhre schälen, waschen und grob raspeln. Zwiebel schälen, Petersilie waschen und beides hacken. Eier, Mehl, Paniermehl, Möhre, Zwiebel und Petersilie unter den Grünkern rühren. Mit Salz und Pfeffer würzen.

4 Öl portionsweise in einer Pfanne erhitzen. Aus der Masse darin ca. 12 kleine Bratlinge braten. Den Radieschen-Quark dazureichen.
Getränk: kühles Mineralwasser.

ZUBEREITUNGSZEIT ca. 1 ¼ Std.
ABKÜHLZEIT ca. 1 Std.
PORTION ca. 660 kcal
32 g E · 29 g F · 64 g KH

Grünkern,...

ist unreifer, also „grün" geernteter Dinkel (eine alte Weizensorte). Er wird getrocknet und bekommt dadurch sein kräftiges Aroma. Das Getreide eignet sich außer für Bratlinge für Suppen, Aufläufe und Füllungen, allerdings nicht zum Backen.

Roastbeefröllchen „Andaluz“

ZUTATEN FÜR 4 PERSONEN

- 12 dünne Scheiben Rumpsteak (à ca. 50 g)
- 6 dünne Scheiben Serrano-Schinken
- 2 Lauchzwiebeln
- 3–4 EL Olivenöl
- 2 Zwiebeln
- 1–2 Knoblauchzehen
- 1–2 Zweige Rosmarin
- 1 Dose (425 ml) große weiße Bohnenkerne
- 250 g Kirschtomaten
- Salz • Pfeffer • Zucker
- 1 EL Tomatenmark
- 5 EL trockener Sherry

1 Steaks nebeneinander auf eine Arbeitsfläche legen und trocken tupfen. Schinken längs halbieren und auf dem Fleisch verteilen. Lauchzwiebeln putzen, waschen und jeweils in 3 Stücke schneiden. 6 Steaks damit belegen. Alle Steaks fest aufrollen.

2 Öl in einer großen Pfanne erhitzen und die Röllchen rundherum kräftig anbraten.

3 Inzwischen Zwiebeln und Knoblauch schälen und hacken. Rosmarin waschen und Nadeln abzupfen. Bohnen abgießen und kurz mit kaltem Wasser abspülen. Gut abtropfen lassen. Tomaten waschen.

4 Fleisch mit Salz und Pfeffer würzen und aus der Pfanne nehmen. Warm stellen. Zwiebeln, Knoblauch und Rosmarin im heißen Bratfett dünsten. Tomatenmark zugeben und kurz anschwitzen.

5 Tomaten und Bohnen zufügen und alles ca. 5 Minuten schmoren. Sherry zugießen. Alles mit Salz, Pfeffer und 1 Prise Zucker abschmecken. Röllchen aufs Gemüse legen und nochmal kurz erhitzen. Dazu schmeckt Baguette.

Getränk: leichter Rotwein.

ZUBEREITUNGSZEIT ca. 30 Min.
PORTION ca. 360 kcal
36 g E · 15 g F · 15 g KH

Lieblings-Rezept der Redaktion
kochen&genießen

Blitzrezepte für schnelle Köche

Keine Lust, lange am Herd zu stehen? Dann sind diese Gerichte genau das Richtige: ohne großen Aufwand ruck, zuck fertig!

Hackstea k mit buntem Gemüse

ZUTATEN FÜR 4 PERSONEN

- 160 g Langkorn-Reis
- Salz
- 4 mittelgroße Möhren
- 2 mittelgroße Zucchini
- 2 mittelgroße Paprikaschoten (z. B. rot)
- 400 g Tatar (Beefsteakhack)
- 2 EL (40 g) Magerquark
- Pfeffer • Edelsüß-Paprika
- 1 EL Öl
- 1 Zwiebel
- ½ Bund Petersilie

1 Reis in knapp 350 ml kochendes Salzwasser geben. Bei milder Hitze zugedeckt ca. 20 Minuten ausquellen lassen. Gemüse schälen bzw. putzen und waschen. ¼ davon fein würfeln.

2 Tatar, Quark und Gemüsewürfel verkneten. Mit Salz, Pfeffer und Edelsüß-Paprika würzen. Zu 4 flachen Hacksteaks formen und in einer Pfanne im heißen Öl pro Seite 5–6 Minuten braten. Rest Gemüse in Stücke schneiden. Zwiebel schälen und würfeln. Hacksteaks aus der Pfanne nehmen und warm stellen.

3 Zwiebel und übriges Gemüse im heißen Bratfett anbraten. Mit Salz und Pfeffer würzen. ⅛–¼ l Wasser zufügen, kurz aufkochen und Gemüse zugedeckt ca. 5 Minuten köcheln. Mit Salz und Pfeffer abschmecken. Petersilie waschen, hacken und darüberstreuen. Hacksteaks, Gemüse und Reis anrichten.

Getränk: kühles Mineralwasser oder Bier.

ZUBEREITUNGSZEIT ca. 30 Min.
PORTION ca. 310 kcal
23 g E · 7 g F · 37 g KH

Multitalent Püree

Gut, wenn man Kartoffelpüreeflocken im Haus hat. Denn damit können Sie auch Hack lockern (hier z. B. mit 5 gehäuften TL und 8 TL Wasser). Und Suppen und Soßen kann man damit kalorienarm binden.

Camembert in Mandelkruste

ZUTATEN FÜR 4 PERSONEN

- je ½ Bund Petersilie und Schnittlauch
- 250 g Joghurt
- Salz • Pfeffer • Zucker
- ½ Knollensellerie (ca. 350 g)
- 1 großer Apfel
- 2 EL Zitronensaft
- ca. 2 EL Mehl
- 4–6 EL Paniermehl
- 4 EL Mandelblättchen
- 1 Ei
- 4 Camemberts (à 125 g)
- 2–3 EL Öl

1 Kräuter waschen und fein schneiden. Joghurt mit Salz, Pfeffer und Zucker abschmecken. Sellerie schälen und waschen. Apfel waschen und entkernen. Beides in feine Stifte schneiden und mit Zitronensaft mischen. Kräuter und Joghurt darunterrühren.

2 Mehl, Paniermehl und Mandeln in einem tiefen Teller mischen. Ei in einem tiefen Teller verquirlen. Käse erst im Ei, dann in der Mandel-Mischung wenden. Etwas andrücken.

3 Öl in einer beschichteten Pfanne erhitzen. Käse darin von jeder Seite 3–4 Minuten goldbraun braten. Mit dem Selleriesalat anrichten.
Getränk: kühles Mineralwasser oder Cidre.

ZUBEREITUNGSZEIT ca. 30 Min.
PORTION ca. 530 kcal
38 g E · 30 g F · 23 g KH

Hähnchenfilet in Balsamico-Soße

ZUTATEN FÜR 4 PERSONEN

- 200 g Langkorn-Reis
- Salz
- 4 kleine Hähnchenfilets (à ca. 125 g)
- Pfeffer
- 1 EL Öl
- 1–2 Bund Lauchzwiebeln
- 4 mittelgroße Tomaten
- 250 g Champignons
- 1 EL Butter/Margarine
- 1 TL Hühnerbrühe
- 3–4 EL Balsamico-Essig
- 1 EL flüssiger Honig
- 1–2 TL Speisestärke
- evtl. 1–2 EL Schlagsahne

1 Reis in kochendem Salzwasser 15–20 Minuten garen. Hähnchenfilets waschen und gut trocken tupfen. Mit Salz und Pfeffer würzen. Im heißen Öl pro Seite 5–6 Minuten braten.

2 Inzwischen Gemüse und Pilze putzen, waschen und klein schneiden. Pilze im heißen Fett braun anbraten. Gemüse kurz mitbraten. Mit Salz und Pfeffer würzen.

3 Filets warm stellen. Bratensatz mit ¼ l Wasser lösen, aufkochen. Brühe, Essig und Honig einrühren. Stärke mit 1–2 EL Wasser verrühren, in die Soße rühren und aufkochen. Soße mit Sahne verfeinern und abschmecken. Reis abtropfen lassen. Filets aufschneiden und alles anrichten.
Getränk: kühle Weißwein-Schorle.

ZUBEREITUNGSZEIT ca. 30 Min.
PORTION ca. 480 kcal
34 g E · 14 g F · 51 g KH

Extra-Tipp

So prüfen Sie, ob das Hähnchenfilet gar ist: mit Daumen oder Löffelrücken draufdrücken. Gibt es kaum nach, ist es durchgebraten und fertig.

Gnocchi mit Rucola-Lachs-Creme

ZUTATEN FÜR 3–4 PERSONEN

- Salz
- 1 mittelgroße Zwiebel
- 1 EL Butter
- 1 gehäufter EL (20 g) Mehl
- ½ l Milch
- 1 TL klare Brühe
- 500–600 g frische Gnocchi (Kühlregal)
- 100 g geräucherter Lachs in Scheiben
- 50 g Rucola (Rauke)
- Pfeffer
- 1–2 TL Zitronensaft

1 Ca. 2 l Salzwasser aufkochen. Inzwischen Zwiebel schälen und würfeln. Butter in einem Topf erhitzen. Zwiebel darin glasig dünsten. Mit Mehl bestäuben, kurz anschwitzen.

2 Milch und Brühe einrühren und aufkochen. Ca. 5 Minuten köcheln. Gnocchi ins kochende Salzwasser geben und 2–3 Minuten garen, bis sie an der Oberfläche schwimmen.

3 Inzwischen Lachs in feine Streifen schneiden. Rucola putzen, waschen und trocken schütteln. Dann grob schneiden. Soße mit Pfeffer, Zitronensaft und wenig Salz würzen.

4 Gnocchi gut abtropfen lassen. Mit Lachs und Rucola unter die Soße heben und kurz ziehen lassen. Nochmals abschmecken.
Getränk: kühler Weißwein.

ZUBEREITUNGSZEIT ca. 20 Min.
PORTION ca. 440 kcal
15 g E · 12 g F · 64 g KH

Ratatouille mit Feta-Kruste

ZUTATEN FÜR 4 PERSONEN

- 2 Zucchini
- 1 Aubergine
- 1 Gemüsezwiebel
- 2 Knoblauchzehen
- 3–4 EL Olivenöl
- Salz • Pfeffer
- 2 EL Tomatenmark
- 1 Dose (850 ml) Tomaten
- 1 TL getrocknete Kräuter der Provence
- 2 TL Gemüsebrühe
- 2–3 EL schwarze Oliven
- 150 g Feta- oder Ziegenkäse
- evtl. Thymian und Rosmarin zum Garnieren

1 Backofengrill vorheizen. Gemüse putzen, waschen und in Stücke schneiden. Zwiebel und Knoblauch schälen und grob würfeln.

2 Öl in einer großen Pfanne erhitzen. Gemüse darin kräftig anbraten. Zwiebel und Knoblauch kurz mitbraten, würzen. Tomatenmark mit anschwitzen. Tomaten samt Saft zugeben und zerkleinern. Aufkochen, Kräuter und Brühe zufügen, zugedeckt 8–10 Minuten köcheln. Oliven zugeben. Abschmecken.

3 Gemüse in einer Auflaufform verteilen. Käse darüberraspeln, unter dem heißen Backofengrill 4–5 Minuten gratinieren. Garnieren. Dazu passt Baguette. **Getränk:** leichter Rotwein.

ZUBEREITUNGSZEIT ca. 30 Min.
PORTION ca. 300 kcal
12 g E · 20 g F · 15 g KH

So geht's auch

Wenn Sie eine ofenfeste Pfanne haben, können Sie die Ratatouille auch gleich darin zubereiten und dann unter den heißen Grill schieben.

Thailändisches Kokos-Curry

ZUTATEN FÜR 4 PERSONEN

- 200 g Langkorn-Reis
- Salz
- ½ Blumenkohl (ca. 300 g)
- 250 g Möhren
- 1 Zwiebel
- 2 Knoblauchzehen
- 1 EL Öl
- 2 TL Curry
- 1 Dose (400 ml) ungesüßte Kokosmilch
- 1 TL Gemüsebrühe
- 150 g TK-Prinzessbohnen
- Cayennepfeffer
- 2 EL gesalzene Erdnusskerne

1 400 ml Wasser aufkochen, Reis und Salz zufügen. Bei schwacher Hitze ca. 15 Minuten ausquellen lassen. Blumenkohl putzen, in kleine Röschen teilen und waschen. Möhren schälen, waschen und in Stücke schneiden. Zwiebel und Knoblauch schälen und fein würfeln.

2 Öl in einer Pfanne erhitzen, Zwiebel und Knoblauch darin andünsten. Curry darin anschwitzen. Kokosmilch, ¼ l Wasser und Brühe einrühren, aufkochen. Blumenkohl und Möhren zufügen und zugedeckt ca. 8 Minuten köcheln. Nach ca. 3 Minuten TK-Bohnen zugeben.

3 Reis unter das Gemüse-Curry rühren. Mit Cayennepfeffer und evtl. Salz abschmecken. Erdnüsse grob hacken und darüberstreuen.
Getränk: kühles Mineralwasser.

ZUBEREITUNGSZEIT ca. 20 Min.
PORTION ca. 310 kcal
9 g E · 8 g F · 49 g KH

Was ist Kokosmilch?

Kokosmilch wird aus zermahlenem Kokosfleisch gepresst. Es gibt gesüßte und ungesüßte Kokosmilch. Letztere ist für pikante Speisen die richtige Wahl. Wer keine bekommt, nimmt stattdessen 200 ml Milch und 200 ml Schlagsahne und streut 1 EL geröstete Kokosraspel darüber.

Pfirsich-Pfannkuchen mit Himbeeren

ZUTATEN FÜR 4 PERSONEN

- 4 Eier (Gr. M)
- ¼ l Milch
- 2 EL Zucker
- 1 Päckchen Vanillin-Zucker
- 150 g Mehl
- 2 Pfirsiche (à ca. 150 g)
- 1–2 EL Zitronensaft
- 250 g Himbeeren
- 2–3 EL Öl
- 4 EL Ahornsirup oder flüssiger Honig
- Puderzucker zum Bestäuben
- evtl. Zitronenmelisse zum Verzieren

1 Eier, Milch, Zucker und Vanillin-Zucker verrühren. Mehl portionsweise zufügen und darunterrühren. Teig zugedeckt ca. 10 Minuten quellen lassen.

2 Inzwischen Pfirsiche waschen, trocken reiben, halbieren und entsteinen. In dünne Spalten schneiden und mit Zitronensaft beträufeln. Himbeeren verlesen und waschen.

3 Öl portionsweise in einer beschichteten Pfanne erhitzen. ¼ des Teiges hineingießen und mit ¼ der Pfirsichspalten belegen. Pfannkuchen bei mittlerer Hitze von jeder Seite 2–3 Minuten goldbraun backen. Warm stellen.

4 Übrige Pfannkuchen auf die gleiche Weise backen. Pfannkuchen auf Tellern anrichten, mit Himbeeren bestreuen und mit je 1 EL Ahornsirup beträufeln. Mit Puderzucker bestäuben und evtl. mit Melisse verzieren.
Getränk: kühle Saftschorle.

ZUBEREITUNGSZEIT ca. 30 Min.
PORTION ca. 470 kcal
15 g E · 17 g F · 62 g KH

Grießschaum mit Kirschen & Amarettini

ZUTATEN FÜR 4 PERSONEN

- 1 Glas (720 ml) Kirschen
- 2–3 gehäufte EL Speisestärke
- evtl. Zimt
- 1 EL Zitronensaft
- ¾ l Milch
- 75 g Weichweizen-Grieß
- 2 EL Zucker
- 3 Eier • Salz
- ca. 20 Amarettini-Kekse
- 1–2 EL Butter
- evtl. Minze zum Verzieren

1 Kirschen abtropfen lassen und Saft dabei auffangen. 5 EL Saft und Stärke glatt rühren. Rest Saft aufkochen. Etwas Zimt und Zitronensaft zufügen. Angerührte Stärke einrühren, aufkochen und ca. 3 Minuten köcheln. Kirschen darunterheben. Abkühlen lassen.

2 Milch aufkochen. Grieß und Zucker einrühren, kurz aufkochen und zugedeckt ca. 5 Minuten quellen lassen.

3 Inzwischen Eier trennen. Eiweiß und 1 Prise Salz steif schlagen. Topf vom Herd nehmen. Eigelb nacheinander unter den Grieß rühren. Eischnee darunterheben. Nach Belieben abkühlen lassen.

4 Hälfte Amarettini zerbröseln. Butter zerlassen, Brösel darin schwenken. Grießschaum und Kirschen portionsweise anrichten. Die Amarettini-Butter darauf verteilen. Mit restlichen Amarettini und Minze verzieren.

Getränk: kühler Fruchtsaft.

ZUBEREITUNGSZEIT ca. 30 Min.
PORTION ca. 550 kcal
16 g E · 15 g F · 83 g KH

Für den Beeren-Hunger

Anstatt Kirschen können Sie auch Heidelbeeren aus dem Glas oder TK-Beeren als Topping verwenden.

1

2

3

Schneller geht's nicht: Bis zu 70 % kürzere Garzeiten erreichen Sie im **Schnellkochtopf (1)** – und Aroma sowie Nährstoffe bleiben erhalten. Der **Wasserkocher (2)** verkürzt die Zeit beim Teekochen und Nudelwasser vorheizen und spart Strom. „Rührbraten" im **Wok (3)**: Dabei ist alles im Nu gar.

Blitzküche leicht gemacht

In der Küche oft im Stress? Wir zeigen, wie Sie mit fixen Helfern und kleinen Tricks viel Zeit sparen

Zu zweit kochen macht noch mehr Spaß! Besonders effektiv wird's mit dem richtigen Kochgeschirr.

Kochen beginnt schon beim Einkauf: Zwei große Möhren sind schneller geputzt und geschält als mehrere kleine. So sind Sie mit dem Vorbereiten schneller fertig. Reibekäse und Vorgefertigtes (s. rechts) spart Arbeit. Knochen auslösen oder filetieren? Darin ist der Schlachter viel geschickter als Sie. Nächster Schritt: Rezept genau durchlesen, die Zutaten abwiegen und alles – auch benötigte Töpfe und Geräte – bereitstellen. Größere Mengen Wasser, z. B. für Nudeln oder Reis, als Erstes aufkochen, Backofen rechtzeitig vorheizen. Zutaten mit langen Garzeiten immer zuerst, die mit kurzen immer zuletzt aufsetzen. Möglichst Wartezeiten durch den nächsten Schritt wie das Gemüseputzen ausfüllen. Wichtig: Lassen Sie während des Kochens kein Chaos auf der Arbeitsfläche entstehen. Also Schüsseln etc. sinnvoll anordnen und wegräumen, was nicht mehr benötigt wird.

Flotte Küchenhelfer

Eine solide standfeste Küchenmaschine **(4)** ist Gold wert: Sie knetet, mixt, rührt und hobelt. Das spart Kraft und Sie haben die Hände frei für anderes. Zwiebel- und Kräuterhacken gehört nicht zu Ihren Lieblingsbeschäftigungen? Obst- und Gemüseschneider **(5)** und Blitzhacker **(6)** funktionieren ohne Strom und machen daraus fast ein Vergnügen. Was früher eine schweißtreibende Angelegenheit war, ist heute dank rasiermesserscharfer Raspel- und Hobelreiben **(7)** ein Kinderspiel. Auf den Klingen der neuen Generation wird das Gemüse nicht mehr zerrissen oder gequetscht, sondern wirklich hauchfein geschnitten. Selbst das ansonsten zeitraubende Schnippeln feinster Streifen aus Gemüse gelingt mit dem Julienneschneider **(8)** im Handumdrehen. Achten Sie bei allen kleinen Helfern darauf, dass sie gut in der Hand liegen. Ein ergonomisch geformter rutschfester Griff erleichtert die Handhabung. Dies gilt auch für Sparschäler **(9)** mit gezahnter Klinge, mit der sich sogar Tomaten schälen lassen. Mit der

4

5

6

So sollten Küchenhelfer sein: praktisch, stabil, leicht zu reinigen und dekorativ.

7

8

Trommelreibe **(10)** kriegen Sie selbst harten Käse (Parmesan etc.) ohne größeren Kraftaufwand klein. Der Clou sind Reiben mit Vor- und Rückwärtsgang in verschiedenen Schnittstärken. Kräuterhacken supereinfach: Mit der Kräuterschere **(11)** oder einer Haushaltsschere können Sie zarte Kräuter wie Schnittlauch und Basilikum direkt aufs (fertige) Gericht schneiden – und damit Abwasch vermeiden. Mit einem Avocadoteiler **(12)** wird eine reife Frucht mit einem Schnitt in Spalten geteilt. Und damit Sie bei alldem die Zeit im Blick behalten, gibt es formschöne Kurzzeitmesser **(13)** für alles in der Küche, bei dem es auf die Minute ankommt.

Clever und bequem kochen – mit vorgefertigten Produkten

Viel Zeit geht in der Küche für die Vorbereitung von Gemüse, Teigen oder Soßen verloren. Wie gut, dass die Lebensmittelindustrie für uns ständig neue Produkte entwickelt, die uns in der Küche Arbeit abnehmen: Denn wer macht heute z. B. noch **Blätterteig** oder **Strudelteig** von Grund auf selbst. Beides gibt es schließlich fix und fertig im Kühlregal. Auch **Kartoffelprodukte** wie **Knödel (Trockenprodukt oder frischer Teig)** und **Püree** oder **frische Pasta (Ravioli & Co.)** und **Gnocchi** schmecken so gut wie selbst gemacht und sind in wenigen Minuten gegart.

Die Auswahl an **Tiefkühlgemüse** ist riesig! Das Tolle daran: Man spart sich das Putzen, Waschen, Zerkleinern. Nicht mal Auftauen ist nötig, einfach ins kochende Wasser geben. Weiteres Plus: Die Garzeit ist kürzer als bei Frischgemüse – es ist bereits blanchiert (vorgegart).

Konserven kann man immer im Vorrat haben. Auch wenn Sie keine Fertiggerichte möchten: Mit Obst und Gemüse, Tomatenprodukten, Hülsenfrüchten, Thunfisch oder Sauerkraut in Dosen kann man im Handumdrehen Leckeres zaubern. Meist reicht das Erwärmen in Topf oder Mikrowelle, denn alles ist ja schon gar. Mit ein paar frischen Zutaten aufgepeppt werden daraus leckere Nudelsoßen, Suppen oder Pfannengerichte.

6 Extra-Tipps für Eilige

- Abmessen geht schneller als abwiegen: 1 gestrichener EL entspricht 10 g Speisestärke, Mehl, Zucker oder Öl. 500 g sind 5–6 mittelgroße Kartoffeln oder Zwiebeln. 1 großer Becher ergibt ¼ l, 1 Tasse enthält 150 ml Flüssigkeit.
- Die Mikrowelle hilft beim spontanen Auftauen oder Erhitzen.
- Für alles, das lange gart, wie Hülsenfrüchte, Fleisch, Kohl, Pellkartoffeln oder Eintöpfe, lohnt sich der Schnellkochtopf.
- Keine Zeit zum Abkühlen? Eier oder Pellkartoffeln, z. B. für Salate, nach dem Abschrecken einfach im kalten Wasser liegen lassen.
- Legen Sie doch gleich etwas auf Eis: Kochen Sie öfter die doppelte Menge und frieren Sie sie ein. Dieser Notvorrat ist an stressigen Tagen garantiert willkommen.
- Machen Sie einen Wochenplan, was Sie kochen möchten und einmal wöchentlich einen Großeinkauf. Frisches dann jeweils bei Bedarf ergänzen.

Kaufen Sie nur, was wirklich sinnvoll ist. Denn manches Gerät, das zuerst begeistert, verstopft am Ende nur die Schubladen.

9

10

11

12

13

Kleine
Pizza-Schnecken
Pikanter
Hack-Krautsalat
Eier in
Tomaten-Salsa
Gemüsesticks
zu Thunfisch-Dip

Für Ihre Gäste nur das Beste

Die nächste Feier steht ins Haus? Hier finden Sie tolle Ideen, von denen Ihre Gäste bestimmt begeistert sind

So zaubern Sie ein Stück Italien auf den Tisch

Bauernsalat mit Bohnen & Ei

Tortellini in Basilikum-Sahne

Hähnchenfilet mit Pesto rosso

Räucherlachs-Lasagne
mit Spinat
„Caffè crema“
im Glas
Bolognese-
Nudel-Gratin

Bauernsalat mit Bohnen & Ei

ZUTATEN

- 5 Eier
- 2 kleine Zwiebeln
- 10 EL Weißwein-Essig
- Salz • Pfeffer • Zucker
- 10–12 EL Öl (z. B. Olivenöl)
- 1 Eisbergsalat
- 1 Kopfsalat (z. B. Römersalat)
- 4 große Fleischtomaten
- 1 Gemüsezwiebel
- 1 Dose (425 ml) große weiße italienische Bohnenkerne

1 Eier hart kochen. Abschrecken und schälen. Zwiebeln schälen und hacken. Essig, 3 EL Wasser, Salz, Pfeffer und etwas Zucker verrühren. Öl darunterschlagen. Zwiebeln zufügen.

2 Salate und Tomaten waschen, abtropfen lassen. Gemüsezwiebel schälen und halbieren. Salate in Streifen, Zwiebel in Scheiben und Tomaten in Spalten schneiden. Bohnen abspülen und abtropfen lassen. Eier sechsteln. Kurz vor dem Servieren vorbereitete Salatzutaten und Marinade mischen.

ZUBEREITUNGSZEIT ca. 25 Min.
PORTION ca. 200 kcal
7 g E · 14 g F · 9 g KH

Hähnchenfilet mit Pesto rosso

ZUTATEN

- 1 kg Hähnchenfilet
- 7–8 EL Olivenöl
- Salz • Pfeffer
- 5–6 EL Pinienkerne
- 2 Knoblauchzehen
- 200 g getrocknete Tomaten in Öl (Glas)
- evtl. Gemüsesticks (z. B. Möhren, Kohlrabi und Staudensellerie), Tomaten und Oliven

1 Filets waschen und trocken tupfen. In 2–3 EL heißem Öl pro Seite 5–6 Minuten goldbraun braten. Mit Salz und Pfeffer würzen, abkühlen lassen.

2 Kerne rösten. Knoblauch schälen. Tomaten abtropfen lassen, dabei das Öl (ca. 5 EL) auffangen und mit ca. 5 EL Olivenöl auf 100 ml auffüllen. Tomaten, Knoblauch, 3–4 EL vom Öl-Gemisch und ¾ Pinienkerne im Universal-Zerkleinerer fein hacken. Rest Öl darunterrühren, mit Salz und Pfeffer abschmecken.

3 Die Filets in dünne Scheiben schneiden. Mit Gemüsesticks, Tomaten und Oliven sowie dem roten Pesto anrichten. Mit übrigen Pinienkernen bestreuen.

ZUBEREITUNGSZEIT ca. 40 Min.
PORTION ca. 230 kcal
24 g E · 14 g F · 1 g KH

Tortellini in Basilikum-Sahne

ZUTATEN

- 750 g getrocknete Tortellini mit Spinat-, Käse- oder Fleischfüllung
- Salz • Pfeffer
- 750 g kleine Champignons
- 2 mittelgroße Zwiebeln
- 5 EL Pinienkerne
- 1 Bund/Töpfchen Basilikum
- 4 EL Butter/Margarine
- 3 gestrichene EL Mehl
- 400 g Schlagsahne
- 3–4 TL Gemüsebrühe
- 250 g TK-Erbsen
- Fett für die Form
- 150 g geriebener Emmentaler

1 Tortellini in reichlich kochendem Salzwasser 18–20 Minuten (bzw. nach Packungsanweisung) garen. Abtropfen.

2 Pilze putzen, waschen und halbieren. Zwiebeln schälen und fein würfeln. Kerne rösten. Basilikum waschen und, bis auf etwas, fein schneiden.

3 Zwiebeln und Pilze in 2 EL heißem Fett anbraten, würzen. Mit Mehl bestäuben. ¾ l Wasser, Sahne und Brühe einrühren, aufkochen. Erbsen unaufgetaut zufügen und ca. 1 Minute köcheln. Soße abschmecken. Tortellini und Basilikum untermischen.

4 Alles in eine große gefettete Auflaufform (ca. 35 cm lang) füllen. Käse, Kerne und 2 EL Fett in Flöckchen darauf verteilen. Im vorgeheizten Backofen (E-Herd: 200 °C/Umluft: 175 °C/Gas: Stufe 3) 25–30 Minuten überbacken. Mit Rest Basilikum garnieren.

ZUBEREITUNGSZEIT ca. 1 ½ Std.
PORTION ca. 610 kcal
21 g E · 32 g F · 54 g KH

Alle Rezepte reiche

Räucherlachs-Lasagne mit Spinat

ZUTATEN

- 600 g TK- oder 1 kg frischer Blattspinat
- 50 g + 4 EL Butter/Margarine
- 50 g Mehl
- ½ l Milch
- 2–3 TL Gemüsebrühe
- Salz • Pfeffer
- abgeriebene Schale + ca. 3 EL Saft von 1 Bio-Zitrone
- 2 mittelgroße Zwiebeln
- 1–2 Knoblauchzehen
- Muskat
- Fett für die Form
- ca. 200 g Lasagneplatten
- 400 g geräuchterter Lachs in dünnen Scheiben
- 250 g Mozzarella
- 50–75 g Parmesan (Stück)

für 8–10 Personen

1 TK-Spinat auftauen lassen. (Frischen Spinat putzen und waschen.)

2 50 g Fett erhitzen. Mehl darin anschwitzen. Milch, ½ l Wasser und Brühe einrühren, aufkochen. Soße ca. 5 Minuten köcheln. Mit Salz, Pfeffer, Zitronenschale und -saft abschmecken.

3 Zwiebeln und Knoblauch schälen, fein würfeln. In 2 EL heißem Fett andünsten. Spinat gut abtropfen lassen und kurz mit andünsten. Mit Salz, Pfeffer und Muskat würzen.

4 Eine große eckige Auflaufform (32 cm lang) fetten. Eine dünne Schicht Béchamel-Soße auf dem Boden verteilen. Abwechselnd Lasagneplatten, Soße, Lachs und Spinat einschichten. Mit Lasagneplatten und Soße abschließen.

5 Mozzarella in Scheiben schneiden, auf die Lasagne legen. Parmesan reiben, darüberstreuen. 2 EL Fett in Flöckchen darauf verteilen. Im vorgeheizten Backofen (E-Herd: 200 °C/Umluft: 175 °C/Gas: Stufe 3) ca. 45 Minuten backen.

ZUBEREITUNGSZEIT ca. 1 ½ Std.
AUFTAUZEIT ca. 1 Std.
PORTION ca. 380 kcal
21 g E · 22 g F · 22 g KH

Bolognese-Nudel-Gratin

ZUTATEN

- 1 große Gemüsezwiebel
- 2 Knoblauchzehen
- 500 g Möhren
- 1 Staude Stangensellerie
- 1 kg gemischtes Hack
- 3 EL Öl
- 2 EL Tomatenmark
- 3 EL Mehl
- 2 Dosen (à 850 ml) Tomaten
- Salz • Pfeffer
- 3 TL getrocknete italienische Kräuter
- 750 g Spaghetti
- 250–300 g Fetakäse
- 200 g Schlagsahne
- Fett für die Form
- evtl. Kräuter und Chili zum Garnieren

1 Zwiebel und Knoblauch schälen, fein würfeln. Gemüse schälen bzw. putzen, waschen und je 100 g fein würfeln. (Rest Gemüse später in lange Stifte schneiden und zum Pesto reichen.)

2 Hack im heißen Öl krümelig anbraten. Zwiebel, Knoblauch und Gemüsewürfel zufügen und ca. 4 Minuten mitbraten. Tomatenmark einrühren. Alles mit Mehl bestäuben und kurz anschwitzen. Tomaten samt Saft zugeben, aufkochen. Die Tomaten im Topf etwas zerkleinern. Alles mit Salz, Pfeffer und Kräutern würzen. Zugedeckt ca. 1 Stunde schmoren.

3 Nudeln in reichlich kochendem Salzwasser 8–10 Minuten bissfest garen. Gut abtropfen lassen. Käse fein zerbröckeln und mit Sahne verrühren.

4 Eine große flache Auflaufform (ca. 35 cm lang) fetten. Spaghetti und Hacksoße einschichten. Die Käse-Sahne darüber verteilen. Im vorgeheizten Backofen (E-Herd: 175 °C/Umluft: 150 °C/Gas: Stufe 2) ca. 30 Minuten backen. Herausnehmen und evtl. mit Kräutern und Chili garnieren.

ZUBEREITUNGSZEIT ca. 2 Std.
PORTION ca. 650 kcal
36 g E · 26 g F · 64 g KH

„Caffè crema" im Glas

ZUTATEN

- 1 ¼ l Milch
- 2 Päckchen Puddingpulver „Vanille" (zum Kochen; für je ½ l Milch)
- 80 g Zucker
- 4 EL löslicher Espresso
- 400–500 g Schlagsahne
- 2 Päckchen Vanillin-Zucker
- Kakao und Schoko-Mokka-Bohnen zum Verzieren

1 1 l Milch aufkochen. Rest Milch, Puddingpulver und Zucker glatt rühren. Erst den Instant-Espresso und dann das Puddingpulver in die Milch einrühren. Aufkochen und ca. 1 Minute köcheln. Etwas abkühlen lassen.

2 Pudding in 8–10 Gläser verteilen. Auskühlen lassen. Kurz vor dem Servieren Sahne und Vanillin-Zucker steif schlagen. Als Schaumhaube auf den Pudding geben und verzieren.

ZUBEREITUNGSZEIT ca. 15 Min.
AB-/AUSKÜHLZEIT mind. 1 Std.
PORTION ca. 250 kcal
5 g E · 17 g F · 23 g KH

Gut geplant

Am Vortag können Sie schon Pesto und Dessert zubereiten.
Am Partymorgen: Hähnchenfilet braten, Nudeln und Soßen kochen und evtl. einschichten.

Die Lasagne hat die längste Garzeit. Deshalb sollte sie fast fertig sein, wenn die Gäste kommen. Die anderen Aufläufe dann nacheinander backen und frisch servieren.

Zu Hähnchenfilet und Salat können Sie zusätzlich Ciabatta aufbacken – auch prima als Reserve im Vorrat.

Getränke-Tipp

Lecker als Aperitif: **„La Dolce Vita"**: Pro Glas brauchen Sie **3 cl Brandy, 4 cl Orangensaft** und **2 cl Maracujasaft**. Alles im Shaker mischen, in ein Sektglas gießen und mit **gekühltem Prosecco** auffüllen.

Zu den Hauptgerichten passt ein **frischer** Orvieto aus Umbrien oder ein trockener fruchtiger **Chianti classico** aus der Toskana.

Dieses exotische Buffet weckt die Abenteuerlust

Tabouleh-Salat mit Minz-Joghurt

Chicken Wings mit Erdnuss-Soße

Pikante
Empanadas
Zebra-Pudding
Chakalaka-
Salat
Avocado-
Sambal-Dip
Würzige
Fleischspieße

Chakalaka-Salat

ZUTATEN

- 1,5 kg Weißkohl • Salz
- 2 Zwiebeln • 1 rote Chilischote
- 6 EL Öl
- 200 g TK-Erbsen
- 200 g Chakalaka-Soße (Grillsoße mit Curry; Flasche; ersatzw. Curryketchup)
- 5–6 EL Essig • Pfeffer
- 3 mittelgroße Möhren
- 2 gelbe Paprikaschoten
- 1 Mini-Römersalat

1 Kohl putzen, waschen, vierteln und den Strunk entfernen. Kohl in feine Streifen hobeln oder schneiden. Mit ca. 1 TL Salz kräftig durchkneten bzw. stampfen, bis der Kohl mürbe wird.

2 Zwiebeln schälen und würfeln. Chili längs einritzen, entkernen, waschen und fein hacken. Beides im heißen Öl mit den Erbsen andünsten. 150 ml Wasser, Chakalaka-Soße und Essig zugießen, aufkochen. Mit dem Kraut mischen, würzen und mind. 2 Stunden kalt stellen.

3 Möhren und Paprika schälen bzw. putzen, waschen und in feine Streifen schneiden oder hobeln. Unter das Kraut mischen und alles abschmecken. Erst kurz vor dem Servieren Salat putzen, waschen, klein schneiden und unterheben.

ZUBEREITUNGSZEIT ca. 40 Min.
MARINIERZEIT mind. 2 Std.
PORTION ca. 130 kcal
3 g E · 7 g F · 14 g KH

Tabouleh-Salat mit Minz-Joghurt

ZUTATEN

- 250 g Bulgur (Weizengrütze)
- 2 ½ TL Gemüsebrühe
- 1 Zwiebel • 3 EL Sesam
- 4 EL Öl • 6 EL Zitronensaft
- Salz • Pfeffer • evtl. 1 EL Sesamöl
- 1 Dose (425 ml) Maiskörner
- 500 g Tomaten • 1 große Salatgurke
- 1–2 Bund glatte Petersilie
- 4–5 Stiele Minze
- 1 Knoblauchzehe
- 500 g cremiger Joghurt
- evtl. rote Chili zum Garnieren

1 Bulgur mit ¾ l Wasser und 2 TL Brühe aufkochen. Offen ca. 10 Minuten köcheln. Abtropfen und auskühlen lassen.

2 Zwiebel schälen und fein würfeln. Sesam ohne Fett leicht rösten, herausnehmen. Zwiebel in 4 EL heißem Öl glasig dünsten. Knapp ⅛ l Wasser, 5 EL Zitronensaft und ½ TL Brühe einrühren, aufkochen. Sesam untermischen. Mit Salz, Pfeffer und Sesamöl abschmecken. Dann abkühlen lassen.

3 Mais abtropfen lassen. Tomaten und Gurke waschen, evtl. schälen und würfeln. Petersilie waschen, Blättchen abzupfen und in Streifen schneiden. Mit Bulgur, Gemüse und Marinade mischen und mind. 30 Minuten ziehen lassen.

4 Minze waschen und in feine Streifen schneiden. Knoblauch schälen, durchpressen. Beides mit Joghurt verrühren. Mit 1 EL Zitronensaft, Salz und Pfeffer abschmecken. Mit Chili garnieren. Salat nochmals abschmecken. Alles anrichten.

ZUBEREITUNGSZEIT ca. 45 Min.
MARINIERZEIT mind. 30 Min.
PORTION ca. 210 kcal
7 g E · 9 g F · 25 g KH

Chicken Wings mit Erdnuss-Soße

ZUTATEN

- 1 Stück (ca. 30 g) frischer Ingwer
- 5 Knoblauchzehen
- 2–4 rote Chilischoten
- ⅛ l + 2 EL Öl • 1 ½–2 TL Zimt
- 2 EL Edelsüß-Paprika
- ½ Bund/Töpfchen frischer oder 1 TL gemahlener Koriander
- 2 kg Hähnchenteile (z. B. Unterkeulen und -flügel)
- Salz • 6 Lauchzwiebeln
- 2 Packungen (à 500 g) stückige Tomaten
- 1 TL klare Brühe
- 125 g cremige Erdnussbutter
- 2–3 EL Erdnusskerne

1 Ingwer und Knoblauch schälen. Chilis längs einritzen, entkernen, waschen. Alles hacken und mit ⅛ l Öl, Zimt und Paprika verrühren. Koriander waschen, hacken und die Hälfte unterrühren.

2 Hähnchenteile waschen, trocken tupfen und mit der Marinade einstreichen. Mind. 2 Stunden kalt stellen.

3 Fleisch aus der Marinade nehmen. Auf Fettpfanne und evtl. Blech verteilen. Mit Salz würzen. Evtl. nacheinander im vorgeheizten Backofen (E-Herd: 200 °C/

Alle Rezepte reiche

Umluft: 175 °C/Gas: Stufe 3) 35–40 Minuten knusprig braten.

4 Lauchzwiebeln putzen, waschen und fein schneiden. In 2 EL heißem Öl andünsten. Tomaten, ¼ l Wasser und Brühe zugeben, aufkochen. Mit wenig Salz würzen. Zugedeckt ca. 5 Minuten köcheln. Erdnussbutter und Rest Koriander unterrühren, aufkochen.

5 Evtl. alle Hähnchenteile zusammen auf die Fettpfanne legen. Soße angießen und alles ca. 20 Minuten im Ofen weiterschmoren. Mit Soße anrichten und mit Erdnüssen bestreuen. Schmecken warm oder kalt.

ZUBEREITUNGSZEIT ca. 1 ¼ Std.
MARINIERZEIT mind. 2 Std.
PORTION ca. 360 kcal
27 g E · 25 g F · 4 g KH

Würzige Fleischspieße

ZUTATEN

- 1,8–2 kg ausgelöster Schweinenacken
- 8 EL Öl
- Salz • Pfeffer • 1 TL Edelsüß-Paprika
- 1 Gemüsezwiebel
- ¼ l klare Brühe
- 10 Holz- oder Metallspieße (25–30 cm lang)

1 Fleisch waschen und trocken tupfen. In große Würfel schneiden. Jeweils 4–5 Würfel aufspießen und auf die Fettpfanne legen. Öl, Salz, Pfeffer und Paprika verrühren. Spieße damit bestreichen. Zwiebel schälen, grob schneiden und dazwischen verteilen.

ır 10–15 Personen

2 Im vorgeheizten Backofen (E-Herd: 200 °C/Umluft: 175 °C/Gas: Stufe 3) ca. 50 Minuten braten. Nach ca. 30 Minuten wenden, Brühe angießen und fertig braten.

ZUBEREITUNGSZEIT ca. 1 ¼ Std.
PORTION ca. 330 kcal
33 g E · 21 g F · 0 g KH

Avocado-Sambal-Dip

ZUTATEN

- 1 mittelgroße Zwiebel
- 2 grüne Chilischoten
- 1 Bund/Töpfchen Koriander
- 3 große reife Avocados
- 3 EL Zitronensaft • 250 g cremiger Joghurt
- Salz • Zucker
- evtl. grüne Chilischote zum Garnieren

1 Zwiebel schälen. Chilis längs einritzen, entkernen und waschen. Koriander waschen. Alles fein hacken.

2 Avocados halbieren, entsteinen und das Fruchtfleisch mit einem Löffel herauslösen. Sofort mit Zitronensaft pürieren. Joghurt, Zwiebel, Chilis und Koriander unterrühren. Mit Salz und Zucker abschmecken. Mit Chili garnieren.

ZUBEREITUNGSZEIT ca. 15 Min.
PORTION ca. 170 kcal
2 g E · 17 g F · 2 g KH

Was sonst noch passt

Fertiges Ananas-Chutney in einer ausgehöhlten Ananashälfte anrichten. Lange Holzspieße gibt's z. B. im Supermarkt. Oder aus Bambus im Asialaden, evtl. auf 30 cm kürzen.

Pikante Empanadas

ZUTATEN FÜR CA. 16 STÜCK

- 1 große Zwiebel
- 75 g Mandelkerne mit Haut
- 150 g getrocknete Aprikosen
- 1 Bund Petersilie
- 500 g gemischtes Hack • 1 EL Öl
- Salz • Pfeffer • 2 TL Curry
- 750 g + etwas Mehl
- evtl. 1 Msp. Kurkuma
- 2 Eier (Gr. M) • 1 EL Essig
- Sonnenblumenkerne und Mohn zum Bestreuen
- Backpapier

1 Zwiebel schälen und fein würfeln. Mandeln hacken. Aprikosen fein würfeln. Petersilie waschen und hacken.

2 Hack im heißen Öl krümelig braten. Zwiebel mitbräunen. Mit Salz, Pfeffer und Curry würzen. Mit 100 ml Wasser ablöschen und schmoren, bis die Flüssigkeit fast verdampft ist. Mandeln, bis auf 2 EL, Aprikosen und Petersilie unterrühren. Abkühlen lassen.

3 750 g Mehl, 1 gestrichener TL Salz und Kurkuma mischen. 400 ml kaltes Wasser, 1 Ei und Essig zugeben. Alles glatt verkneten. Ist der Teig zu klebrig, etwas Mehl unterkneten. Bei Raumtemperatur zugedeckt ca. 20 Minuten ruhen lassen.

4 Teig portionsweise auf Mehl dünn (2–3 mm) ausrollen. Ca. 16 Kreise (ca. 14 cm Ø) ausstechen. 1 Ei verquirlen, Ränder damit bestreichen. Jeweils ca. 1 EL Hack auf eine Kreishälfte geben, überklappen und die Ränder fest zusammendrücken. Auf mit Backpapier ausgelegte Bleche setzen. Die Hälfte mit Mandeln bestreuen.

5 Teigreste verkneten, ausrollen und z. B. Elefanten und Giraffen ausstechen. Mit Ei bestreichen und mit Kernen und Mohn bestreuen.

6 Bleche nacheinander im vorgeheizten Backofen (E-Herd: 200 °C/Umluft: 175 °C/Gas: Stufe 3) 15–20 Minuten backen. Tiere evtl. schon nach 5–10 Minuten Backzeit aus dem Ofen nehmen. Warm oder kalt servieren.

ZUBEREITUNGSZEIT ca. 1 Std.
ABKÜHL-/RUHEZEIT ca. 50 Min.
BACKZEIT PRO BLECH 15–20 Min.
STÜCK ca. 300 kcal
13 g E · 10 g F · 38 g KH

Zebra-Pudding

ZUTATEN

- 900 ml + 750 ml Milch
- 2 Päckchen Puddingpulver „Grieß" (zum Kochen; für je ½ l Milch)
- 100 g + 75 g Zucker
- 150 g Zartbitter-Schokolade
- 1 Päckchen Puddingpulver „Schokolade" (zum Kochen; für ½ l Milch)
- 200 g Schlagsahne
- Schoko-Zebra-Röllchen zum Verzieren
- Frischhaltefolie

1 200 ml Milch (von 900 ml) mit Grieß-Puddingpulver und 100 g Zucker glatt rühren. Rest 700 ml Milch aufkochen. Puddingpulver einrühren, ca. 1 Minute köcheln. In eine Schüssel füllen, mit Folie bedecken und ca. 2 Stunden kalt stellen.

2 Schokolade in Stücke brechen. 150 ml Milch (von 750 ml) mit Schoko-Puddingpulver und 75 g Zucker glatt rühren. Rest Milch aufkochen. Pulver einrühren und ca. 1 Minute köcheln. Vom Herd nehmen. Hälfte Schokolade darin schmelzen. In eine Schüssel füllen, mit Folie bedecken und ca. 2 Stunden kalt stellen.

3 Rest Schokolade hacken. Sahne steif schlagen. Puddinge umrühren. Unter Grießpudding Sahne, unter den Schokopudding Schokolade heben. Abwechselnd in 8–10 Gläser füllen, verzieren.

ZUBEREITUNGSZEIT ca. 40 Min.
AUSKÜHL-/KÜHLZEIT ca. 2 ¼ Std.
PORTION ca. 410 kcal
8 g E · 18 g F · 51 g KH

Gut geplant

AM VORTAG
- Dessert kochen, einschichten.
- Chakalaka-Salat, bis auf Salatstreifen, zubereiten.
- Tabouleh-Salat, bis aufs Mischen, fertig stellen.
- Chicken Wings marinieren.

MORGENS
- Empanadas backen.
- Spieße und Marinade vorbereiten.
- Soße für die Chicken Wings kochen. Hähnchen braten, falls kalt serviert. Oder 2 Stunden vorher braten.

1 STUNDE VORHER
- Spieße braten. Avocado-Dip machen.

Mixed Grill

ZUTATEN FÜR 6 PERSONEN

- 2–3 Knoblauchzehen
- 1 Bio-Zitrone
- 4–5 Stiele Petersilie
- 3 Stiele Majoran
- 1 Zweig Rosmarin
- 1 TL getrockneter Oregano
- Pfeffer
- 3 Schweinefilets (ca. 900 g)
- 9 dünne Scheiben Frühstücksspeck (Bacon)
- 3–4 T-Bone-Steaks (à ca. 500 g)
- 2–3 EL Steakpfeffer
- 6 große Tomaten
- 3 TL Pesto (Glas)
- 3 Paprikaschoten (z. B. grün, gelb und rot)
- 75 g paprikagefüllte Oliven
- 250 g Fetakäse
- 4 EL Olivenöl
- Alufolie

1 Knoblauch schälen und hacken. Zitrone waschen und Schale fein abreiben. Kräuter waschen und grob hacken. Mit Knoblauch, Zitronenschale, Oregano und Pfeffer mischen.

2 Filets trocken tupfen, in der Kräutermischung wälzen und jeweils 3 Scheiben Speck darumwickeln. Steaks trocken tupfen und mit Steakpfeffer bestreuen. Fleisch zugedeckt im Kühlschrank aufbewahren.

3 Tomaten waschen und halbieren. Je 2 Hälften auf 1 Stück Alufolie legen und mit Pfeffer würzen. Auf jede Hälfte etwas Pesto geben und alles als Päckchen verschließen. Paprika putzen, waschen und vierteln. Oliven hacken und Feta zerbröckeln. Beides mischen, mit Pfeffer würzen und in die Paprikaschoten füllen. Auf je 1 Stück Alufolie setzen und Öl darüberträufeln. Anschließend als Päckchen verschließen.

4 Zuerst die Schweinefilets auf dem heißen Grill pro Seite ca. 15 Minuten, dann das Gemüse ca. 10 Minuten und die Steaks ca. 5 Minuten grillen.
Getränk: kühles Bier.

ZUBEREITUNGSZEIT ca. 1 Std.
PORTION ca. 690 kcal
90 g E · 32 g F · 6 g KH

Gruselfest für kleine Geister

Grün-weißer
„Glibbergeist“
Spinnen-
Cookies
Tomaten-
Paprika-Dip
Blue-Cheese-Dip
Feuriger
„Knochenhaufen“

Kürbis-Hähnchen-Curry

ZUTATEN

- 750 g Hähnchenfilet
- 1,5 kg Kürbis (z. B. Hokkaido)
- 500 g Möhren
- 2 Stangen Porree (ca. 400 g; Lauch)
- 3 mittelgroße Zwiebeln
- 2 EL Öl • Salz • Pfeffer
- 1 gehäufter EL Mehl
- 1–2 EL Curry
- 200 g Schlagsahne
- 2–3 EL Hühnerbrühe

1 Fleisch waschen, trocken tupfen und würfeln. Kürbis vierteln, entkernen und evtl. schälen. In ca. 2 cm große Würfel schneiden. Möhren und Porree putzen, waschen. Beides in Scheiben schneiden. Zwiebeln schälen und fein würfeln.

2 Fleisch im heißen Öl portionsweise goldbraun anbraten. Mit Salz und Pfeffer würzen, herausnehmen. Gemüse im Bratfett ca. 10 Minuten dünsten. Mehl und Curry darüberstäuben, unter Rühren kurz anschwitzen.

3 Gut 1 l Wasser, Sahne und Brühe einrühren. Aufkochen und zugedeckt ca. 20 Minuten köcheln. Hähnchen nach ca. 10 Minuten zugeben und fertig garen. Mit Salz und Pfeffer abschmecken.

ZUBEREITUNGSZEIT ca. 1 ¼ Std.
PORTION ca. 370 kcal
33 g E · 16 g F · 21 g KH

Röstkartoffelsalat mit Bacon

ZUTATEN

- 2 kg kleine Kartoffeln
- 7–8 EL Öl
- ca. ½ TL Cayennepfeffer
- 1 TL Edelsüß-Paprika
- Salz • Pfeffer • etwas Zucker
- 4 EL Weißwein-Essig
- 150 g Bacon (Frühstücksspeck)
- 1 kleiner Eisbergsalat
- 300 g Kirschtomaten
- 200 g Sour Cream
- 300 g Vollmilch-Joghurt
- 1 Bund Schnittlauch

1 Kartoffeln schälen, waschen und vierteln. Mit 4 EL Öl, Cayennepfeffer, Edelsüß-Paprika, Salz und Pfeffer mischen. Auf dem Backblech verteilen. Im vorgeheizten Backofen (E-Herd: 200 °C/Umluft: 175 °C/Gas: Stufe 3) 40–50 Minuten rösten, ab und zu wenden. Auskühlen.

2 Essig, Salz, Pfeffer, Zucker und 3–4 EL Öl verschlagen. Kartoffeln untermischen, mind. 30 Minuten ziehen lassen.

3 Bacon knusprig braten. Salat putzen, waschen und in Streifen schneiden. Tomaten waschen, halbieren. Bacon zerbröckeln. Alles mit den Kartoffeln mischen. Mit Salz und Pfeffer würzen.

4 Sour Cream und Joghurt glatt rühren. Schnittlauch waschen, fein schneiden und unterrühren. Auf den Salat geben.

ZUBEREITUNGSZEIT ca. 1 ¼ Std.
MARINIERZEIT mind. 30 Min.
AUSKÜHLZEIT ca. 1 Std.
PORTION ca. 290 kcal
8 g E · 15 g F · 28 g KH

Würzige „Hack-Finger“

ZUTATEN FÜR CA. 24 STÜCK

- 1 Brötchen (vom Vortag)
- 1 mittelgroße Zwiebel
- 400 g Rinderhack • 400 g Mett
- 1 Ei
- 1 EL mittelscharfer Senf
- Salz • Pfeffer • Edelsüß-Paprika
- Öl fürs Blech
- ca. 12 Mandelkerne ohne Haut
- 3–4 EL Tomatenketchup

1 Brötchen einweichen. Zwiebel schälen, hacken. Brötchen ausdrücken.

Alle Rezepte reiche

Beides mit Hack, Mett, Ei, Senf verkneten, würzen. Zu ca. 24 fingerlangen Rollen formen. Auf ein geöltes Backblech legen.

2 Mandeln längs halbieren. Als Fingernagel auf jede Rolle drücken. Im vorgeheizten Backofen (E-Herd: 200 °C/Umluft: 175 °C/Gas: Stufe 3) 20–25 Minuten braten. Abkühlen. Ketchup dazureichen.

ZUBEREITUNGSZEIT ca. 50 Min.
STÜCK ca. 100 kcal
8 g E · 7 g F · 1 g KH

Feuriger „Knochenhaufen“

ZUTATEN

- 3 kg Spareribs (Schweinerippchen)
- Salz • Pfeffer • 2–4 EL Rum
- 6 EL Aprikosen-Konfitüre
- 4–6 EL Tomatenketchup
- 3 EL Öl • Tabasco
- Salatblätter zum Garnieren

1 Rippchen mit Salzwasser bedeckt ca. 40 Minuten köcheln, dabei öfter abschäumen.

2 Rum, Konfitüre, Ketchup und Öl verrühren. Mit Salz, Pfeffer und Tabasco würzen.

3 Fleisch in einzelne Rippchen teilen. Auf eine Fettpfanne legen. Rundherum mit der Marinade bestreichen. Im vorgeheizten Backofen (E-Herd: 200 °C/Umluft: 175 °C/Gas: Stufe 3) 30–40 Minuten braten. Nach ca. 20 Minuten wenden. Auf Salat anrichten.

ZUBEREITUNGSZEIT ca. 1 ¾ Std.
PORTION ca. 250 kcal
18 g E · 17 g F · 3 g KH

für 8–10 Personen

Tomaten-Paprika-Dip

ZUTATEN

- 2 rote Paprikaschoten
- 4 mittelgroße Tomaten
- 1 Bund Lauchzwiebeln
- 1 Knoblauchzehe
- 4–6 EL Tomatenketchup
- Salz • Pfeffer

Paprika, Tomaten und Lauchzwiebeln putzen, waschen und fein würfeln. Knoblauch schälen, hacken. Alles mit Ketchup verrühren und abschmecken.

ZUBEREITUNGSZEIT ca. 10 Min.
PORTION ca. 20 kcal
1 g E · 0 g F · 4 g KH

Blue-Cheese-Dip

ZUTATEN

- 150 g Blauschimmel-Käse
- 400 g Rahm-Frischkäse
- 10 EL Milch • Salz • Pfeffer

Käse fein würfeln. Mit Frischkäse und Milch verrühren. Mit Salz und Pfeffer abschmecken.

ZUBEREITUNGSZEIT ca. 5 Min.
PORTION ca. 180 kcal
6 g E · 16 g F · 2 g KH

Schrecklich lecker: Vampir-Bowle

1 l Blutorangensaft und die Scheiben von **2 Bio-Orangen** und **1 Bio-Zitrone** in ein Bowlegefäß geben. Reichlich **Eiswürfel** und **Melisseblättchen** zugeben, mit **gut gekühlter Cola** oder **prickelndem Mineralwasser** auffüllen.

Grün-weißer „Glibbergeist"

ZUTATEN

- 2 Päckchen Puddingpulver „Vanille" (für je ½ l Milch; zum Kochen)
- 80 g + 200 g Zucker
- 1 l Milch
- 1 Packung Götterspeise „Waldmeister" (2 Beutel, für je ½ l Wasser)
- 1 Glas (500 g) rote Grütze
- ca. ⅛ l Kirschsaft

1 Puddingpulver, 80 g Zucker und 200 ml Milch glatt rühren. Restliche Milch aufkochen. Angerührtes Puddingpulver einrühren, nochmals aufkochen und unter Rühren ca. 1 Minute köcheln.

2 Geisterform (ca. 2 l Inhalt; 30 cm lang) kalt ausspülen. Den heißen Pudding einfüllen, abkühlen lassen. Dann ca. 1 Stunde kalt stellen.

3 Götterspeise in einem Topf mit ½ l kaltem Wasser anrühren und 5 Minuten quellen lassen. 200 g Zucker zufügen. Unter Rühren erhitzen, bis alles gelöst ist (nicht kochen!). Gelee mit (nur!) 300 ml kaltem Wasser verrühren und in eine Schüssel gießen. Ca. 30 Minuten abkühlen lassen. Das flüssige Gelee auf dem Pudding verteilen und über Nacht kalt stellen.

4 Pudding stürzen. Rote Grütze mit Kirschsaft etwas dünner rühren und dazureichen.

ZUBEREITUNGSZEIT ca. 30 Min.
KÜHLZEIT ca. 13 Std.
PORTION ca. 280 kcal
5 g E · 4 g F · 53 g KH

Spinnen-Cookies

ZUTATEN FÜR 10–12 COOKIES

- 125 g ungesalzene Erdnüsse
- 150 g Zartbitter-Schokolade
- 200 g Mehl
- 1 TL (5 g) Kakao
- ½ TL Backpulver
- 125 g weiche Butter
- 75 g brauner Zucker • 75 g Zucker
- 1 Päckchen Vanillin-Zucker
- Salz • 1 Ei (Gr. M)
- 100 g Puderzucker • 1 EL Zitronensaft
- 350–400 g Nussnougat-Creme
- Fruchtgummi-Schnüre und Lakritz-Katzenpfötchen zum Verzieren

1 Nüsse fein, Schokolade grob hacken. Mehl, Kakao und Backpulver mischen. Butter, braunen, weißen, Vanillin-Zucker und 1 Prise Salz ca. 10 Minuten cremig rühren. Ei unterrühren. Die Mehlmischung kurz unterrühren, dann Nüsse und gehackte Schokolade unterheben.

2 20–24 Cookies (à ca. 5 cm Ø) formen. Im vorgeheizten Backofen (E-Herd: 200 °C/Umluft: 175 °C/Gas: Stufe 3) ca. 10 Minuten backen. Auskühlen lassen.

3 Puderzucker, Saft und ca. 1 EL Wasser zum dicken Guss verrühren. Hälfte Kekse mit Nougat bestreichen. Andere Hälfte mit Spinnennetzen oder Gesichtern aus Guss und Lakritz verzieren. Als Deckel auf die Nougat-Kekse legen. Schnüre als Spinnenbeine dazwischenstecken. Trocknen.

ZUBEREITUNGSZEIT ca. 1 Std.
BACKZEIT ca. 10 Min.
AUSKÜHLZEIT ca. 30 Min.
STÜCK ca. 510 kcal
8 g E · 27 g F · 56 g KH

Gut geplant

AM VORTAG

- Cookies backen.
- Pudding zubereiten.
- Hack-Finger braten.

MORGENS

- Rippchen kochen und portionieren.
- Röstkartoffelsalat zubereiten.
- Curry kochen (evtl. 5 Minuten kürzer).
- Sour Cream und Dips rühren.

KURZ VORHER

- Rippchen knusprig braten.
- Curry erhitzen.

AN GETRÄNKE DENKEN

- Zum Halloween-Buffet passen Bowle (s. links), Schwarzbier, z. B Guinness, Malzbier sowie Colagetränke, blutrote Fruchtsäfte und/ oder Tomatensaft.

Herzlich willkommen in der Landhausküche!

Kartoffel-Speck-Kuchen

Kürbissuppe mit Mett & Lauch

Eier auf russische Art

Rustikaler Senfbraten

Tomaten-
Bohnen-Salat
... mit Gurke
& Schinken
Würzige
Käsecremes
Marmorkuchen
& Obstsalat
... mit Radieschen
& Schnittlauch

Kürbissuppe mit Mett & Lauch

ZUTATEN

- 2,5 kg Kürbis
- 2 Zwiebeln
- 150 g Möhren
- 200 g Kartoffeln
- 1 große Stange Porree (Lauch)
- 2 Knoblauchzehen
- ½–1 rote Chilischote
- 600 g Mett
- 1 EL Öl
- 1 TL Curry
- 2–3 EL Gemüsebrühe
- Salz • Pfeffer • Zucker
- evtl. Crème fraîche

1 Kürbis in Spalten schneiden, entkernen, schälen und grob würfeln (ergibt ca. 1,25 kg). Zwiebeln schälen und würfeln. Möhren, Kartoffeln und Porree schälen bzw. putzen, waschen. Möhren in Scheiben, Kartoffeln in Würfel und Porree in feine Ringe schneiden. Knoblauch schälen und hacken. Chili waschen, längs einritzen, entkernen, klein schneiden.

2 Mett in einer Pfanne krümelig anbraten. Herausnehmen. Porree im Bratfett andünsten, herausnehmen. Öl in der Pfanne erhitzen. Zwiebeln, Knoblauch und Chili darin andünsten. Curry darüberstäuben, kurz anschwitzen. Möhren, Kartoffeln und Kürbis kurz mitdünsten. 2 ½ l Wasser und Brühe einrühren, aufkochen. Zugedeckt ca. 25 Minuten köcheln.

3 Gemüse in der Brühe pürieren. Mett und Porree in der Suppe erhitzen, abschmecken. Mit je einem Klecks Crème fraîche anrichten.

ZUBEREITUNGSZEIT ca. 1 ¼ Std.
PORTION ca. 230 kcal
11 g E · 15 g F · 10 g KH

Getränke-Tipp

Neben leichten Weinen empfehlen wir kühles Bier, spritzigen Apfelwein oder Cidre, 2–3 Sorten Fruchtsäfte und Mineralwasser – auch als Mix herrlich erfrischend.

Brot gehört dazu

Zu diesem bodenständigen Landhaus-Buffet passen frische Zwiebelbrötchen, Bauernbrot, helles oder dunkles Vollkornbrot mit Kernen oder Nüssen.

Rustikaler Senfbraten

ZUTATEN

- 3,5 kg Schweinekotelettbraten
- Salz • Pfeffer
- 2–3 Zwiebeln
- 2–3 kleine Möhren
- 2 EL (50 g) süßer Senf
- 2 EL (50 g) mittelscharfer Senf
- evtl. Tomaten und Petersilie

1 Fleisch waschen, trocken tupfen. Evtl. die Fettschicht rautenförmig einschneiden. Fleisch mit Salz und Pfeffer einreiben und auf eine Fettpfanne legen. Ca. 200 ml Wasser angießen. Im vorgeheizten Backofen (E-Herd: 200 °C/Umluft: 175 °C/Gas: Stufe 3) ca. 30 Minuten braten.

2 Zwiebeln und Möhren schälen. Möhren waschen. Beides in grobe Stücke schneiden. Ofen auf 175 °C (Umluft: 150 °C/Gas: Stufe 2) herunterschalten. Gemüse mit auf die Fettpfanne geben. Fleisch weitere ca. 1 ¼ Stunden braten. Zwischendurch mehrmals mit dem Bratenfond beschöpfen. Nach Bedarf noch etwas Wasser angießen.

3 Senfsorten verrühren, gleichmäßig auf das Fleisch streichen und alles weitere ca. 45 Minuten braten. Den Kotelettbraten anrichten und mit Tomaten und Petersilie garnieren.

ZUBEREITUNGSZEIT ca. 2 ½ Std.
PORTION ca. 320 kcal
51 g E · 12 g F · 1 g KH

Gut geplant

AM VORTAG
- Suppe und Kuchen zubereiten.

AM PARTYMORGEN
- Kartoffelkuchen backen, in der Form auskühlen lassen, mit Alufolie abdecken.
- Käsecremes und Soße für die Eier kochen, Eier kochen.

CA. 3 STUNDEN VORHER
- Fleisch braten.
- Tomaten- und Obstsalat zubereiten.
- Kartoffelkuchen im Ofen 20–30 Minuten mit aufbacken.
- Zuletzt Suppe erhitzen.

Alle Rezepte reiche

Eier auf russische Art

ZUTATEN

- 10–12 Eier
- 300 g Blumenkohl
- 150 g Möhren
- Salz • Pfeffer
- 125 g TK-Erbsen
- 250 g Vollmilch-Joghurt
- 125 g Schmand oder Crème fraîche
- 125 g Salatcreme
- 1–2 EL Kapern (Glas)
- 3–4 TL Kräuter-Essig
- evtl. Petersilie zum Garnieren

1 Eier hart kochen. Abschrecken, schälen und auskühlen lassen.

2 Gemüse putzen bzw. schälen und waschen. Blumenkohl in kleine Röschen teilen, Möhren fein würfeln. Beides in wenig kochendem Salzwasser zugedeckt 5–6 Minuten dünsten. Erbsen ca. 2 Minuten mitgaren. Gemüse abschrecken, auskühlen lassen.

3 Joghurt, Schmand, Salatcreme und Kapern verrühren. Mit Essig, Salz und Pfeffer abschmecken. Gemüse unterheben. Eier halbieren und mit der Gemüse-Remoulade anrichten. Mit Petersilie garnieren.

ZUBEREITUNGSZEIT ca. 45 Min.
AUSKÜHLZEIT ca. 30 Min.
PORTION ca. 180 kcal
9 g E · 13 g F · 5 g KH

…r 10–12 Personen

Kartoffel-Speck-Kuchen

ZUTATEN FÜR CA. 16 STÜCKE

- 2,4 kg Kartoffeln
- 150 g geräucherter durchwachsener Speck
- 4 mittelgroße Zwiebeln
- 500 g Schlagsahne
- 8 Eier (Gr. M)
- Salz • Pfeffer • Muskat
- Fett fürs Blech
- ¼ Bund Petersilie

1 800 g Kartoffeln waschen und ca. 20 Minuten kochen. Speck würfeln, knusprig auslassen. Zwiebeln schälen, fein würfeln und kurz mitdünsten.

2 Gekochte Kartoffeln abschrecken, schälen und abkühlen lassen. 1,6 kg Kartoffeln schälen, waschen und grob raspeln. Gekochte Kartoffeln noch warm durch eine Kartoffelpresse drücken. Alles mit Speckmischung, Sahne und Eiern glatt vermischen. Mit Salz, Pfeffer und Muskat würzen.

3 Auf ein gefettetes Springblech oder in eine feuerfeste Form (ca. 32 cm Ø) füllen. Im heißen Ofen (E-Herd: 200 °C/ Umluft: 175 °C/Gas: Stufe 3) 50–60 Minuten backen. Evtl. nach 30 Minuten abdecken. Petersilie waschen und, bis auf etwas, hacken. Kuchen herausnehmen. Mit Petersilie bestreuen und garnieren.

ZUBEREITUNGSZEIT ca. 1 Std.
BACKZEIT 50–60 Min.
STÜCK ca. 300 kcal
8 g E · 20 g F · 19 g KH

Tomaten-Bohnen-Salat

ZUTATEN

- 4 Stiele Bohnenkraut
- 750 g grüne Bohnen
- Salz • Pfeffer • etwas Zucker
- 1 Gemüsezwiebel (ca. 300 g)
- 6–8 EL weißer Balsamico oder Weißwein-Essig • 8 EL Öl
- 750 g Tomaten
- 1 Bund Schnittlauch

1 Bohnenkraut waschen und zusammenbinden. Die Bohnen putzen, waschen und halbieren. Alles in kochendem Salzwasser ca. 15 Minuten garen. Bohnen gut abtropfen lassen. Anschließend Bohnenkraut entfernen.

2 Zwiebel schälen und würfeln. Essig, Salz, Pfeffer und Zucker verrühren. Öl darunterschlagen. Zwiebel zufügen. Salatsoße mit warmen Bohnen mischen. Mind. 2 Stunden ziehen lassen.

3 Tomaten waschen, grob würfeln. Schnittlauch waschen, in Röllchen schneiden. Beides unter die Bohnen mischen. Abschmecken.

ZUBEREITUNGSZEIT ca. 45 Min.
MARINIERZEIT mind. 2 Std.
PORTION ca. 100 kcal
2 g E · 7 g F · 6 g KH

Würzige Käsecremes

ZUTATEN

- 600 g Doppelrahm-Frischkäse
- 175–200 ml Milch
- Pfeffer • Salz
- je 1 Bund Radieschen und Schnittlauch
- 125 g Höhlenkäse oder mittelalter Gouda
- 1 Zwiebel
- 3 Gewürzgurken (ca. 125 g)
- 150 g gekochter Schinken
- ½–1 TL Edelsüß-Paprika

1 Frischkäse und Milch glatt rühren. Mit Pfeffer würzen. Creme halbieren.

2 Mit Radieschen & Schnittlauch: Radieschen putzen, waschen und, evtl. bis auf eins, in feine Stifte schneiden. Schnittlauch waschen und in Röllchen schneiden. Käse entrinden und raspeln. Alles unter eine Hälfte Creme rühren. Mit Salz und Pfeffer abschmecken. Anrichten und mit dem Radieschen garnieren.

3 Mit Gurke & Schinken: Zwiebel schälen und würfeln. Gurken und Schinken fein würfeln. Evtl. etwas zum Garnieren beiseite legen. Alles mit Edelsüß-Paprika unter die übrige Creme rühren. Abschmecken. Käsecreme anrichten und garnieren.

ZUBEREITUNGSZEIT ca. 30 Min.
PORTION ca. 240 kcal
12 g E · 19 g F · 3 g KH

Marmorkuchen & Obstsalat

ZUTATEN FÜR CA. 30 STÜCKE

- Fett und Paniermehl f. d. Fettpfanne
- 100 g Vollmilch-Schokolade
- 500 g weiche Butter/Margarine
- 500 g + 1 gehäufter EL Zucker • Salz
- 8 Eier (Gr. M)
- ¼ l Eierlikör • 500 g Mehl
- 1 Päckchen Backpulver
- 3 gehäufte EL (25 g) Kakao
- je 1 Dose (425 ml) Aprikosen u. Ananas
- 1 kg frisches Obst (z. B. Äpfel, Kiwi, Bananen, Kirschen, Heidelbeeren)
- ca. 8 EL Limetten- oder Zitronensaft
- 1–2 EL flüssiger Honig oder Zucker

1 Fettpfanne (ca. 32 x 39 cm, mind. 3,5 cm tief) fetten, mit Paniermehl ausstreuen. Schokolade grob hacken. Fett, 500 g Zucker und 1 Prise Salz cremig rühren. Eier einzeln unterrühren. Likör nach und nach darunterrühren. Mehl und Backpulver mischen, unterrühren. ¾ Teig auf die Fettpfanne streichen.

2 Unter Rest Teig 1 EL Zucker, Kakao und Schokostückchen rühren. Mit einem Löffel auf dem hellen Teig verteilen. Dunklen Teig mit einer Gabel spiralförmig durchziehen. Im heißen Ofen (E-Herd: 175 °C/Umluft: 150 °C/Gas: Stufe 2) 25–30 Minuten backen. Auskühlen lassen.

3 Früchte abtropfen lassen (Saft auffangen) bzw. waschen und putzen. Äpfel, Kiwis und Bananen schälen und in Stücke schneiden. Saft und Honig verrühren und alles mischen. Obstsalat zum Kuchen reichen.

ZUBEREITUNGSZEIT ca. 30 Min.
BACKZEIT 25–30 Min.
STÜCK (INKL. OBSTSALAT) ca. 380 kcal
5 g E · 18 g F · 43 g KH

Brutzeln bei Tisch macht allen Riesenspaß

Platte mit Fleisch
und Würstchen
Buntes
Gemüse
Fleisch- &
Gemüse-Fondue
Fetakäse-Dip
Tomaten-Dip

Schlemmer-Raclette

ZUTATEN FÜR 6 PERSONEN

- je 200 g Schweine-, Hähnchen- und Rinderfilet
- 4 mittelgroße Zwiebeln
- 1 große Zucchini (ca. 250 g)
- 300 g Kirschtomaten
- 12 küchenfertige Garnelen (à ca. 20 g; ohne Kopf und Schale)
- 1 Dose (425 ml) Maiskörner
- 1 Glas (370 ml) Silberzwiebeln
- 1 Glas (370 ml) Cornichons
- 300 g Camembert oder Brie
- 1,5–1,8 kg Kartoffeln
- 7 EL Öl • Salz • Pfeffer
- 100 g Frühstücksspeck (Bacon)
- je 300 g Raclette- und Gouda-Käse in Scheiben
- Holzspießchen

1 Fleisch waschen, trocken tupfen und klein würfeln. Auf Spießchen stecken. Zwiebeln schälen und in dünne Ringe schneiden. Zucchini putzen, waschen und in Scheiben schneiden. Tomaten waschen. Garnelen waschen und trocken tupfen. Mais, Silberzwiebeln und Cornichons getrennt abtropfen lassen. Camembert in Scheiben schneiden.

2 Kartoffeln waschen und ca. 20 Minuten kochen. 2 EL Öl erhitzen. Fleischspießchen darin portionsweise 2–3 Minuten goldbraun braten. Würzen, herausnehmen. Zwiebelringe in 4 EL heißem Öl goldgelb braten und herausnehmen. Zucchini in 1 EL heißem Öl kurz anbraten. Würzen und herausnehmen. Garnelen im Bratfett kurz anbraten und herausnehmen. Speck knusprig auslassen.

3 Kartoffeln abschrecken und evtl. schälen. Vorbereitete Zutaten und Käse anrichten. Bei Tisch die Pfännchen nach Belieben füllen und mit Käse goldgelb überbacken. Garnelen, Fleischspieße und Speck auf der Grillplatte des Raclettegerätes kurz erhitzen und nach Belieben ebenfalls überbacken. Dazu schmecken Preiselbeeren, Baguette und Dips.
Getränk: kühles Bier und Obstbrand oder eiskalter Schnaps.

ZUBEREITUNGSZEIT ca. 1 ¼ Std.
PORTION ca. 1040 kcal
84 g E · 54 g F · 47 g KH

Gut geplant

AM VORTAG

- Dips zubereiten (für Raclette oder Fondue).

AM NACHMITTAG

- Gemüse und Fleisch vorbereiten. Das gilt für alle drei Schlemmerrunden.
- Evtl. noch einen Salat als Vorspeise zubereiten.

KURZ VORHER

- Kartoffeln bzw. Reis kochen oder Brot aufbacken.

Fleisch- & Gemüse-Fondue

ZUTATEN FÜR 6 PERSONEN

- 50 g paprikagefüllte Oliven
- 200 g Fetakäse
- 2–3 EL (ca. 75 g) Doppelrahm-Frischkäse
- 150 g Sahne-Joghurt
- etwas getrockneter Thymian
- Salz • Pfeffer • 1 Zwiebel
- 1–2 Knoblauchzehen
- 2 EL Olivenöl
- 1 Packung (500 g) stückige Tomaten
- 1 TL getrocknetes Basilikum
- 2 EL Crème fraîche
- 500 g Schweineschnitzel
- 250 g Schweinefilet
- 250 g Rinderfilet
- 2 Thüringer Bratwürste
- 4 Krakauer Würstchen
- 1–2 große Zucchini
- 2 rote Paprikaschoten
- ½ Staude Stangensellerie
- 1 Bund Lauchzwiebeln
- ca. 1 kg Frittierfett oder 1 l Öl

1 **Fetakäse-Dip:** Oliven hacken. Käse zerdrücken. Beides mit Frischkäse, Joghurt und Thymian verrühren, mit Salz und Pfeffer würzen.

2 **Tomaten-Dip**: Zwiebel und Knoblauch schälen, fein hacken. Im heißen Öl andünsten. Tomaten zufügen und alles ca. 5 Minuten einkochen. Mit Basilikum, Salz und Pfeffer abschmecken. Auskühlen lassen. Dann Crème fraîche unterrühren.

3 Fleisch evtl. waschen, trocken tupfen, würfeln. Würste in Stücke schneiden. Gemüse putzen, waschen und klein schneiden. Anrichten.

4 Fett im Fonduetopf auf dem Herd erhitzen. Dann aufs Rechaud stellen. Fleisch und Würstchen 3–5, Gemüse 2–3 Minuten darin garen. Dazu passt Ciabatta oder Bauernbrot.
Getränk: trockener kräftiger Weißwein, z. B. Grauburgunder.

ZUBEREITUNGSZEIT ca. 45 Min.
PORTION ca. 880 kcal
66 g E · 59 g F · 15 g KH

Selbst gemacht: Serviettenring

So ein origineller Serviettenring macht was her und ist eine schöne Erinnerung an einen fröhlichen Abend. Aus Modelliermasse (rot, karamell, schwarz, weiß und gelb; Bastelladen) Herzen, Brezeln und Taler mit Edelweißblume formen. Mit Blumendraht Löcher durch diese Teile stechen und auf einem mit Backpapier ausgelegten Backblech nach Herstellerangaben ca. 30 Min. bei 110 °C backen. Auskühlen. Brezeln mit Glitter glue (Bastelladen) verzieren. Herzen, Brezeln und Taler auf Angelseide ziehen und verknoten. Serviette falten, mit dem Besteck durch den Ring schieben.

Hähnchen „süßsauer“

ZUTATEN FÜR 4–6 PERSONEN

- 500 g Hähnchenfilet
- 1 Dose (446 ml) Ananas
- 1 Dose (580 ml) Bambusschösslinge in Stücken
- 2 Bund Lauchzwiebeln
- je 1 rote und gelbe Paprikaschote
- 4 TL Sesam • 4 EL Öl • Salz • Pfeffer
- 3–4 EL Tomatenketchup
- 100 ml Gemüsebrühe
- 2–4 TL flüssiger Honig
- gemahlener Ingwer

1 Fleisch waschen, trocken tupfen und in Streifen schneiden. Ananas und Bambus getrennt abtropfen lassen, Ananassaft auffangen. Lauchzwiebeln und Paprika putzen und waschen. Ananas und Lauchzwiebeln in Stücke, Bambus in dünne Scheibchen schneiden. Sesam in einer Pfanne ohne Fett anrösten.

2 1 EL Öl in einem Tisch-Wok erhitzen. ¼ vom Fleisch darin kräftig anbraten. Salzen, pfeffern und herausnehmen. Dann jeweils ¼ von Bambus, Ananas, Paprika und Lauchzwiebeln im heißen Bratfett kräftig anbraten. Fleisch zugeben. Portionsweise mit Ananassaft, Ketchup, Brühe und Honig ablöschen und 4–5 Minuten schmoren. Mit Salz, Pfeffer und Ingwer würzen. 1 TL Sesam darüberstreuen. Die übrigen 3 Portionen ebenso zubereiten. Dazu schmeckt Reis.
Getränk: kühler Weißwein.

ZUBEREITUNGSZEIT ca. 45 Min.
PORTION ca. 310 kcal
22 g E · 14 g F · 22 g KH

Scharfes Schweinefilet mit Broccoli

ZUTATEN FÜR 4–6 PERSONEN

- 500 g Broccoli
- Salz • Pfeffer
- 4 EL (ca. 50 g) Cashewkerne
- 500 g Schweinefilet
- 250 g Möhren
- 200 g kleine Champignons
- 1–2 Knoblauchzehen
- ½–1 rote Chilischote oder 1–2 TL Sambal Oelek
- 4 EL Öl
- 4–6 EL Sojasoße
- ca. 150 ml Gemüsebrühe

1 Broccoli putzen und waschen. In Röschen teilen. Stiele schälen, in dünne Scheiben schneiden. Alles in wenig kochendem Salzwasser zugedeckt 4–5 Minuten dünsten. Gut abtropfen lassen. Kerne ohne Fett rösten.

2 Fleisch evtl. waschen und trocken tupfen. In sehr dünne Scheiben schneiden. Möhren und Pilze putzen und waschen. Möhren in dünne Scheiben schneiden, Pilze halbieren. Knoblauch schälen, fein hacken. Evtl. Chilischote längs einritzen, entkernen, waschen und fein schneiden.

3 1 EL Öl in einem Tisch-Wok erhitzen. ¼ vom Fleisch darin anbraten, herausnehmen. Dann jeweils ¼ von Broccoli, Möhren, Pilzen und Knoblauch zusammen im heißen Bratfett kräftig anbraten. Fleisch wieder zugeben. Je ¼ Sojasoße, Chili und Brühe zufügen. Alles ca. 5 Minuten schmoren. Abschmecken. 1 EL Cashewkerne darüberstreuen. Die übrigen 3 Portionen ebenso zubereiten. Dazu schmeckt Reis.
Getränk: trockener Weißwein oder kühles Bier.

ZUBEREITUNGSZEIT ca. 50 Min.
PORTION ca. 270 kcal
25 g E · 14 g F · 9 g KH

Kulinarische Glücksbringer für einen guten Rutsch

Süßes
Kleeblatt
Essbare
Fliegenpilze
Glücksschwein-
Buletten
Zwiebel-
Dip
Wurst-Hufeisen
Gefüllter
Spießrollbraten

Feine Erbsensuppe mit Kasseler

ZUTATEN

- 1–1,2 kg Kasseler-Kotelett (Stück; mit Knochen)
- 4 Zwiebeln • 150 g Möhren
- 250 g Kartoffeln
- 500 g getrocknete grüne Schälerbsen
- 2–3 Lorbeerblätter
- Pfeffer • Salz • Zucker
- 2 Scheiben (à 45 g) TK-Blätterteig
- 1 Eigelb • 1 EL Milch • etwas Mehl
- 150 g Schlagsahne
- 1 Bund Petersilie • 2 EL Öl
- Backpapier

1 Kasseler vom Knochen lösen, waschen. Zwiebeln schälen, 2 würfeln. Möhren und Kartoffeln schälen, waschen und klein würfeln. Ca. 2 ½ l Wasser mit Knochen, Zwiebelwürfeln, Möhren, Kartoffeln, Erbsen, Lorbeer, Pfeffer und etwas Salz aufkochen. Zugedeckt ca. 1¼ Stunden köcheln.

2 Teig auftauen. Eigelb und Milch verquirlen. Teigscheiben übereinander legen, auf etwas Mehl ca. 26 x 26 cm groß ausrollen. Glücksmotive ausstechen, auf mit Backpapier belegtem Blech mit Eigelb bestreichen. Im vorgeheizten Backofen (E-Herd: 225 °C/Umluft: 200 °C/Gas: Stufe 4) ca. 10 Minuten backen. Auskühlen.

3 2 Zwiebeln und Kasseler fein würfeln, im heißen Öl ca. 5 Minuten braten. Sahne halb steif schlagen. Petersilie waschen, hacken. Knochen und Lorbeer aus der Suppe heben. Kasseler hineingeben. Suppe abschmecken. Mit Sahne, Petersilie und Glückskeksen anrichten.

ZUBEREITUNGSZEIT ca. 1 ¾ Std.
PORTION ca. 310 kcal
24 g E · 13 g F · 22 g KH

Kerniger Schornsteinfeger

ZUTATEN FÜR CA. 14 STÜCKE

- 1 Würfel (42 g) frische Hefe
- 1 kg Backmischung für 2 Krustenbrote (à 750 g) • etwas Mehl
- 1 Ei • 1 EL Sahne • 50 g Mohn
- 12 Mandelkerne • 1–2 EL Mandelstifte
- evtl. Sesam, Leinsamen, Sonnenblumenkerne und 1 Tomatenschnitz
- Backpapier

1 Hefe zerbröckeln, in 700 ml lauwarmem Wasser auflösen. Mit Backmischung verkneten. Zugedeckt am warmen Ort ca. 30 Minuten gehen lassen.

2 Teig auf etwas Mehl zur Rolle formen. Gut ⅓ beiseite legen. Aus dem Rest den Körper formen. Auf ein mit Backpapier belegtes Blech legen.

3 Aus Rest Teig Kopf mit Hut, Leiterteile und Besen formen bzw. Glücksbringer ausstechen. Ei trennen. Eiweiß verquirlen. Kopf damit bestreichen, an den Körper drücken. Leiterteile mit Eiweiß bestreichen, zusammensetzen.

4 Eigelb und Sahne verrühren. Alle Teile damit bestreichen. Schornsteinfeger, bis aufs Gesicht, mit Mohn bestreuen. Gesicht, Körper und Leiter mit Mandeln und Glücksbringer evtl. mit Samen und Kernen verzieren.

5 Schornsteinfeger im heißen Ofen, 2. Schiene von unten (E-Herd: 200 °C/Umluft: 175 °C/Gas: Stufe 3) ca. 45 Minuten, übrige Teile 15–20 Minuten backen. Auskühlen lassen. Tomatenschnitz als Mund auflegen.

ZUBEREITUNGSZEIT ca. 1 ¼ Std.
GEHZEIT ca. 30 Min.
BACKZEIT gesamt ca. 1 Std.
STÜCK ca. 280 kcal
9 g E · 5 g F · 48 g KH

Zwiebel-Dip & Glücksklee-Butter

ZUTATEN

- 200 g Doppelrahm-Frischkäse
- 500 g Schmand
- 1 Beutel Zwiebelsuppe (für 800 ml)
- 2 EL Röstzwiebeln
- 250 g eiskalte Butter
- ½ Bund Schnittlauch
- 2–3 Stiele Petersilie

1 Frischkäse, Schmand und Zwiebelsuppenpulver verrühren. Kalt stellen. Mit Röstzwiebeln bestreuen.

2 Butter in 3 flache Platten schneiden. Je 3–4 Kleeblätter ausstechen. Schnittlauch und Petersilie waschen, hacken. Kleeblätter mit den Kräutern bestreuen. Kalt stellen.

ZUBEREITUNGSZEIT ca. 15 Min.
PORTION ca. 290 kcal
4 g E · 27 g F · 5 g KH

Alle Rezepte reiche

Gefüllter Spießrollbraten

ZUTATEN

- 400 g Porree (Lauch)
- 1 EL (20 g) Butter/Margarine
- Salz • Pfeffer
- 1 Glas (370 ml) geröstete Paprika
- 250 g Butterkäse in Scheiben
- 2 kg Schweinerollbraten ohne Schwarte (Oberschale)
- 7 EL Öl • 1 EL Edelsüß-Paprika
- 1–2 EL Spieß- und Grillbraten-Würze
- Salatblätter
- Küchengarn

1 Porree putzen, waschen und fein schneiden. Im heißen Fett 4–5 Minuten dünsten. Mit Salz und Pfeffer würzen. Abkühlen lassen.

2 Paprika halbieren. Käse entrinden. Fleisch würzen. Alles darauf verteilen, aufrollen, fest binden. Würzen. Im Bräter mit 3 EL Öl bestreichen. 150 ml Wasser angießen, im vorgeheizten Backofen (E-Herd: 175 °C/Umluft: 150 °C/Gas: Stufe 2) ca. 2 ½ Stunden braten. Dabei ca. ¼ l Wasser angießen.

3 4 EL Öl, Paprika und Würze verrühren. Nach ca. 1 ½ Stunden auf den Braten streichen. Mit Salat anrichten.

ZUBEREITUNGSZEIT ca. 3 Std.
ABKÜHLZEIT ca. 15 Min.
PORTION ca. 280 kcal
36 g E · 14 g F · 1 g KH

ür 12–14 Personen

Kartoffelsalat mit Schnittlauch

ZUTATEN

- 2 kg festkochende Kartoffeln
- 2–3 Zwiebeln • ca. 300 ml Gemüsebrühe
- 7–8 EL Weißwein-Essig
- 5 EL Öl • Salz • Pfeffer • evtl. 2 TL Senf
- 1 Bund Schnittlauch

1 Kartoffeln waschen. 20–25 Minuten kochen. Abschrecken, schälen und auskühlen. In Scheiben schneiden.

2 Zwiebeln schälen und fein würfeln. Mit Brühe, Essig, Öl, Salz, Pfeffer und Senf kurz aufkochen. Heiß über die Kartoffeln gießen. Mind. 1 Stunde ziehen lassen. Schnittlauch waschen, fein schneiden und zugeben. Abschmecken.

ZUBEREITUNGSZEIT ca. 1 ¼ Std.
AUSKÜHL-/MARINIERZEIT mind. 2 Std.
PORTION ca. 120 kcal
2 g E · 4 g F · 17 g KH

Gut geplant

AM VORTAG
- Suppe und Eier kochen.
- Kartoffelsalat, bis auf Schnittlauch, Wurstfüllung und Dessert zubereiten.

AM PARTYMORGEN
- Braten, Dip und Garnierungen vorbereiten, Brot und Blätterteig backen.

NACHMITTAGS
- Pilze und Buletten fertig stellen.

3 STUNDEN VORHER
- Braten zubereiten.
- Hufeisen füllen und garnieren.

Glücksschwein-Buletten

ZUTATEN FÜR CA. 32 STÜCK

- 2 Brötchen (vom Vortag) • 2 Zwiebeln
- 1 kg gemischtes Hack
- 1 kg Mett • 3 Eier
- 2 EL Senf • 1 EL getrockneter Majoran
- Salz • Pfeffer • Edelsüß-Paprika
- 13–14 paprikagefüllte Oliven
- 5 Scheiben Gouda • Backpapier

1 Brötchen einweichen. Zwiebeln schälen, fein würfeln. Brötchen ausdrücken. Alles mit Hack, Mett, Eiern, Senf, Majoran, Salz und Gewürzen verkneten. Ca. 32 Buletten formen.

2 Auf mit Backpapier belegten Blechen im vorgeheizten Backofen (E-Herd: 175 °C/Umluft: 150 °C/Gas: Stufe 2) ca. 40 Minuten backen. Auskühlen lassen.

3 Oliven in je ca. 5 Scheiben schneiden. Aus dem Käse ca. 64 Ohren (dafür Ovale halbieren) und ca. 32 Kreise für die Nasen schneiden. Aus den Kreisen je 2 kleine Löcher ausstechen. Buletten als Schweinchen garnieren.

ZUBEREITUNGSZEIT ca. 2 Std.
STÜCK ca. 200 kcal
14 g E · 14 g F · 2 g KH

Essbare Fliegenpilze

ZUTATEN FÜR 14 STÜCK

- 14 Eier • 1½ EL Senf
- 75 g Salatcreme
- Pfeffer • 14 Tomaten (à ca. 40 g)
- Mayonnaise aus der Tube

1 Eier hart kochen. Abschrecken, schälen und auskühlen lassen. Je einen Deckel abschneiden und den Boden evtl. gerade schneiden. Deckel fein hacken. Eigelbe herauslösen, mit Senf, Salatcreme und Pfeffer glatt rühren. Gehacktes Eiweiß daruntermischen. Creme in die Eier füllen.

2 Tomaten waschen, am Stielansatz einen Deckel abschneiden (anderweitig verwenden). Mit Mayo Punkte auf die Rundseite der Tomaten spritzen und als „Hüte" auf die Eier setzen.

ZUBEREITUNGSZEIT ca. 45 Min.
AUSKÜHLZEIT ca. 20 Min.
STÜCK ca. 140 kcal
8 g E · 11 g F · 2 g KH

Wurst-Hufeisen

ZUTATEN

- 2–3 Lauchzwiebeln
- 200 g Farmersalat • Pfeffer • Salz
- 1 Fleischwurstring (ca. 600 g)
- ¼ Tube „Rot-Weiß" (Ketchup & Mayonnaise)

Lauchzwiebeln putzen, waschen, fein schneiden. Unter den Salat mischen, würzen. Wurst häuten, waagerecht halbieren. Mit Salat füllen. „Ketchup & Mayonnaise" als Hufnägel aufspritzen.

ZUBEREITUNGSZEIT ca. 20 Min.
PORTION ca. 180 kcal
5 g E · 16 g F · 2 g KH

Süßes Kleeblatt

ZUTATEN

- 1 Beutel Götterspeise „Waldmeister" (kein Instant-Produkt; für ½ l Wasser)
- 175 g Zucker • 7 Blatt weiße Gelatine
- 500 g Vollmilch-Joghurt
- 400 g Schlagsahne
- grüne Zuckerschrift, Schoko-Dekor-Kleeblätter, evtl. Minze und Marzipan-Schweinchen zum Verzieren

1 Geleepulver und 175 ml Wasser im Topf verrühren. Ca. 8 Minuten quellen lassen. 100 g Zucker zufügen, unter Rühren erwärmen (nicht kochen!). 1–1½ Stunden kalt stellen, bis die Masse zu gelieren beginnt.

2 Gelatine kalt einweichen. Joghurt und 75 g Zucker verrühren. Gelatine ausdrücken und bei schwacher Hitze auflösen. Erst 3–4 EL Joghurt einrühren, dann unter die übrige Joghurtmasse rühren. Ca. 3 Minuten kalt stellen, bis die Masse zu gelieren beginnt.

3 Sahne steif schlagen. Hälfte Joghurtcreme unter die Götterspeise rühren, Hälfte Sahne darunterheben. Kleeblatt-Backform (ca. 1,4 l Inhalt) kalt ausspülen, Creme einfüllen. Kurz anziehen lassen. Rest Sahne unter übrige Joghurtcreme heben, auf der grünen Creme glatt streichen. Mind. 4 Stunden kalt stellen. Vorsichtig lösen, stürzen und verzieren.

ZUBEREITUNGSZEIT ca. 35 Min.
KÜHLZEIT mind. 6 Std.
PORTION ca. 170 kcal
3 g E · 10 g F · 16 g KH

Orangen-Bowle „Tequila-Sunrise“

ZUTATEN FÜR 15 GLÄSER

- 4 mittelgroße Orangen
- ca. 200 ml Ananassaft
- 2 Flaschen (à 0,75 l) Orangensaft
- ¼ l weißer Tequila
- 2 Flaschen (à 0,75 l) kühler trockener Sekt
- einige Spritzer Grenadine

1 Orangen dick schälen. Die Filets zwischen den Trennhäuten herausschneiden. Trennhäute ausdrücken und den Saft auffangen.

2 Ananassaft, gesamten Orangensaft und Tequila in ein Bowlengefäß gießen. Kurz vorm Servieren mit Sekt auffüllen. Filets in hohe Gläser geben. Mit Bowle auffüllen. Grenadine am Rand hineinlaufen lassen.

ZUBEREITUNGSZEIT ca. 20 Min.

Limetten-Cocktail

ZUTATEN FÜR 6 GLÄSER

- 6 Bio-Limetten
- 6 cl Cachaça (brasilianischer Zuckerrohrschnaps)
- 2 EL brauner Zucker
- Saft von 1 Zitrone
- 3 Tüten Brausepulver (Geschmack nach Belieben)
- zerstoßene Eiswürfel
- ¾ l Limonade (z. B. Limetten-Geschmack)
- Strohhalme und Minze zum Garnieren

1 Limetten waschen und in kleine Stücke schneiden. Cachaça und braunen Zucker zufügen, grob zerstoßen, ca. 30 Minuten ziehen lassen.

2 In der Zwischenzeit Glasränder zuerst in Zitronensaft, dann in Brausepulver tauchen. Vorbereitete Zutaten darin verteilen. Mit Eis und gut gekühlter Limonade auffüllen. Mit Strohhalmen und Minze garnieren.

ZUBEREITUNGSZEIT ca. 30 Min.
MARINIERZEIT ca. 20 Min.

Aprikosen-Bowle

ZUTATEN FÜR 12 GLÄSER

- 1 Bio-Limette
- 500 g frische oder 1 Dose (850 ml) Aprikosen
- 6 cl Aprikosen-Likör
- 1 Flasche (0,75 l) trockener Weißwein
- 2 Flaschen (à 0,75 l) trockener Sekt
- evtl. Minze zum Verzieren

1 Limette heiß waschen, in dünne Scheiben schneiden. Frische Aprikosen kreuzweise einritzen. Früchte mit kochendem Wasser überbrühen, abschrecken und Haut abziehen. Aprikosen halbieren und entsteinen. Aprikosen aus der Dose gut abtropfen lassen. Früchte kleiner schneiden.

2 Limettenscheiben und Aprikosen in ein Bowlengefäß geben. Mit Likör übergießen, zugedeckt ca. 30 Minuten ziehen lassen. Mit gut gekühltem Weißwein und Sekt auffüllen. Mit Minze verzieren. Sofort servieren.

ZUBEREITUNGSZEIT ca. 30 Min.
MARINIERZEIT ca. 30 Min.

Marinierte Erdbeeren mit Prosecco

ZUTATEN FÜR 8 GLÄSER

- 500 g Erdbeeren
- 4 EL Amaretto-Likör
- 4 EL Ahornsirup oder flüssiger Honig
- 8 TL Grenadine
- ca. 1 l gut gekühlter Prosecco
- evtl. Erdbeeren (zB. gezuckert) und Zitronenmelisse zum Verzieren

1 Erdbeeren waschen, putzen und in einem Sieb gut abtropfen lassen. Anschließend halbieren, mit Amaretto und Ahornsirup beträufeln und ca. 30 Minuten ziehen lassen.

2 Erdbeeren samt Marinade in 8 Gläser verteilen. Je 1 TL Grenadine pro Glas zufügen. Mit Prosecco auffüllen. Nach Belieben mit Erdbeeren und Zitronenmelisse verzieren. Sofort servieren.

ZUBEREITUNGSZEIT ca. 10 Min.
MARINIERZEIT ca. 30 Min.

Rheinischer Sauerbraten

ZUTATEN FÜR 4 PERSONEN

- 1 Bund Suppengrün
- 2 Zwiebeln
- ¼ l + 1–2 EL Rotwein-Essig
- 4 Wacholderbeeren
- 1 Lorbeerblatt
- 1 TL Pfefferkörner
- 3 Nelken
- 1 kg Rindfleisch (Keule)
- Salz • Pfeffer • Zucker
- 2 EL Butterschmalz
- 1–2 EL Rosinen
- 1 EL Mehl
- 1 EL Mandelstifte
- 2 EL saure Sahne

1 Suppengrün und Zwiebeln putzen bzw. schälen, waschen und grob würfeln. 1 l Wasser, ¼ l Essig und Gewürze aufkochen. Fleisch, Gemüse und Zwiebeln in der Marinade zugedeckt im Kühlschrank 2–3 Tage ziehen lassen.

2 Fleisch herausnehmen und trocken tupfen. Mit Salz und Pfeffer würzen. Marinade durchsieben, Gemüse aufheben. Fleisch im heißen Fett rundherum anbraten. Gemüse kurz mitrösten. Marinade angießen, zugedeckt ca. 2 Stunden schmoren.

3 Fleisch herausnehmen, Soße durchsieben. Rosinen zufügen, aufkochen. Mehl mit 4 EL Wasser glatt rühren. Soße damit andicken, 4–5 Minuten köcheln. Mandeln und saure Sahne einrühren. Mit 1–2 EL Essig, Salz, Pfeffer und Zucker abschmecken. Dazu passen Rotkohl und Kartoffelklöße.
Getränk: kühles Bier.

ZUBEREITUNGSZEIT ca. 3 Std.
MARINIERZEIT 2–3 Tage
PORTION ca. 410 kcal
51 g E · 20 g F · 4 g KH

Klassiker der Hausmannskost

Lust auf herzhafte Kohlrouladen und würzigen Krustenbraten?
Hier kommen die Leibgerichte der Nation!

Würziger Krustenbraten

ZUTATEN FÜR 4–6 PERSONEN

- 2 Zwiebeln
- 1–2 Möhren
- 1 kleine Stange Porree (Lauch)
- 100 g Champignons
- 3–4 Stiele Thymian
- 2,5 kg Schweineschulter (die Schwarte evtl. schon vom Fleischer einschneiden lassen)
- Salz • Pfeffer
- 2–3 EL mittelscharfer Senf
- 1–2 Lorbeerblätter
- 2–3 TL klare Brühe
- 2–3 EL Mehl

1 Zwiebeln und Möhren schälen, Porree und Pilze putzen. Gemüse (bis auf die Zwiebeln) in grobe Stücke schneiden. Thymian abspülen trocken schütteln und grob hacken.

2 Fleisch waschen und trocken tupfen. Fleischseiten mit Salz und Pfeffer würzen und mit Senf einstreichen. Mit der Schwarte nach oben in einen großen Bräter legen. Gemüse, Zwiebeln, Thymian und Lorbeer drumherum verteilen und mit Salz und Pfeffer würzen. Das Ganze im vorgeheizten Backofen (E-Herd: 175 °C/Umluft: 150 °C/Gas: Stufe 2) ca. 3 ½ Stunden garen.

3 Brühe in 1 l heißem Wasser auflösen. Nach ca. 45 Minuten, wenn das Gemüse zu bräunen beginnt, Brühe nach und nach angießen. Nach Belieben den Braten ab und zu mit dem Bratfond beschöpfen. Etwa 10 Minuten vor Bratzeitende die Temperatur hochschalten (E-Herd: 225 °C/Umluft: 200 °C/Gas: Stufe 4) und die Schwarte mit kaltem, stark gesalzenem Wasser bestreichen. So wird sie schön knusprig.

4 Braten herausnehmen und warm stellen. Fond durch ein Sieb geben und evtl. etwas entfetten. Bratensatz mit etwas heißem Wasser lösen – auch am Rand. Fond dazugießen und alles aufkochen. Mehl in etwas kaltem Wasser glatt rühren und die Soße damit binden Ca. 5 Minuten köcheln und mit Salz, Pfeffer und evtl. Senf abschmecken.
Getränk: kühles Weißbier.

ZUBEREITUNGSZEIT ca. 4 ½ Std.
PORTION ca. 510 kcal
54 g E · 30 g F · 3 g KH

Extra-Tipp

Würzen Sie das Fleisch, bis auf die Schwarte, schon 1 bis 2 Tage vorher mit Pfeffer, Senf und Thymian oder Rosmarin – aber erst später salzen. So können die Aromen schön einziehen.

Klassische Rinderrouladen

ZUTATEN FÜR 4–6 PORTIONEN

- 2 Zwiebeln
- 3 Gewürzgurken (Glas)
- 6 Rinderrouladen (à ca. 180 g)
- Salz (z. B. Selleriesalz)
- Pfeffer
- 6 TL mittelscharfer Senf
- 6 Scheiben geräuchterter durchwachsener Speck
- 2 EL Butterschmalz
- 1 EL Tomatenmark
- 2 TL Brühe
- ½ TL Thymian
- 1 EL Mehl
- 2 EL Crème fraîche
- Rouladennadeln

1 Zwiebeln schälen, in feine Ringe schneiden. Gurken längs vierteln. Rouladen trocken tupfen. Mit Salz und Pfeffer würzen und mit 4 TL Senf bestreichen. Mit Speck belegen. Gurken und Hälfte Zwiebeln darauf verteilen. Aufrollen, mit Rouladennadeln feststecken.

2 Rouladen im heißen Butterschmalz rundherum anbraten. Rest Zwiebeln mitbraten. Tomatenmark anschwitzen. ¾ l Wasser, Brühe und Thymian einrühren. Aufkochen und zugedeckt ca. 1½ Stunden schmoren.

3 Rouladen herausnehmen. Fond durchsieben, aufkochen. Mehl mit etwas Wasser glatt rühren, Soße damit andicken. Rest Senf und Crème fraîche einrühren, mit Salz und Pfeffer abschmecken. Rouladen in der Soße ca. 10 Minuten ziehen lassen. Dazu schmecken Kartoffeln und Speckbohnen.
Getränk: trockener Rotwein.

ZUBEREITUNGSZEIT ca. 2¼ Std.
PORTION ca. 320 kcal
41 g E · 13 g F · 4 g KH

Allgäuer Käsespätzle

ZUTATEN FÜR 4 PERSONEN

- 400 g Mehl
- 4 Eier
- Salz • Pfeffer
- 3 Zwiebeln
- 2 EL + etwas Butter
- 100 g Allgäuer Emmentaler (Stück)
- 100 g Allgäuer Bergkäse (Stück)
- ½ Bund Schnittlauch
- evtl. Petersilie zum Garnieren

1 Mehl, Eier, 1 TL Salz und 3–4 EL Wasser zu einem dickflüssigen Teig verrühren. So lange schlagen, bis er Blasen wirft. Dann kurz ruhen lassen.

2 Zwiebeln schälen, in Ringe schneiden. In 2 EL Butter goldbraun braten. Käse reiben. Schnittlauch waschen und fein schneiden.

3 Reichlich Salzwasser aufkochen. Spätzleteig portionsweise auf ein angefeuchtetes Brett streichen. Mit einem langen Messer feine Streifen ins Wasser schaben oder den Teig durch eine Spätzlepresse drücken. Kurz aufkochen und gar ziehen lassen, bis die Spätzle an die Oberfläche steigen. Herausnehmen und abtropfen lassen.

4 Spätzle, Käse und Zwiebeln in eine gefettete Auflaufform schichten. Jeweils mit Pfeffer würzen. Im vorgeheizten Backofen (E-Herd: 200 °C/Umluft: 175 °C/Gas: Stufe 3) 5–10 Minuten backen. Mit Schnittlauch und Petersilie bestreuen. Dazu schmeckt Kopfsalat.
Getränk: kühles Bier.

ZUBEREITUNGSZEIT ca. 1 Std.
PORTION ca. 680 kcal
31 g E · 27 g F · 73 g KH

Herzhafte Kohlrouladen

ZUTATEN FÜR 4 PERSONEN

- 1 Brötchen (vom Vortag)
- 1 großer Weißkohl
- Salz
- 1 kleine Zwiebel
- 500 g gemischtes Hack
- 1 Ei
- Pfeffer • Edelsüß-Paprika
- 50 g geräucherter durchwachsener Speck
- 1–2 EL Butterschmalz
- 1 TL Kümmel, ganz
- 2 TL klare Brühe
- 1 EL Mehl
- 2–3 Stiele Petersilie
- Küchengarn

1 Brötchen einweichen. Kohl putzen, Strunk herauslösen. Kohl in reichlich kochendem Salzwasser ca. 4 Minuten blanchieren. 8 große Blätter ablösen. Genau so weitere 8 Blätter ablösen. Dicke Blattrippen flacher schneiden und je 2 Blätter überlappend aufeinanderlegen.

2 Zwiebel schälen, würfeln. Mit Hack, ausgedrücktem Brötchen, Ei, Salz, Pfeffer und Paprika verkneten.

3 Hackmasse auf die Kohlblätter verteilen, aufrollen, festbinden. Speck in Streifen schneiden, im heißen Butterschmalz ausbraten. Rouladen darin rundherum anbraten. ½ l Wasser, Kümmel und Brühe zufügen. Zugedeckt ca. 45 Minuten schmoren.

4 Rouladen warm stellen. Mehl und 2 EL Wasser glatt rühren. Soße damit binden und ca. 5 Minuten köcheln. Abschmecken. Petersilie waschen, hacken und darüberstreuen. Dazu passen Salzkartoffeln.

Getränk: kühles Bier.

ZUBEREITUNGSZEIT ca. 1 ½ Std.
PORTION ca. 560 kcal
31 g E · 40 g F · 15 g KH

Königsberger Klopse

ZUTATEN FÜR 4 PERSONEN

- 1 Brötchen (vom Vortag)
- 2 kleine Zwiebeln
- 750 g gemischtes Hack
- 1 Ei + 1 Eigelb
- Salz • Pfeffer
- 1 EL klare Brühe
- 2 Lorbeerblätter
- 2 Gewürznelken
- 3–4 EL Mehl
- 2 EL Butter
- 1 Glas (35 g) Kapern
- 1–2 EL Zitronensaft
- 100 g Schmand

1 Brötchen kalt einweichen. Zwiebeln schälen, eine fein würfeln. Mit Hack, ausgedrücktem Brötchen und 1 Ei verkneten. Mit Salz und Pfeffer würzen. Aus der Masse 10–12 Klopse formen.

2 Gut 1 l Wasser mit Brühe, restlicher Zwiebel, Lorbeerblättern und Nelken aufkochen. Klopse darin 20 Minuten gar ziehen lassen.

3 Klopse aus dem Sud nehmen. Sud durch ein Sieb gießen. ¾ l abmessen. Mehl in heißer Butter goldgelb anschwitzen. Sud einrühren und ca. 5 Minuten köcheln. Kapern und evtl. etwas Kapernsud zufügen. Mit Salz, Pfeffer und Zitronensaft abschmecken. Einmal kurz aufkochen.

4 Schmand und Eigelb verquirlen, in die Soße rühren (nicht mehr kochen!). Klopse darin ca. 5 Minuten ziehen lassen. Dazu schmecken Kartoffeln und eingelegte Rote Bete.
Getränk: Weißwein oder Bier.

ZUBEREITUNGSZEIT ca. 1 Std.
PORTION ca. 650 kcal
41 g E · 45 g F · 16 g KH

Semmelknödel mit Rahmpilzen

ZUTATEN FÜR 4 PERSONEN

- 6 Brötchen (vom Vortag)
- ¼ l Milch
- 1 kg Pilze (z. B. Champignons, Kräuterseitlinge und Pfifferlinge)
- 100–150 g geräucherter durchwachsener Speck
- 3 mittelgroße Zwiebeln
- 1 kleines Bund Petersilie
- 2 EL Butter
- 2 Eier (Gr. M)
- 3 EL Mehl
- Salz • Pfeffer
- 2–3 Msp. Muskat
- 1–2 EL Öl
- 400 g Schlagsahne
- 1–2 TL Brühe

1 Brötchen in Würfel schneiden. Mit heißer Milch übergießen und ca. 30 Minuten einweichen.

2 Pilze putzen, evtl. waschen und große halbieren. Speck würfeln. Zwiebeln schälen und fein würfeln. Petersilie waschen, hacken.

3 Ca. ⅓ der Zwiebeln in heißer Butter andünsten. Mit Eiern, 2 EL Mehl und ½ Petersilie zu den Brötchen geben. Alles gut verkneten. Mit Salz, Pfeffer und Muskat würzen. Aus der Masse 12 Knödel formen. In kochendem Salzwasser ca. 20 Minuten gar ziehen lassen.

4 Speck knusprig braten, restliche Zwiebeln kurz mitbraten. Herausnehmen. Öl ins Bratfett geben, Pilze darin anbraten. Speck und Zwiebeln wieder zufügen. 1 EL Mehl darüberstäuben. Sahne, 200 ml Wasser und Brühe einrühren, ca. 5 Minuten köcheln. Rest Petersilie unterrühren. Knödel abtropfen lassen, mit den Rahmpilzen anrichten.
Getränk: kühles Bier.

ZUBEREITUNGSZEIT ca. 1 ¼ Std.
PORTION ca. 880 kcal
30 g E · 55 g F · 60 g KH

Jägerschnitzel mit Champignonrahm

ZUTATEN FÜR 4 PERSONEN

- 4 Schweineschnitzel (à ca. 175 g)
- Salz • Pfeffer
- Edelsüß-Paprika
- 1 Ei
- 3 EL Mehl
- 4 EL Paniermehl
- 400 g Champignons
- 1 Zwiebel
- 4–5 EL Butterschmalz
- ¼ l Weißwein
- 200–250 g Schlagsahne
- 2 Stiele Petersilie

1 Fleisch trocken tupfen und evtl. flacher klopfen. Mit Salz, Pfeffer und Edelsüß-Paprika würzen. Ei und 1 EL Wasser verquirlen. Fleisch in 2 EL Mehl, dann in Ei und Paniermehl wenden. Panade gut andrücken.

2 Pilze putzen, waschen und in Scheiben schneiden. Zwiebel schälen und in Ringe schneiden.

3 Zwiebel und Pilze in 1 EL heißem Butterschmalz anbraten. Mit 1 EL Mehl bestäuben und kurz anschwitzen. Wein und Sahne einrühren, aufkochen und 8–10 Minuten köcheln. Mit Salz, Pfeffer und Edelsüß-Paprika abschmecken.

4 3–4 EL Butterschmalz in einer großen Pfanne erhitzen. Schnitzel darin von jeder Seite 5–6 Minuten braten.

5 Petersilie waschen, trocken schütteln und fein hacken. Schnitzel und Champignonrahm anrichten und mit Petersilie bestreuen. Dazu schmecken Pommes frites und Salat.
Getränk: kühles Bier oder Mineralwasser.

ZUBEREITUNGSZEIT ca. 40 Min.
PORTION ca. 670 kcal
46 g E · 40 g F · 17 g KH

Grünkohl mit Kasseler und Wurst

ZUTATEN FÜR 4 PERSONEN

- 1 kg kleine runde Kartoffeln
- 1,5 kg Grünkohl
- 3 große Zwiebeln
- 3–5 EL Butterschmalz
- ½ TL Pimentkörner
- 2 EL Haferflocken
- 500 g Kasseler-Kotelett (Stück)
- 4 Mettenden oder Pinkelwürste
- Salz • Zucker • Pfeffer

1 Kartoffeln waschen und zugedeckt ca. 20 Minuten kochen. Schälen und auskühlen lassen.

2 Grünkohl verlesen, von den dicken Rippen zupfen und gut waschen. In kochendem Wasser kurz blanchieren. Abtropfen lassen und grob hacken.

3 Zwiebeln schälen und würfeln. In 2–3 EL heißem Butterschmalz andünsten. Grünkohl, Piment und Haferflocken zugeben. Kasseler waschen und darauflegen. ¼ l Wasser angießen und aufkochen. Zugedeckt ca. 1 ½ Stunden garen. Würste nach ca. 1 Stunde zufügen.

4 1–2 EL Butterschmalz in einer Pfanne erhitzen. Kartoffeln darin rundum braten und mit Salz würzen. 1 EL Zucker darüberstreuen und unter Rühren goldgelb karamellisieren.

5 Fleisch und Würste aus dem Kohl nehmen. Kasseler vom Knochen lösen und in Scheiben schneiden. Grünkohl mit Salz, Pfeffer und 1 Prise Zucker abschmecken. Alles anrichten. Dazu Senf reichen.

Getränk: kühles Bier und ein Aquavit oder Korn.

ZUBEREITUNGSZEIT ca. 2 ½ Std.
PORTION ca. 830 kcal
48 g E · 50 g F · 41 g KH

Reisnudeln mit Rindfleisch

ZUTATEN FÜR 6 PERSONEN

- 2 Stangen Zitronengras
- 4 Knoblauchzehen • ⅛ l Fischsoße • Pfeffer
- 750 g Rumpsteak
- 250 g Reisnudeln
- 2 rote Chilischoten
- 100 ml Reisessig
- Saft von ½ Limette • Zucker
- 100 g Mungobohnen-Keimlinge
- 1 Salatgurke
- je 1 Bund Koriander und Thai-Basilikum
- ½ Römersalat
- 50–75 g geröstete Erdnüsse
- 1 Bund Lauchzwiebeln • 2 EL Öl

1 Für die Marinade die äußeren Blätter vom Zitronengras entfernen und das Innere fein hacken. Knoblauch schälen und 1 Zehe zum Zitronengras pressen. 2 EL Fischsoße unterrühren und mit Pfeffer würzen. Fleisch trocken tupfen, in feine Streifen schneiden und in die Marinade geben. Das Ganze mind. ½ Stunde durchziehen lassen.

2 Inzwischen Nudeln mit heißem Wasser übergießen und ca. 5 Minuten einweichen. Anschließend kalt abspülen, abtropfen und abkühlen lassen.

3 Chilis putzen, längs aufschneiden, entkernen und waschen. Sehr fein hacken und mit der übrigen Fischsoße, Essig, Limettensaft und 1–2 EL Zucker verrühren. Rest Knoblauch dazupressen.

4 Keimlinge verlesen, waschen und gut abtropfen lassen. Gurke schälen, längs halbieren, entkernen und in feine Streifen schneiden. Kräuter waschen, trocken tupfen und die Blättchen abzupfen. Salat waschen, trocken schleudern und in dünne Streifen schneiden. Salat auf einer Platte oder in einer weiten Schale verteilen. Gurken, Keimlinge und Kräuter mischen und alles auf den Salat geben. Nudeln daraufgeben.

5 Erdnüsse grob hacken. Lauchzwiebeln putzen, waschen und in Ringe schneiden. Im Wok oder einer großen Pfanne portionsweise Öl erhitzen und das Fleisch bei starker Hitze braten. Herausnehmen und die Lauchzwiebeln im Bratfett kurz anbraten. Fleisch untermischen. Das Ganze auf den Nudeln verteilen und mit Erdnüssen bestreuen.

Getränk: Mineralwasser oder Tee.

ZUBEREITUNGSZEIT ca. 1 ¼ Std.
PORTION ca. 430 kcal
35 g E · 12 g F · 43 g KH

Aus aller Herren Länder

Spezialitäten aus aller Welt warten darauf, Sie in Urlaubsstimmung zu versetzen. Viel Spaß beim Genuss ohne Grenzen!

aus Vietnam

Salzburger Krautspatzen mit Speck

ZUTATEN FÜR 6 PERSONEN

- ¼ l Milch
- 5 Eier (Gr. M)
- Salz • geriebene Muskatnuss
- 500 g Mehl
- 1 mittelgroße Zwiebel
- 150 g geräucherter durchwachsener Speck
- 2–3 EL Butterschmalz
- 1 Dose (850 ml) Sauerkraut
- Pfeffer
- ½ Bund Schnittlauch

1 Milch, Eier, ½ TL Salz, Muskat und Mehl zum glatten Teig verrühren. Ca. 30 Minuten quellen lassen.

2 Zwiebel schälen. Zwiebel und Speck fein würfeln. Butterschmalz in einer großen Pfanne erhitzen. Speck darin knusprig auslassen. Zwiebel zufügen und glasig dünsten. Sauerkraut zufügen, auseinander zupfen, zugedeckt ca. 20 Minuten schmoren. Mit Salz und Pfeffer abschmecken.

3 Reichlich Salzwasser in einem großen Topf aufkochen. Den Spätzleteig portionsweise auf ein angefeuchtetes Brett („Spatzenbrett") geben. Mit einem langen Messer feine Teigstreifen in das kochende Wasser schaben. Kurz aufkochen, bis die Spätzle hochsteigen. Mit einer Schaumkelle herausnehmen, abschrecken und gut abtropfen lassen.

4 Spätzle zum Kraut geben und einige Minuten mitbraten. Alles abschmecken. Schnittlauch waschen, in feine Röllchen schneiden und über die Krautspatzen streuen.
Getränk: kühler Apfelmost.

ZUBEREITUNGSZEIT ca. 1 Std.
QUELLZEIT ca. 30 Min.
PORTION ca. 600 kcal
20 g E · 28 g F · 64 g KH

Falafel zu Petersilien-Salat

ZUTATEN FÜR 4 PERSONEN

- 250 g getrocknete Kichererbsen
- 3 Bund glatte Petersilie
- 2 Zwiebeln
- 2 Knoblauchzehen
- Salz • Pfeffer
- ca. ½ TL Edelsüß-Paprika
- 1½ TL gemahlener Kreuzkümmel
- 5 mittelgroße Tomaten
- Saft von 1 Zitrone
- 9–10 EL Öl
- 2–3 Stiele Minze
- 400–500 g cremiger Joghurt

1 Kichererbsen abspülen und in reichlich kaltem Wasser ca. 12 Stunden einweichen.

2 Kichererbsen abtropfen lassen. Petersilie waschen, Blättchen abzupfen. Zwiebeln und Knoblauch schälen. Knoblauch und 1 Zwiebel grob zerkleinern. Mit Kichererbsen und Hälfte Petersilienblättchen evtl. portionsweise pürieren. Mit Salz, Pfeffer, Paprika und Kreuzkümmel kräftig würzen. Zugedeckt ca. 1 Stunde kalt stellen.

3 Rest Petersilie und 1 Zwiebel grob hacken. Tomaten waschen und fein würfeln. Zitronensaft, bis auf 1–2 TL, Salz und Pfeffer verrühren. 4 EL Öl darunterschlagen. Mit Petersilie, Tomaten und Zwiebel mischen.

4 Minze waschen, abzupfen und fein schneiden. Unter den Joghurt rühren. Mit Salz, Pfeffer und 1–2 TL Zitronensaft abschmecken.

5 Aus der Kichererbsenmasse ca. 20 ovale Bällchen formen. 5–6 EL Öl in einer beschichteten Pfanne erhitzen. Bällchen darin portionsweise rundherum 4–5 Minuten braten. Gut abtropfen lassen. Falafel mit Salat und Joghurt anrichten. Dazu passt dünnes Fladenbrot.
Getränk: Pfefferminztee.

ZUBEREITUNGSZEIT ca. 1 Std.
EINWEICHZEIT ca. 12 Std.
KÜHLZEIT ca. 1 Std.
PORTION ca. 400 kcal
17 g E · 21 g F · 34 g KH

Überbackene Hähnchen-Quesadillas

ZUTATEN FÜR 4 PERSONEN

- 500 g Hähnchenfilet
- 3 Paprikaschoten (z. B. gelb und rot)
- 1 Bund Lauchzwiebeln
- 150 g kleine Champignons
- 1 Knoblauchzehe
- 2 EL Öl
- Salz • Pfeffer
- 200 ml Milch
- 200 g Schmand oder Crème fraîche
- 100–125 g Gouda (Stück)
- ½ TL Edelsüß-Paprika
- ½ TL Chilipulver
- 1 Packung Soft Flour Tortillas (8 Stück; Weizenfladen)
- Fett für die Form
- evtl. 2 Stiele Petersilie

1 Fleisch waschen, trocken tupfen und würfeln. Gemüse putzen und waschen. Paprika in feine Streifen, Lauchzwiebeln in Ringe schneiden. Pilze putzen, waschen und halbieren. Knoblauch schälen und fein hacken.

2 Öl in einer Pfanne erhitzen. Fleisch darin rundherum anbraten. Mit Salz und Pfeffer würzen, herausnehmen. Knoblauch, Gemüse und Pilze im Bratfett kräftig anbraten. Mit Salz und Pfeffer würzen, herausnehmen. Milch und Schmand in der Pfanne erhitzen. Käse grob raspeln, die Hälfte in der Soße schmelzen. Mit Salz, Edelsüß-Paprika und Chili feurig abschmecken.

3 Die Hälfte Soße mit Fleisch und Gemüse mischen. Tortillas im vorgeheizten Backofen (E-Herd: 200 °C/Umluft: 175 °C/Gas: Stufe 3) ca. 2 Minuten erwärmen. Mit je 3 EL Füllung belegen, locker aufrollen und in eine große gefettete Auflaufform (ca. 35 cm lang) legen. Übrige Soße darübergießen, mit dem Rest Käse bestreuen.

4 Im Backofen bei gleicher Temperatur ca. 20 Minuten backen. Petersilie waschen, hacken und darüberstreuen.
Getränk: kühles Bier.

ZUBEREITUNGSZEIT ca. 1 Std.
PORTION ca. 760 kcal
53 g E · 35 g F · 54 g KH

aus Mexiko

Orangen-Chili-Spareribs

ZUTATEN FÜR 4 PERSONEN

- 1,5 kg Spareribs (Schweinerippchen)
- Salz • Pfeffer
- 3 Bio-Orangen
- 1 Bund Petersilie
- 2 rote Chilischoten
- 300 g Tomatenketchup
- 2 EL Orangen-Marmelade
- Zucker
- 250 g Kirschtomaten
- 7 Knoblauchzehen
- 50–60 g weiche Butter
- 1 Baguette (ca. 250 g)
- Salatblätter zum Garnieren

1 Rippchen waschen, trocken tupfen und in Stücke schneiden. Auf der Fettpfanne verteilen, würzen. Im vorgeheizten Backofen (E-Herd: 200 °C/Umluft: 175 °C/Gas: Stufe 3) zunächst ca. 20 Minuten braten.

2 2 Orangen heiß waschen und trocken reiben. Hälfte Schale von einer Orange abreiben, die ganze Frucht auspressen. Petersilie waschen und hacken. Chilis längs einritzen, entkernen, waschen und hacken. Mit Ketchup, Marmelade, Hälfte Petersilie, Orangenschale und ca. 5 EL Saft verrühren. Mit Salz, Pfeffer und etwas Zucker würzen. Rippchen damit bestreichen und ca. 15 Minuten weiterbraten.

3 2 Orangen samt Schale in Stücke schneiden. Tomaten waschen. Alles mit 6 ungeschälten Knoblauchzehen zu den Spareribs geben. 15–20 Minuten weiterbraten.

4 1 Knoblauchzehe schälen, durchpressen. Mit Butter und Rest Petersilie verrühren. Mit Salz und Pfeffer würzen. Brot längs aufschneiden, mit Butter bestreichen. In Stücke schneiden, auf einen Rost legen. Ca. 8 Minuten über den Spareribs mitrösten. Alles mit Salat anrichten. **Getränk:** kräftiger Rotwein.

ZUBEREITUNGSZEIT ca. 1 Std.
PORTION ca. 580 kcal
28 g E · 25 g F · 56 g KH

Pollo en pepitoria (Safran-Mandel-Hähnchen)

ZUTATEN FÜR 4 PERSONEN

- 50 g roher Schinken (z. B. Serrano)
- 4 mittelgroße Zwiebeln
- 3 Knoblauchzehen
- 1 Hähnchen (ca. 1,4 kg)
- 2–3 EL Olivenöl
- Salz • Pfeffer
- 2 leicht gehäufte EL (30 g) Mehl
- ¼ l Weißwein oder Brühe
- 1 Tütchen gemahlener Safran
- 1–2 Lorbeerblätter
- 2 EL Mandelblättchen
- 2 Eier
- 4–5 EL (40 g) gemahlene Mandeln

1 Schinken klein schneiden. Zwiebeln und Knoblauch schälen und hacken. Hähnchen waschen, trocken tupfen und in 8–12 Stücke teilen.

2 Öl im großen Bräter erhitzen und Fleisch darin anbraten. Würzen, herausnehmen. Zwiebeln und Knoblauch im Bratfett andünsten. Mehl darüberstäuben, anschwitzen. Wein und ½ l Wasser einrühren. Aufkochen. Safran, Lorbeer, Hähnchen und Schinken zufügen. Alles zugedeckt ca. 50 Minuten schmoren.

3 Mandelblättchen in einer Pfanne ohne Fett rösten. Eier hart kochen. Abschrecken, schälen und auskühlen. Eigelb zerdrücken. Eiweiß hacken.

4 Hähnchen warm stellen. Eigelb und gemahlene Mandeln in die Soße rühren, kurz aufkochen. Alles kräftig abschmecken und anrichten. Mit Eiweiß und Mandelblättchen bestreuen. Dazu: Röstkartoffeln oder Brot.
Getränk: kühler Weißwein.

ZUBEREITUNGSZEIT ca. 1 ½ Std.
PORTION ca. 750 kcal
61 g E · 46 g F · 8 g KH

Edel gewürzt

Safran verleiht dem Hähnchen die schöne gelbe Farbe und einen Hauch von Orient. Die Araber brachten ihn nach Spanien und so gedeiht er heute in der La Mancha. Die kleinen roten Fäden sind die Narbengefäße des lila Krokus, die von Hand geerntet werden. Das macht Safran zum teuersten Gewürz der Welt.

Cevapcici & Djuvec-Reis

ZUTATEN FÜR 4 PERSONEN

- 1 rote Paprikaschote
- 4 EL Olivenöl
- 200 g Langkorn-Reis
- 100 g Ajvar (milde Paprikazubereitung; Glas)
- Salz • Pfeffer
- 100 g TK-Erbsen
- 1 Knoblauchzehe
- 500 g gemischtes Hack
- 1 Ei

1 Paprika putzen, waschen und fein würfeln. In 1 EL heißem Öl andünsten. Reis zufügen. 400 ml Wasser und Ajvar zufügen. Mit Salz würzen. Zugedeckt bei mittlerer Hitze ca. 20 Minuten garen. Nach ca. 15 Minuten die TK-Erbsen unter den Reis heben.

2 Für die Cevapcici Knoblauch schälen und fein hacken. Hack, Ei und Knoblauch verkneten, mit Salz und Pfeffer würzen. Zu Röllchen formen und in 3 EL heißem Öl ca. 10 Minuten rundherum knusprig braten.

3 Mithilfe eines Eisportionierers je 1 Reiskugel formen, auf 4 Teller verteilen. Cevapcici mit anrichten. Dazu schmecken Krautsalat und Zigeunersoße.

Getränk: trockener Rotwein.

ZUBEREITUNGSZEIT ca. 30 Min.
PORTION ca. 660 kcal
33 g E · 38 g F · 42 g KH

Rindfleisch „Szechuan Art“

ZUTATEN FÜR 4 PERSONEN

- 2 Möhren
- 2 Stangen Staudensellerie
- 1–2 Lauchzwiebeln
- 1 rote Chilischote
- 500 g Hüftsteak
- 3 EL Öl
- 1 walnussgroßes Stück frischer Ingwer
- 1 TL Szechuan (Sichuan)-Pfeffer
- 1 gestrichener EL Speisestärke
- 3 gestrichene EL Zucker • Salz
- 3 EL Reis-Essig (ersatzw. Weißwein-Essig)
- 5 EL Reiswein
- evtl. 2 EL Sesamöl

1 Gemüse schälen bzw. putzen, waschen und klein schneiden. Chili längs einritzen, entkernen, waschen und hacken. Fleisch waschen, trocken tupfen, in feine Streifen schneiden.

2 Öl portionsweise im Wok oder in einer großen Pfanne erhitzen. Fleisch darin portionsweise anbraten. Ingwer schälen und fein schneiden. Fleisch aus dem Wok nehmen und den Szechuan-Pfeffer im Bratfett rösten. Gemüse, Ingwer und Chili zugeben und bei starker Hitze unter Rühren 3–4 Minuten braten. Mit ca. ¼ l Wasser ablöschen und aufkochen.

3 Stärke, Zucker, ca. 1 TL Salz, Essig und Wein glatt rühren. Unter das Gemüse rühren, aufkochen und kurz köcheln. Fleisch darin erhitzen. Mit Sesamöl abschmecken. Dazu passt Reis.
Getränk: kühles Bier.

ZUBEREITUNGSZEIT ca. 30 Min.
PORTION ca. 320 kcal
28 g E · 16 g F · 12 g KH

Wussten Sie, dass …

Szechuan-Pfeffer gar kein richtiger Pfeffer ist? Er gehört zur „Großfamilie“ der Zitrusfrüchte und hat ein kräftiges zitronig-scharfes Aroma. Szechuan-Pfeffer gibt's in Asialäden. Wer keinen bekommt, würzt mit Zitronenschale und Pfeffer oder nimmt Zitronen-Pfeffer.

Asia-Gemüse „süßsauer" mit Garnelen

ZUTATEN FÜR 4 PERSONEN

- 750 g Weißkohl
- 2 Paprikaschoten (z. B. gelb und rot)
- 1 Dose (446 ml) Ananasringe
- 150 g Mungobohnen-Keimlinge
- 2 große Zwiebeln
- 10–12 große rohe Garnelen (ohne Kopf und Schale; ca. 200 g)
- 1 EL Öl
- Salz • Pfeffer
- 2–3 EL Tomatenketchup
- 1 EL Weißwein-Essig
- etwas Sambal Oelek
- 1–2 TL Speisestärke

1 Kohl und Paprika putzen, waschen und in breite Streifen bzw. Stücke schneiden. Ananas abtropfen lassen, Saft auffangen. Ananas klein schneiden. Keimlinge verlesen und waschen. Zwiebeln schälen und fein würfeln.

2 Garnelen waschen, trocken tupfen, den schwarzen Darm entfernen. Öl im Wok oder in einer großen Pfanne erhitzen. Garnelen darin pro Seite ca. 2 Minuten braten. Mit Salz und Pfeffer würzen, herausnehmen. Kohl im Bratfett unter Wenden ca. 8 Minuten braten. Zwiebeln und Paprika ca. 3 Minuten mitbraten. Mit Salz würzen. Keimlinge und Ananas zufügen.

3 Ananassaft, Ketchup, Essig und Sambal verrühren, einrühren und zugedeckt ca. 5 Minuten schmoren. Stärke und 2 EL Wasser glatt rühren. In die Soße rühren und aufkochen. Garnelen darin erhitzen. Mit Salz abschmecken. Dazu passt Basmati-Reis.
Getränk: kühler Weißwein.

ZUBEREITUNGSZEIT ca. 35 Min.
PORTION ca. 230 kcal
15 g E · 4 g F · 33 g KH

Einkaufs-Tipp

Frische Mungobohnen-Keimlinge gibt's abgepackt inzwischen schon in fast jedem Supermarkt. Die Sprossen sollten schön knackig sein und keine braunen Stellen haben. Im Gemüsefach des Kühlschranks halten sie sich mind. 3 Tage. Vorm Verzehr gut abspülen.

Topfenknödel mit Zwetschkenröster

ZUTATEN FÜR 4 PERSONEN

- 750 g Zwetschen/Pflaumen
- 50 g + 1 TL Zucker
- 1 Päckchen Vanillin-Zucker
- 1 Stück Schale von 1 Bio-Zitrone
- 1 Zimtstange
- 1 gehäufter EL Speisestärke
- 100 g + 25 g Butter
- 125 g Magerquark (Topfen)
- Salz
- 50 g Mehl
- 3 EL Mandelblättchen
- 2 EL Paniermehl
- Puderzucker zum Bestäuben

1 Zwetschen waschen, entsteinen und in Spalten schneiden. Mit ⅛ l Wasser, 50 g Zucker, Vanillin-Zucker, Zitronenschale und Zimt zugedeckt bei schwacher Hitze ca. 10 Minuten dünsten. Schale und Zimtstange entfernen. Stärke und etwas Wasser verrühren. Kompott damit binden. Auskühlen lassen.

2 100 g Butter schmelzen, etwas abkühlen lassen. Mit Quark, 1 TL Zucker und 1 Prise Salz verrühren. Mehl löffelweise unterrühren. Die Masse ca. 20 Minuten ruhen lassen.

3 Ca. 1 l leicht gesalzenes Wasser aufkochen. Aus der Knödelmasse mit angefeuchteten Händen ca. 12 kleine Knödel formen. Im Salzwasser bei schwacher Hitze ca. 15 Minuten ziehen lassen, bis sie oben schwimmen.

4 Mandeln rösten und herausnehmen. 25 g Butter schmelzen. Paniermehl darin goldbraun rösten. Knödel abtropfen lassen und in der Brösel-Butter schwenken. Mit dem Kompott anrichten. Mit Mandeln und Puderzucker bestreuen.
Getränk: kühler Weißwein.

ZUBEREITUNGSZEIT ca. 40 Min.
AUSKÜHL-/RUHEZEIT ca. 1 Std.
PORTION ca. 540 kcal
8 g E · 30 g F · 55 g KH

aus Österreich

Crema Catalana

ZUTATEN FÜR 4 PERSONEN

- ½ Vanilleschote
- ½ l Milch
- 1 Stück Bio-Zitronenschale
- 4 EL (40 g) Speisestärke
- 6 frische Eigelb (Gr. M)
- 100 g + 4 EL Zucker
- evtl. Schlagsahne, Cocktailkirschen und Melisse zum Verzieren

1 Vanilleschote einritzen, Mark herauskratzen. Ca. ⅜ l Milch, Vanillemark und Zitronenschale aufkochen. Restliche Milch, Stärke, Eigelb und 100 g Zucker in einer Schüssel glatt verrühren.

2 Milch vom Herd nehmen, Zitronenschale entfernen. Die heiße Milch nach und nach unter Rühren zur Eigelbmasse gießen. Wieder in den Topf geben und unter Rühren aufkochen, bis die Masse dickcremig ist. Sofort in 4 flache feuerfeste Förmchen (à ca. 200 ml Inhalt) verteilen. Ganz auskühlen lassen.

3 Kurz vor dem Servieren jede Portion mit 1 EL Zucker bestreuen. Im vorgeheizten Backofen unter dem heißen Grill oder auf höchster Stufe auf der obersten Schiene 5–10 Minuten karamellisieren. Etwas abkühlen lassen. Mit Sahne, Cocktailkirschen und Melisse verzieren.
Getränk: kühler halbtrockener Cava.

ZUBEREITUNGSZEIT ca. 20 Min.
AUSKÜHLZEIT ca. 30 Min.
PORTION ca. 390 kcal
9 g E · 14 g F · 54 g KH

Mettbällchen im Spaghetti-Nest

ZUTATEN FÜR 4 PERSONEN

- 1 Zwiebel
- 2 große Möhren
- 2 EL Öl
- 1 Packung (500 g) stückige Tomaten
- Salz • Pfeffer
- 300 g Mett
- 3 EL Paniermehl
- 1 Ei
- 350 g Spaghetti
- 150 g TK-Erbsen
- 1–2 EL Tomatenketchup
- 30 g Parmesan oder Gouda (Stück)
- evtl. Petersilie zum Garnieren
- evtl. kleine Holz- oder Plastikspieße

1 Zwiebel schälen. Möhren schälen und waschen. Beides in kleine Würfel schneiden. 1 EL Öl im Topf erhitzen. Die Hälfte der Zwiebelwürfel bei schwacher Hitze unter Rühren andünsten. Die Möhren zufügen und kurz mit andünsten. Die stückigen Tomaten daruntermischen, würzen. Alles aufkochen und offen ca. 10 Minuten einköcheln.

2 Mett, Paniermehl, Ei und übrige Zwiebelwürfel in eine Schüssel geben, mit Salz und Pfeffer würzen. Alles zu einer glatten Masse verkneten. Mit angefeuchteten Händen Bällchen daraus formen. Nudeln in reichlich kochendem Salzwasser 8–10 Minuten garen.

3 1 EL Öl in einer Pfanne erhitzen. Die Mettbällchen darin rundherum ca. 10 Minuten goldbraun braten. Erbsen in die Soße geben, ca. 5 Minuten weiterköcheln. Mit Salz, Pfeffer und Ketchup abschmecken.

4 Käse reiben. Spaghetti gut abtropfen lassen. Die Nudeln mit einer Gabel zu Nestern drehen, auf Tellern anrichten. Soße darüber verteilen. Je 2 Mettbällchen auf Spieße stecken und auf die Nester setzen. Alles mit Käse bestreuen und mit Petersilie garnieren.

ZUBEREITUNGSZEIT ca. 1 Std.
PORTION ca. 710 kcal
35 g E · 26 g F · 80 g KH

Lauter leckere Kinderteller

Von Apfel-Pfannkuchen bis Piraten-Schnitzel: Auf unserer Kinder-Speisekarte gibt's alles, was kleine Genießer glücklich macht

Kartoffelsuppe mit Würstchen-Schlange

ZUTATEN FÜR 4 PERSONEN

- 750 g große Kartoffeln
- 1 große Möhre (ca. 100 g)
- 2 mittelgroße Zwiebeln
- 2 EL Öl
- 4 TL Gemüsebrühe
- 150 g TK-Erbsen
- 4 Puten-Würstchen „Wiener Art“ (à ca. 75 g)
- 8 Gewürznelken
- Salz • Pfeffer
- 4 Stiele Petersilie

1 Kartoffeln schälen, waschen und in grobe Würfel schneiden. Möhre schälen und waschen. 4 kleine Stücke für die „Zungen“ abschneiden und beiseite legen. Rest in kleine Würfel schneiden. Zwiebeln schälen und fein würfeln.

2 Öl in einem Kochtopf erhitzen. Kartoffeln, Möhre und Zwiebeln hineingeben und unter Rühren andünsten. 1 ¼ l Wasser dazugießen und die Brühe einrühren. Alles aufkochen und zugedeckt bei mittlerer Hitze ca. 15 Minuten köcheln. Erbsen zufügen und alles weitere 5 Minuten köcheln.

3 Würstchen auf der Oberseite mit einem scharfen Messer zickzackförmig einschneiden. Je 2 Nelken als Augen und ein längliches Möhrenstückchen als Zunge in die Würstchenenden stecken. Gemüse in der Suppe leicht zerdrücken. Suppe mit Salz und Pfeffer abschmecken.

4 Würstchen mit einer Schaumkelle vorsichtig in die Suppe geben und darin ca. 5 Minuten erhitzen. Petersilie waschen und hacken. Suppe in tiefen Tellern anrichten. Würstchen-Schlangen hineinsetzen und alles mit Petersilie bestreuen.

ZUBEREITUNGSZEIT ca. 1 Std.
PORTION ca. 380 kcal
16 g E · 20 g F · 31 g KH

Gemüse-Nudelsuppe mit Wurst-Spießchen

ZUTATEN FÜR 4 PERSONEN

- Salz
- 250 g Broccoli
- 2 Möhren
- 1 Zwiebel
- 1 EL Öl
- 2 EL Gemüsebrühe
- 150 g Hörnchennudeln
- 200 g Wiener Würstchen
- 2 Mini-Salami (à 25 g)
- Pfeffer
- 4 Scheiben Toastbrot
- 4 Holzspieße

1 Reichlich Salzwasser aufkochen. Broccoli putzen, waschen und in sehr kleine Röschen teilen. Möhren schälen, waschen, der Länge nach halbieren und in Scheiben schneiden. Zwiebel schälen und fein würfeln. Öl in einem Topf erhitzen. Möhren und Zwiebel darin andünsten. 1 l Wasser zugießen, Brühe einrühren, aufkochen und ca. 10 Minuten garen. Broccoli 4 Minuten mitgaren.

2 Nudeln im kochenden Salzwasser bissfest kochen. Wiener und Mini-Salami in Scheiben schneiden, auf 4 Spieße stecken. Spieße in der Suppe erhitzen. Nudeln abtropfen lassen und in die Suppe geben. Mit Salz und Pfeffer abschmecken.

3 Nudelsuppe und Würstchenspieße anrichten. Toastbrot toasten, evtl. Pilze daraus ausstechen. Zur Suppe reichen.

ZUBEREITUNGSZEIT ca. 30 Min.
PORTION ca. 410 kcal
15 g E · 22 g F · 34 g KH

Gemüse-Waffeln mit Radieschen-Mäusen

ZUTATEN FÜR CA. 9 WAFFELN

- 100 g TK-Erbsen
- 125 g weiche Butter/Margarine
- Salz • Pfeffer
- 4 Eier (Gr. M) • 250 g Mehl
- 2 gestrichene TL Backpulver
- 300 g Vollmilch-Joghurt
- 1 Bund Schnittlauch
- 1 Bund Radieschen
- ca. 2 TL Gewürznelken
- 500 g Magerquark
- 2 mittelgroße Möhren
- 2 EL Sonnenblumenkerne
- Öl für das Waffeleisen

1 Erbsen auftauen lassen. Fett und 1 Prise Salz mit den Schneebesen des Handrührgerätes cremig rühren. Eier einzeln darunterrühren. Mehl und Backpulver mischen. Im Wechsel mit dem Joghurt, bis auf 2 EL, kurz darunterrühren. Den Teig zugedeckt mind. 15 Minuten quellen lassen.

2 Für die Mäuse Schnittlauch waschen, trocken schütteln. Ca. 6 Halme in 3 cm lange Stücke schneiden. Radieschen putzen (Wurzel als Schwänzchen dranlassen), waschen und eine Seite gerade schneiden. 1 Radieschen in dünne Scheiben schneiden, Scheiben halbieren. In jedes Radieschen 2 Schlitze schneiden und je 1 Hälfte als Ohr hineinstecken. Für die Schnurrbärte je 3 Schnittlauchstücke mit je 1 Gewürznelke darauf feststecken. Je 2 Nelken als Augen hineinstecken.

3 Übrigen Schnittlauch in Röllchen schneiden. Mit Quark und restlichem Joghurt glatt verrühren, abschmecken.

4 Möhren schälen, waschen und fein raspeln. Mit Erbsen und Sonnenblumenkernen unter den Teig rühren. Mit Salz und Pfeffer würzen.

5 Waffeleisen erhitzen und dünn mit Öl ausstreichen. Pro Waffel 2–3 EL Teig daraufgeben und ca. 5 Minuten goldbraun backen. Warm stellen. Gemüse-Waffeln mit etwas Quark-Dip anrichten und mit den Radieschen-Mäusen garnieren. Übrigen Quark-Dip dazureichen.
Getränk: kühle Saftschorle.

ZUBEREITUNGSZEIT ca. 1 ½ Std.
QUELLZEIT mind. 15 Min.
STÜCK ca. 330 kcal
16 g E · 17 g F · 26 g KH

Saftige Puten-Wraps

ZUTATEN FÜR 4 PERSONEN

- 150 g Mehl
- Salz • Pfeffer
- 4 Eier (Gr. M)
- 400 ml + 2–3 EL Milch
- ½ Salatgurke (ca. 200 g)
- ½ Eisbergsalat (ca. 200 g)
- 2 Tomaten
- 6 TL Öl
- 75 g Gouda (Stück)
- 100 g Salatcreme
- Zucker
- 180 g Putenbrust-Aufschnitt

1 Mehl, 1 Prise Salz, Eier und 400 ml Milch zum glatten Teig verrühren. Ca. 15 Minuten quellen lassen.

2 Gemüse und Salat putzen und waschen. Gurke in Scheiben hobeln. Salat in Streifen schneiden. Tomaten vierteln, entkernen und würfeln.

3 Öl portionsweise in einer beschichteten Pfanne erhitzen. Aus dem Teig darin 6 Pfannkuchen goldbraun backen. Beiseite stellen.

4 Käse reiben. Salatcreme und 2–3 EL Milch verrühren, mit Salz, Pfeffer und 1 Prise Zucker abschmecken. Aufschnitt, Gurkenscheiben, Tomaten, Salat und Käse in die Mitte der Pfannkuchen verteilen, dabei den Rand frei lassen. Auf jede Füllung 1–2 EL Soße geben.

5 Die sich gegenüberliegenden Seiten der Pfannkuchen möglichst weit zur Mitte über die Füllung klappen. Pfannkuchen von der offenen Seite her aufrollen. Anschließend Rollen schräg in zwei Hälften schneiden.

ZUBEREITUNGSZEIT ca. 1 ¼ Std.
STÜCK ca. 540 kcal
33 g E · 27 g F · 37 g KH

Extra-Tipps

Wichtig: Die Pfannkuchen ziemlich fest aufrollen, damit die Füllung auch beim Essen drin bleibt. Zum „Aus-der-Hand-Essen“ am besten in eine Serviette wickeln.

Statt Pute können Sie auch Mozzarella oder gekochte Eier in dünne Scheiben schneiden oder würfeln. Oder Thunfisch aus der Dose klein zupfen.

Vampi-Burger

ZUTATEN FÜR 4 PERSONEN

- 1 mittelgroße Zwiebel
- 400 g gemischtes Hack
- 1 Ei
- 2 EL Paniermehl
- Salz • Pfeffer
- ca. ½ TL Edelsüß-Paprika
- 2–3 EL Öl
- 4 Burger-Brötchen
- 2–3 mittelgroße Tomaten
- 4–5 Cornichons (Glas)
- 4 Blätter Salat (z. B. Lollo bianco)
- 4–6 EL leichte Salatcreme
- 4 EL Tomatenketchup
- 1–2 EL lange Mandelstifte
- 4 Mini-Mozzarella-Kugeln

1 Zwiebel schälen und fein würfeln. Mit Hack, Ei, Paniermehl, Salz, Pfeffer und Paprikapulver verkneten. Mit angefeuchteten Händen 4 flache Frikadellen daraus formen.

2 Frikadellen im heißen Öl von jeder Seite 5–6 Minuten braten. Burger-Brötchen im vorgeheizten Backofen (E-Herd: 200 °C/Umluft: 175 °C/Gas: Stufe 3) ca. 5 Minuten aufbacken. Herausnehmen und etwas abkühlen lassen.

3 Tomaten waschen. Tomaten und Cornichons in dünne Scheiben schneiden. Salat waschen und trocken tupfen. Brötchen aufschneiden, untere Hälften mit Salatcreme bestreichen. Mit Tomaten- und Cornichon-Scheiben (bis auf 8 Stück für die Augen) belegen. Je eine Frikadelle darauflegen und etwas Ketchup als „Blutkleckse" darauf verteilen.

4 Mandelstifte als Zähne vorne in die Ränder der unteren und oberen Brötchenhälften stecken. Brötchendeckel auflegen und leicht andrücken. Mozzarella-Kugeln halbieren. Mit übrigen Cornichon-Scheiben als Augen auf die Burger setzen. Vampi-Burger mit Salatblättern auf Tellern anrichten.

ZUBEREITUNGSZEIT ca. 45 Min.
STÜCK ca. 490 kcal
30 g E · 22 g F · 39 g KH

Seeräuber-Döner

ZUTATEN FÜR 6 STÜCK

- ½ Bund Schnittlauch
- 150 g Vollmilch-Joghurt
- 2 EL (30 g) leichte Salatcreme
- Salz • Pfeffer
- ½ Salatgurke
- 2 Tomaten
- 1 Packung (6 Stück; 400 g) Brottaschen (Weizen-Pita)
- 2 EL Butter/Margarine
- 1 Packung (15 Stück; 450 g) TK-Fischstäbchen
- evtl. Petersilie zum Garnieren
- Küchenpapier

1 Schnittlauch waschen und in feine Röllchen schneiden. Joghurt und Salatcreme verrühren. Mit Salz und Pfeffer würzen, Schnittlauch darunterrühren. Gurke und Tomaten waschen, beides in Scheiben schneiden.

2 Brottaschen mit der durchgehenden Linie nach oben im Toaster so lange rösten, bis sie leicht aufgegangen sind. Etwas abkühlen lassen. Von jeder Brottasche entlang der vorgeschnittenen Linie ein Stück abbrechen (anderweitig verwenden).

3 Fett in einer großen Pfanne erhitzen. Fischstäbchen bei mittlerer Hitze 5–8 Minuten darin goldbraun braten, dabei öfter wenden. Herausnehmen und auf Küchenpapier leicht abkühlen lassen.

4 Brottaschen etwas öffnen, mit Tomaten- und Gurkenscheiben sowie je 2–3 Fischstäbchen füllen. Jeweils etwas Joghurt-Soße in die Döner füllen, mit Petersilienblättchen garnieren.

ZUBEREITUNGSZEIT ca. 30 Min.
STÜCK ca. 320 kcal
15 g E · 11 g F · 38 g KH

Piraten-Schnitzel zu Tomatenreis

ZUTATEN FÜR 4 PERSONEN

- ½ Kopfsalat
- ½ Bund Schnittlauch
- 150 g Quark (20 % Fett)
- 4–5 EL Milch
- Salz • Pfeffer
- 1 mittelgroße Zwiebel
- 1 EL Butter/Margarine
- 200 g Langkorn-Reis
- 1 Packung (370 g) stückige Tomaten (z. B. mit Zwiebeln)
- 150 g TK-Erbsen
- 1 TL Gemüsebrühe
- 4 Schweineschnitzel (à ca. 125 g)
- 2 Scheiben (à ca. 30 g) gekochter Schinken
- 1 Ei
- 3 EL Mehl
- 4 EL Paniermehl
- 3–4 EL Öl
- 3 Scheiben (à ca. 30 g) Maasdamer-Käse
- 1 Gefrierbeutel • 4 Holzspieße

1 Salat putzen, waschen, trocken schütteln und etwas kleiner zupfen. Schnittlauch waschen und in Röllchen schneiden. Quark mit Milch und Schnittlauch verrühren, mit Salz und Pfeffer abschmecken. Kalt stellen.

2 Zwiebel schälen und fein würfeln. Im heißen Fett andünsten. Reis, Tomaten und Erbsen zugeben und kurz andünsten. ¼ l Wasser und Brühe zufügen, kurz aufkochen. Reis zugedeckt ca. 20 Minuten köcheln.

3 Schnitzel trocken tupfen. Nacheinander im Gefrierbeutel flach klopfen. Schinkenscheiben halbieren. Jeweils auf eine Hälfte der Schnitzel legen, andere Hälfte überklappen. Ei, 2 EL Wasser, Salz und Pfeffer verquirlen. Schnitzel zuerst im Mehl, dann im Ei, zuletzt im Paniermehl wenden.

4 Im heißen Öl von jeder Seite ca. 7 Minuten goldbraun braten. 2 Käsescheiben diagonal halbieren. Je eine Hälfte auf einem Spieß als Segel auf die Schnitzel stecken. Alles anrichten. Aus der übrigen Käsescheibe Fische ausstechen. Gericht damit garnieren.

ZUBEREITUNGSZEIT ca. 1 Std.
STÜCK ca. 660 kcal
49 g E · 20 g F · 67 g KH

Currywurst-Spieße mit Pommes

ZUTATEN FÜR 4 PERSONEN

- 2 Paprikaschoten (z. B. grün)
- 2 Zwiebeln
- 400 g Pommes frites (TK; für den Backofen)
- 4 grobe Bratwürste (à ca. 100 g)
- 4 EL Öl
- 8 Tomaten
- 1 Bund Petersilie
- 4 EL Essig
- Salz • Pfeffer
- 8 EL Tomatenketchup
- Curry
- evtl. Salatblätter
- 8 Holzspieße

1 Paprika waschen, putzen und in grobe Würfel schneiden. Zwiebeln schälen. 1 für die Vinaigrette beiseite legen, restliche Zwiebel in Spalten schneiden.

2 Pommes frites auf ein Backblech geben und im vorgeheizten Backofen (E-Herd: 200 °C/Umluft: 175 °C/Gas: Stufe 3) 18–20 Minuten backen.

3 Bratwürste in jeweils 6 Stücke schneiden, mit Paprika und Zwiebelspalten abwechselnd auf Spieße stecken. In 2 Pfannen je 1 EL Öl erhitzen. Spieße darin bei mittlerer Hitze ca. 10 Minuten braten, dabei öfter wenden.

4 Inzwischen Tomaten waschen und in Achtel schneiden. Restliche Zwiebel fein würfeln. Petersilie waschen und in feine Streifen schneiden. Essig mit Salz und Pfeffer verrühren und 2 EL Öl darunterschlagen. Den Ketchup mit Curry abschmecken. Tomaten und Vinaigrette mischen.

5 Pommes frites salzen und mit den Spießen auf Tellern anrichten. Tomatensalat auf Salatblättern anrichten und mit Petersilie bestreuen. Ketchup dazureichen.

ZUBEREITUNGSZEIT ca. 30 Min.
PORTION ca. 630 kcal
23 g E · 40 g F · 41 g KH

Apfel-Quark-Pfannkuchen

ZUTATEN FÜR 2 PERSONEN

- 100 g Magerquark
- 2 Eier
- 50 g Weizenmehl (z. B. Type 1050)
- ca. 5 EL Milch
- 1 TL Zucker
- Salz
- 1 großer säuerlicher Apfel
- 2 EL kernige Haferflocken
- 2 TL Öl
- 150 g Vanille-Joghurt
- evtl. Melisse zum Verzieren

1 Quark, Eier, Mehl, Milch, Zucker und 1 Prise Salz glatt rühren. Teig ca. 10 Minuten quellen lassen.

2 Apfel schälen, vierteln, entkernen und in dünne Spalten schneiden. Haferflocken in einer kleinen beschichteten Pfanne ohne Fett rösten, herausnehmen.

3 1 TL Öl in der Pfanne erhitzen. Die Hälfte Teig hineingeben, die Hälfte Apfelspalten darauf verteilen. Pfannkuchen bei mittlerer Hitze von jeder Seite 3–4 Minuten backen. Warm stellen. Auf die gleiche Weise einen zweiten Pfannkuchen backen.

4 Pfannkuchen mit je etwas Joghurt anrichten, mit Haferflocken bestreuen und mit Melisse verzieren. Rest Joghurt dazureichen.

ZUBEREITUNGSZEIT ca. 30 Min.
PORTION ca. 450 kcal
20 g E · 17 g F · 50 g KH

Genauso lecker

Wenn Ihre Kinder andere Früchte lieber essen – die Pfannkuchen lassen sich auch prima mit frischen Heidelbeeren, Pflaumen oder Kirschen zubereiten.

Süßer Pfannkuchen-Turm

ZUTATEN FÜR 4 PERSONEN

- 5 Eier (Gr. M)
- 2 Päckchen Vanillin-Zucker
- Salz
- 125 g Mehl
- 1 gestrichener TL Backpulver
- 200 ml Buttermilch
- ¼ l Milch
- 1 Päckchen Soßenpulver „Vanille" (ohne Kochen; für ¼ l Milch)
- 300–400 g Heidelbeeren
- 8 TL (40 g) Butter/Margarine
- 8 TL (40 g) Zucker

1 Eier, Vanillin-Zucker und 1 Prise Salz schaumig schlagen. Mehl und Backpulver mischen, darunterrühren. Unter Rühren nach und nach Buttermilch zugießen, alles glatt verrühren. Teig ca. 20 Minuten quellen lassen.

2 Milch in einen hohen Rührbecher geben. Soßenpulver unter Rühren einrieseln lassen, 1 Minute mit dem Schneebesen aufschlagen. Beeren waschen, verlesen. 1 TL Fett in einer kleinen beschichteten Pfanne erhitzen, ca. 1 Kelle Teig darin verteilen.

3 1–2 EL Beeren darauf verteilen, sodass sie in den Teig sinken. Bei schwacher bis mittlerer Hitze 2–3 Minuten backen. Dann wenden, weitere 2–3 Minuten backen.

4 Den Pfannkuchen mit 1 TL Zucker bestreuen, im Ofen (E-Herd: 100 °C/ Umluft: 75 °C/Gas: Stufe 1) auf einem Teller warm stellen. Auf diese Weise 7 weitere Pfannkuchen backen und zu einem Turm aufschichten. Mit der Vanillesoße servieren.

ZUBEREITUNGSZEIT ca. 1 ½ Std.
QUELLZEIT ca. 20 Min.
PORTION ca. 470 kcal
17 g E · 20 g F · 52 g KH

Campari-Pfirsich-Konfitüre

ZUTATEN FÜR 6 GLÄSER (À CA. 250 ML)

- 5 reife Pfirsiche (ca. 1 kg)
- 1 Bund/Töpfchen Zitronenmelisse
- ⅛ l Orangensaft
- ⅛ l Campari
- 1 Packung (1 kg) Gelierzucker 1 : 1

1 Pfirsiche kreuzweise einritzen. Mit kochendem Wasser überbrühen, abschrecken und die Haut abziehen. Pfirsiche entsteinen. 750 g Fruchtfleisch abwiegen und würfeln. Melisse waschen und trocken tupfen. Blättchen abzupfen.

2 Früchte, Saft und Campari in einen Topf geben. Gelierzucker unterrühren. Unter Rühren bei starker Hitze aufkochen. Ca. 4 Minuten sprudelnd kochen. Melisse unterrühren. Konfitüre in vorbereitete Twist-off-Gläser füllen, verschließen und ca. 5 Minuten auf den Deckel stellen. Umdrehen und auskühlen lassen.

ZUBEREITUNGSZEIT ca. 30 Min.
HÄLT SICH 2–3 Monate

Lieblings-Rezept der Redaktion
kochen & genießen

Das ganze Jahr ein Genuss!

Die bleiben bestimmt nicht lange im Vorratsschrank. Hübsch verpackt sind sie auch eine tolle Geschenkidee

Erdbeer-Himbeer-Marmelade

ZUTATEN FÜR 3 GLÄSER
À CA. 400 ML INHALT

- 600 g Erdbeeren
- 500 g Himbeeren
- 1 Vanilleschote
- 500 g Zucker
- 1 Beutel (25 g) „Gelfix Extra“ (2:1; für 1000 g Frucht)

1 Erdbeeren waschen, putzen und klein schneiden. Himbeeren verlesen, evtl. waschen. 1 kg Früchte abwiegen. Vanilleschote einritzen, Mark herausschaben. Mit der Vanilleschote, Früchten, Zucker und Gelierpulver in einem großen Topf mischen.

2 Alles unter Rühren aufkochen und unter ständigem Rühren mind. 3 Minuten sprudelnd kochen. Schoten entfernen. Konfitüre sofort in vorbereitete Twist-off-Gläser füllen und verschließen. Ca. 5 Minuten auf den Deckel stellen, umdrehen und auskühlen lassen.

ZUBEREITUNGSZEIT ca. 20 Min.
HÄLT SICH 6–9 Monate

Extra-Tipp

Achten Sie darauf, dass nur einwandfreie Früchte ins Glas wandern. Sollte die Beerensaison vorüber sein, können Sie auch TK-Früchte verwenden.

Aprikosen-Melonen-Konfitüre

ZUTATEN FÜR 4 GLÄSER (À CA. 400 ML)

- 1,2 kg Aprikosen
- 1 Cantaloupe-Melone (ca. 1 kg)
- evtl. 1 rote Chilischote
- 1 Bio-Zitrone
- 75 ml Zitronensaft
- 1 Packung (500 g) Gelierzucker 3 : 1

1 Aprikosen kreuzweise einritzen. Mit kochendem Wasser überbrühen, abschrecken und die Haut abziehen. Aprikosen entsteinen und würfeln. 1 kg abwiegen.

2 Melone vierteln, Kerne entfernen. Fruchtfleisch von der Schale schneiden und in Stücke schneiden. 500 g abwiegen. Chilischote längs aufschneiden, entkernen. Waschen und in feine Ringe schneiden. Zitrone waschen und in sehr dünne Scheiben schneiden.

3 Aprikosen, Melone, Zitronenscheiben, -saft und Gelierzucker in einen Topf geben und gut verrühren. Alles unter Rühren aufkochen. Chili zufügen. Mind. 3 Minuten sprudelnd kochen.

4 Konfitüre in vorbereitete Twist-off-Gläser füllen. Gläser sofort verschließen, 5 Minuten auf den Deckel stellen. Umdrehen und auskühlen lassen.

ZUBEREITUNGSZEIT ca. 40 Min.
HÄLT SICH 2–3 Monate

Damit sie haltbar bleiben

Füllen Sie die Gläser nie ganz, sondern nur bis 2 cm unter den Rand. So bleibt ausreichend Platz für das Vakuum.

Vor dem Verschließen der Gläser sollten Sie die Glasränder noch einmal sauber abwischen, damit Übergelaufenes entfernt wird und die Deckel gut schließen.

Kalt gerührte Erdbeer-Konfitüre

ZUTATEN FÜR 2 GLÄSER
(À CA. 200 ML)

- ca. 250 g Erdbeeren
- 1 Vanilleschote
- 1 Beutel (200 g) Gelierzauber (Gelierzucker für kaltgerührte Fruchtaufstriche ohne Kochen; für 200 g Früchte)

1 Erdbeeren waschen und putzen. 200 g abwiegen. Vanilleschote längs einritzen und das Mark herauskratzen.

2 Erdbeeren, Gelierzucker und Vanillemark in ein hohes Gefäß geben und mit dem Pürierstab ca. 1 Minute pürieren. In vorbereitete Gläser füllen und verschließen.

ZUBEREITUNGSZEIT ca. 25 Min.
HÄLT SICH IM KÜHLSCHRANK ca. 2 Wochen

Pikante Kombination

Würzen Sie Frischkäse doch mal mit etwas frisch gehacktem Basilikum und darauf die Erdbeermarmelade – einfach köstlich!

Aprikosen-Konfitüre mit weißer Schokolade

ZUTATEN FÜR 2 GLÄSER
À CA. 200 ML INHALT

- 75 g weiße Schokolade
- 250 g Aprikosen
- 1 Beutel (200 g) Gelierzauber
  (Gelierzucker für kalt gerührte
  Fruchtaufstriche ohne Kochen;
  für 200 g Früchte)

1 Schokolade fein hacken. Aprikosen waschen, halbieren, entsteinen und grob würfeln. 200 g abwiegen.

2 Aprikosen und Gelierzucker mit dem Stabmixer ca. 45 Sekunden pürieren. Schokolade unterrühren. In vorbereitete Twist-off-Gläser füllen und verschließen. Kühl aufbewahren und rasch verbrauchen.

ZUBEREITUNGSZEIT ca. 10 Min.
HÄLT SICH IM KÜHLSCHRANK ca. 2 Wochen

Extra-Tipp

Anstelle der weißen Schokolade können Sie auch dunkle Schokolade nehmen. Eine etwas herbere Note erhalten Sie durch Edelbitterschokolade mit einem höheren Kakaoanteil oder Schokolade mit Mokkageschmack.

Himbeer-Kirsch-Konfitüre

ZUTATEN FÜR 4 GLÄSER (À CA. 250 ML)

- 600 g Sauerkirschen
- 600 g Himbeeren
- 150 g weiße Schokolade
- 1 Packung (500 g) Gelierzucker 2 : 1

1 Kirschen waschen, entstielen, entsteinen. 500 g Fruchtfleisch abwiegen. Himbeeren verlesen, pürieren und durch ein Sieb streichen. Schokolade hacken.

2 Himbeerpüree und Kirschen in einen Topf geben und pürieren. Gelierzucker unterrühren und die Früchte unter Rühren aufkochen. Dann mind. 3 Minuten sprudelnd kochen.

3 Schokolade unterrühren. Konfitüre in vorbereitete Twist-off-Gläser füllen, sofort verschließen. 5 Minuten auf den Deckel stellen, dann umdrehen und auskühlen lassen.

ZUBEREITUNGSZEIT ca. 40 Min.
HÄLT SICH 2–3 Monate

Ein frisches Extra

Passt super zu Kirschmarmelade: einfach ein paar fein geschnittene Minzblättchen kurz vor Ende der Kochzeit unter die Früchte rühren.

Vanille-Quitten-Gelee

ZUTATEN FÜR 4 GLÄSER
À CA. 250 ML-INHALT

- **2 kg Quitten**
- **1 Vanilleschote oder 1–2 TL natürliches Vanillearoma**
- **1 Packung (500 g) Gelierzucker 2:1**

1 Quitten abreiben, waschen und klein schneiden. Mit 1 ½ l Wasser aufkochen. Zugedeckt ca. 1 Stunde köcheln.

2 Angefeuchtetes Mulltuch in ein großes Sieb legen. Quitten samt Flüssigkeit darauf gießen. Ca. 12 Stunden, z. B. über Nacht, abtropfen.

3 900 ml Saft abmessen. Vanilleschote einritzen, Mark herausschaben. Mit Saft, Vanilleschote und Gelierzucker im großen Topf verrühren. Bei starker Hitze aufkochen, unter ständigem Rühren 3 Minuten durch und durch sprudelnd kochen. Sofort in vorbereitete Twist-off-Gläser füllen, verschließen, ca. 5 Minuten auf den Deckel stellen. Umdrehen und auskühlen lassen.

ZUBEREITUNGSZEIT ca. 1 ½ Std.
WARTEZEIT ca. 12 Std.
HÄLT SICH 6–9 Monate

Geduld, Geduld

Bis das Gelee vollständig geliert ist, kann es bis zu 10 Tage dauern. Wenn es dann immer noch zu flüssig ist, einfach nochmals durchkochen – evtl.mit Zitronensäure oder Gelfix.

Zitronen-Ingwer-Gelee

ZUTATEN FÜR 3 GLÄSER
À CA. 450 ML

- 18–20 Zitronen (davon 2 Bio-Zitronen)
- 1 Stück (20 g) frischer Ingwer
- 1 kg Zucker
- 1 Beutel (25 g) „Gelfix Extra“ (2:1; für 1000 g Frucht)

1 2 Bio-Zitronen heiß waschen, trocken reiben. Längs halbieren und in dünne Scheiben schneiden. Restliche Zitronen auspressen und 900 ml Zitronensaft abmessen. Ingwer schälen und sehr fein würfeln oder reiben.

2 Ingwer und Zitronensaft in einem großen Topf mischen. 2 EL Zucker und Geliermittel mischen und darunterrühren. Unter ständigem Rühren bei starker Hitze aufkochen. Dann restlichen Zucker unterrühren und nochmals aufkochen. Zitronenstücke zugeben und alles 3 Minuten unter Rühren sprudelnd kochen lassen, evtl. abschäumen.

3 Gelee sofort randvoll in vorbereitete Twist-off-Gläser füllen und fest ver-schließen. Ca. 5 Minuten auf den Deckel stellen. Umdrehen und auskühlen lassen.

ZUBEREITUNGSZEIT ca. 30 Min.
HÄLT SICH 12 Monate

Rumtopf-Früchte im Glas

ZUTATEN PRO RUMTOPF-SCHICHT

- 500 g Früchte der Saison
- 250 g Zucker
- 54 %-iger Rum (für die 1. Schicht 0,7 l, für jede weitere ca. 200 ml)

1 Früchte waschen, putzen und gut trocknen. Im Rumtopf mit Zucker mischen, ca. 30 Minuten ziehen lassen. 0,7 l Rum darübergießen, sodass die Früchte bedeckt sind. Auf der Flüssigkeit schwimmende Früchte mit einer Untertasse beschweren. Evtl. Rum nachfüllen, damit alle Früchte stets bedeckt sind.

2 Für jede weitere Schicht 500 g vorbereitete Früchte mit 250 g Zucker mischen und ca. 30 Minuten ziehen lassen. In den Rumtopf geben und anschließend mit ca. 200 ml Rum bedecken. Topf mit Zellophan verschließen und an einen kühlen Ort stellen. Mind. 4 Wochen durchziehen lassen.

ZUBEREITUNGSZEIT je Schicht ca. 15 Min.
WARTEZEIT mind. 4 Wochen
HÄLT SICH ca. 6 Monate

Welche Früchte kommen wann in den Rumtopf?

JUNI	
Erdbeeren	evtl. halbieren
Stachelbeeren	rundum einstechen, damit der Rum eindringen kann
JULI	
Himbeeren	nur feste Früchte verwenden, nur waschen falls nötig
Kirschen	mit Stein einlegen, so bleiben sie in Form
JULI / AUGUST	
Aprikosen	blanchieren, häuten und entsteinen
AUGUST	
Brombeeren	waschen, falls nötig
Pfirsiche, Pflaumen Reineclauden	halbieren & entsteinen
SEPTEMBER / OKTOBER	
Birnen	halbieren & entsteinen

Soleier mit würzigen Dips

ZUTATEN FÜR 6–8 PERSONEN

- 1 mittelgroße Zwiebel
- Salz
- 3 Lorbeerblätter
- 1 TL Pfefferkörner
- 1 TL Kümmel
- 1–2 rote Chilischoten
- 12 Eier
- 200 g Schmand oder stichfeste saure Sahne
- 75 g Salatcreme
- 1–2 EL Weißwein-Essig
- 2 EL geriebener Meerrettich
- 2 EL mittelscharfer Senf
- 6 EL Ketchup
- 2 EL Chilisoße (Flasche)
- evtl. Kresse und grober Pfeffer

1 Zwiebel schälen und in Ringe schneiden. 1 l Wasser, 3 EL Salz, Gewürze, Chilischoten und Zwiebel aufkochen. Eier im Sud ca. 10 Minuten kochen.

2 Schalen der Eier leicht anschlagen, aber nicht entfernen. Eier in einem hohen Glas mit Sud bedeckt 2–3 Tage im Kühlschrank ziehen lassen.

3 Für die Dips Schmand, Salatcreme und Essig verrühren. Hälfte Creme mit Meerrettich, Hälfte mit Senf verrühren. Ketchup und Chilisoße verrühren. Meerrettichcreme mit Kresse, Senfcreme mit Pfeffer bestreuen. Dips zu den Eiern reichen.

ZUBEREITUNGSZEIT ca. 30 Min.
WARTEZEIT 2–3 Tage
HÄLT SICH (Soleier) ca. 1 Monat

Dreierlei Salat-Öle

Knoblauch-Olivenöl

ZUTATEN FÜR 1 FLASCHE
MIT CA. 500 ML INHALT

- 6–8 Knoblauchzehen
- je 5 grüne und schwarze Oliven mit Stein
- 2 TL getrocknete Kräuter der Provence
- ca. ½ l Öl (z. B. Olivenöl)

Knoblauch schälen. Mit Oliven und Kräutern in eine Glasflasche geben. Öl zugießen. Flasche schließen. Öl mind. 2 Wochen ziehen lassen.

ZUBEREITUNGSZEIT ca. 10 Min.
WARTEZEIT mind. 2 Wochen
HÄLT SICH 12 Monate

Kräuter-Öl

ZUTATEN FÜR 1 FLASCHE
MIT CA. 500 ML INHALT

- Kräuter nach Belieben (z. B. 1–2 Bund Thymian oder Majoran, 1 kleiner Zweig Rosmarin, 3–4 Lorbeerblätter)
- ca. ½ l Öl (z. B. Distelöl)

Kräuter waschen und trocken tupfen. In eine Flasche geben und mit dem Öl aufgießen. Die Flasche schließen. Öl mind. 2 Wochen ziehen lassen.

ZUBEREITUNGSZEIT ca. 10 Min.
WARTEZEIT mind. 2 Wochen
HÄLT SICH 12 Monate

Chili-Öl

ZUTATEN FÜR 1 FLASCHE
MIT CA. 500 ML INHALT

- 8 rote und 2 grüne Chilischoten
- ca. ½ l Öl (z. B. Sonnenblumenöl)

Chili waschen und trocken tupfen. Mit dem Öl in eine Flasche geben. Die Flasche schließen. Öl mind. 2 Wochen ziehen lassen.

ZUBEREITUNGSZEIT ca. 5 Min.
WARTEZEIT mind. 2 Wochen
HÄLT SICH 12 Monate

Käsewürfel in Chili-Kräuter-Marinade

ZUTATEN FÜR 2 GLÄSER
À CA. 250 ML INHALT

- 500 g mittelalter Gouda
- 2 Schalotten oder 1 kleine Zwiebel
- je 1 rote und grüne Chilischote
- 2–3 Zweige Rosmarin
- 2–3 Zweige Thymian
- je 50 g grüne und schwarze Oliven
- 1 EL Senfkörner
- 400 ml Sonnenblumenöl

1 Käse in mundgerechte Würfel schneiden. Schalotten schälen, Chili waschen und beides in feine Ringe schneiden. Kräuter waschen und trocken schütteln. Rosmarinnadeln abstreifen, Thymian hacken.

2 Käse, Chili, Schalotten, Kräuter, Oliven und Senfkörner in sorgfältig vorbereitete Gläser füllen. Mit Öl bedecken und die Gläser schließen. Am besten über Nacht ziehen lassen. Dazu passt frisches Baguette.

ZUBEREITUNGSZEIT ca. 20 Min.
WARTEZEIT ca. 12 Std.
HÄLT SICH IM KÜHLSCHRANK 7–10 Tage

Provenzalische Grillsoße

ZUTATEN FÜR 2 FLASCHEN
À CA. 500 ML INHALT

- 200 g Lauchzwiebeln
- 3 rote Paprikaschoten (ca. 750 g)
- 2 Auberginen (à ca. 300 g)
- 2 Knoblauchzehen
- 3 Stiele Rosmarin
- 250 g brauner Zucker
- 200 ml Weißwein-Essig
- 250 ml trockener Weißwein
- 1 Dose (425 ml) passierte Tomaten
- Salz • Pfeffer

1 Lauchzwiebeln, Paprika und Auberginen putzen, waschen und in feine Ringe bzw. Würfel schneiden. Knoblauch schälen und fein würfeln. Rosmarin waschen und die Nadeln abstreifen.

2 Alles in einen Topf geben und mit Zucker, Essig, Wein und Tomatenpüree mischen. Unter Rühren aufkochen. Ca. 35 Minuten bei starker Hitze einkochen lassen, dabei öfter umrühren. Soße mit Salz und Pfeffer abschmecken.

3 Flaschen mit Twist-off-Deckel heiß ausspülen und abtropfen lassen. Die heiße Soße einfüllen und die Flaschen sofort verschließen. Ca. 5 Minuten auf die Deckel stellen. Umdrehen und auskühlen lassen. Schmeckt gut zu gegrilltem Fleisch und Meeresfrüchten.

ZUBEREITUNGSZEIT ca. 1 Std.
HÄLT SICH 1 Monat

Quark-Schmarren mit Erdbeeren

ZUTATEN FÜR 2–3 PERSONEN

- 2 EL Mandelblättchen
- 500 g Erdbeeren • 2 EL Zucker
- 2 EL Orangenlikör oder -saft
- 3 Eier (Gr. M)
- 100 ml Milch • 200 g Magerquark
- Salz
- 100 g Mehl • ½ TL Backpulver
- 2 EL (20 g) Butter/Margarine
- Puderzucker zum Bestäuben
- evtl. Minze zum Garnieren

1 Mandeln ohne Fett goldbraun rösten, herausnehmen. Erdbeeren waschen, putzen, je nach Größe halbieren oder vierteln. Mit 1 EL Zucker und Likör mischen, ziehen lassen.

2 Eier trennen. Eigelb, Milch, Quark, 1 EL Zucker und 1 Prise Salz verrühren. Mehl und Backpulver mischen und unterrühren. Teig ca. 10 Minuten quellen lassen. Eiweiß steif schlagen und vorsichtig unterheben.

3 Fett portionsweise in einer großen beschichteten Pfanne erhitzen. ⅓ Teig hineingeben und von beiden Seiten goldbraun backen. Mit 2 Gabeln in Stücke reißen, noch ca. 1 Minute weiterbacken. Warm stellen. Übrige Schmarren ebenso backen. Mit Erdbeeren anrichten. Mit Mandeln und Puderzucker bestreuen und garnieren.

ZUBEREITUNGSZEIT ca. 50 Min.
PORTION ca. 480 kcal
23 g E · 18 g F · 51 g KH

Extra-Tipp

Der Schmarren schmeckt mit vielen Früchten der Saison, z. B. Himbeeren, Apfel- oder Pflaumenkompott – für Erwachsene evtl. mit Likör verfeinert.

Oh, wie verführerisch...

Sie sind die heimlichen Stars eines jeden Menüs: Lassen Sie sich Tiramisu, Mousse und Co. auf der Zunge zergehen!

Quark-Tiramisu mit Orange

ZUTATEN FÜR 6–8 PERSONEN

- 1–2 EL Espresso-Pulver (Instant) oder 100 ml kalter starker Kaffee
- 3 EL Amaretto-Likör
- 100 g Löffelbiskuits
- 500 g Speisequark (20 %)
- 500 g Mascarpone (italienischer Frischkäse)
- Saft von 1 Orange
- 4–5 EL Zucker
- 2 EL Kakao

1 Espresso-Pulver und 100 ml heißes Wasser verrühren. Abkühlen lassen und mit dem Likör mischen.

2 Löffelbiskuits nebeneinander in eine flache Form (ca. 15 x 28 cm) legen. Kaffee-Likör-Gemisch gleichmäßig darüberträufeln und ca. 10 Minuten einziehen lassen.

3 Für die Creme Quark, Mascarpone und Orangensaft glatt rühren. Mit Zucker abschmecken. Creme auf die Löffelbiskuits verteilen und wellenförmig verstreichen. Tiramisu mit Kakao bestäuben. Zugedeckt, am besten über Nacht, in den Kühlschrank stellen und durchziehen lassen. Dazu schmeckt ein Espresso.

ZUBEREITUNGSZEIT ca. 20 Min.
ABKÜHL-/KÜHLZEIT ca. 12 Std.
PORTION ca. 370 kcal
12 g E · 27 g F · 18 g KH

Lieblings-Rezept der Redaktion
kochen & genießen

Joghurt-Mousse-Becher

ZUTATEN FÜR 4 PERSONEN

- 3 Blatt weiße Gelatine
- 150 g Johannisbeer-Gelee
- 300 g Vollmilch-Joghurt
- 150 g Crème fraîche
- 1 TL Zitronensaft
- 1 frisches Eiweiß (Gr. M)
- 4 TL Schoko-Dessert-Röllchen (Vollmilch)

1 Gelatine in kaltem Wasser einweichen. Johannisbeer-Gelee, bis auf 4 TL, gut verrühren. Joghurt, Crème fraîche und Zitronensaft unterrühren.

2 Die Gelatine ausdrücken und bei schwacher Hitze auflösen. Erst mit etwas, dann mit übriger Joghurtmasse verrühren. Masse ca. 10 Minuten kalt stellen.

3 Eiweiß steif schlagen und unter die Joghurt-Masse heben. Mousse in 4 Dessertgläser füllen. Mind. 2 Stunden kalt stellen. Mit übrigem Gelee und Schoko-Röllchen verzieren.

ZUBEREITUNGSZEIT ca. 20 Min.
WARTEZEIT mind. 2 Std.
PORTION ca. 290 kcal
7 g E · 15 g F · 29 g KH

Mandel-Joghurt mit Beeren

ZUTATEN FÜR 4 PERSONEN

- 50–75 g gehackte Mandeln
- 400 g frische oder TK-Beeren (z. B. Erdbeeren, Himbeeren und Brombeeren)
- 500 g fettarmer Joghurt
- 1 Päckchen Vanillin-Zucker
- 2–3 EL Zucker
- 1–2 EL Zitronensaft
- 125 g Schlagsahne
- evtl. Eiswaffeln zum Verzieren

1 Mandeln goldbraun rösten. Herausnehmen und auskühlen lassen. Erdbeeren waschen, putzen und in Scheiben schneiden. Übrige Beeren verlesen, vorsichtig abspülen, abtropfen lassen. TK-Früchte auftauen.

2 Joghurt, Vanillin-Zucker und Hälfte Mandeln verrühren. Mit Zucker und Zitronensaft abschmecken.

3 Sahne steif schlagen und unter den Joghurt heben. In vier Dessertgläser füllen. Beeren darauf verteilen und mit restlichen Mandeln bestreuen. Mit Waffeln verzieren.

ZUBEREITUNGSZEIT ca. 20 Min.
PORTION ca. 300 kcal
9 g E · 19 g F · 22 g KH

Schnelle Fürst-Pückler-Creme

ZUTATEN FÜR 6 PERSONEN

- ½ l Milch
- 1 Beutel Cremepudding-Pulver „Schokolade" (ohne Kochen; für ½ l Milch)
- 50 g Schokoladenstreusel
- 200 g Schlagsahne
- 1 Päckchen Vanillin-Zucker
- 500 g Erdbeeren
- evtl. Melisse zum Verzieren

1 Milch und Cremepulver in einen hohen Rührbecher geben. Mit den Schneebesen des Handrührgerätes erst auf niedrigster Stufe verrühren. Dann auf höchster Stufe ca. 1 Minute cremig rühren. Schokoladenstreusel, bis auf 1 EL, unterheben. Creme in 6 Dessertgläser füllen und in den Kühlschrank stellen.

2 Sahne steif schlagen, Vanillin-Zucker dabei einrieseln lassen. Erdbeeren waschen, putzen und in Scheiben schneiden. Sahne und Erdbeeren auf der Schokoladencreme verteilen. Mit restlichen Schokoladenstreuseln bestreuen und mit Melisseblättchen verzieren.

ZUBEREITUNGSZEIT ca. 30 Min.
PORTION ca. 280 kcal
5 g E · 16 g F · 28 g KH

Vanille-Variante

Auch einen Versuch wert: einen Vanille-Pudding ohne Kochen zubereiten. Die Sahne mit Orangenschalen-Aroma abschmecken und beides mit Mandarinen aus der Dose in Gläser schichten.

Feigen-Krönchen mit Baisertupfen

ZUTATEN FÜR 4 PERSONEN

- 50 g Amarettini (ital. Kekse)
- 1 EL Butter
- 8 frische Feigen (à ca. 50 g)
- 1 Eiweiß
- Salz
- 2 gehäufte EL Zucker

1 Ofen vorheizen (E-Herd: 200 °C/Umluft: 175 °C/Gas: Stufe 3). Amarettini etwas zerbröseln. Butter schmelzen. Gut die Hälfte der Amarettini kurz darin schwenken. In eine Auflaufform geben. Feigen waschen und trocken tupfen. Die runde Seite jeweils flach schneiden. Feigen 4 x kreuzweise zu Krönchen einschneiden.

2 Eiweiß und 1 Prise Salz steif schlagen, dabei Zucker einrieseln lassen. Rest Amarettini unterheben. Feigen in die Form setzen und die Spitzen auseinanderdrücken. Je einen Klecks Baiser daraufgeben. Im heißen Backofen 5–6 Minuten goldbraun überbacken. Herausnehmen und sofort servieren.

ZUBEREITUNGSZEIT ca. 20 Min.
PORTION ca. 200 kcal
4 g E · 6 g F · 32 g KH

Einkaufs-Tipp

Frische Feigen sollen groß und halbweich sein. Es gibt grüne, hell-gelbe und rote bis violette Sorten. Je intensiver die Färbung, desto reifer und aromatischer ist das Fruchtfleisch. Haltbarkeit: im Gemüsefach des Kühlschranks ca. 3 Tage.

Gefüllte Papaya mit Rumsahne

ZUTATEN FÜR 4 PERSONEN

- 2 Papayas (à ca. 450 g)
- ½ reife Ananas
- 1 Kiwi
- 1 mittelgroße Banane
- 1 Sternfrucht (Karambole)
- 1 EL Zitronensaft
- 1 EL Zucker
- 1 EL Mandelblättchen
- 150 g Schlagsahne
- 1 Päckchen Vanillin-Zucker
- 2 EL Rum

1 Papayas halbieren, entkernen und etwas aushöhlen. Ananas schälen, vierteln und den Strunk entfernen. Ananas- und Papaya-Fruchtfleisch in Stücke schneiden. Kiwi schälen, halbieren und in Stücke schneiden. Banane schälen, Sternfrucht waschen und beides in Scheiben schneiden. Obst mit Zitronensaft und Zucker mischen.

2 Mandelblättchen ohne Fett rösten. Sahne halbsteif schlagen, Vanillin-Zucker dabei einrieseln lassen. Rum zugeben. Obstsalat in die Papayahälften verteilen. Mit Rumsahne und Mandeln anrichten.

ZUBEREITUNGSZEIT ca. 30 Min.
PORTION ca. 240 kcal
3 g E · 14 g F · 21 g KH

Extra-Tipp

Reife Papayas haben eine gelbe Schale und geben auf sanften Fingerdruck nach. Ihr Fruchtfleisch ist süß und schmeckt nach Melone, Aprikose und Himbeere. Noch leicht grüne Früchte reifen bei Zimmertemperatur nach.

Mohnnudeln mit Marillenkompott

ZUTATEN FÜR 4–6 PERSONEN

- 600 g mehligkochende Kartoffeln
- 30 g + 40 g Butter
- 75 g + etwas Mehl
- 75 g + 1 TL Speisestärke
- 1 Ei (Gr. M) • 1 EL Grieß • Salz
- 500 g frische Aprikosen (Marillen)
- 75 g + 2 EL Zucker
- 7 EL Marillen-Likör
- Saft von ½ Zitrone
- 50–75 g gemahlener Mohn
- ½ TL Zimt • 1 Msp. gemahlene Nelken
- Puderzucker zum Bestäuben

1 Kartoffeln waschen, ca. 20 Minuten kochen. Abschrecken, schälen und durch die Kartoffelpresse drücken. 30 g Butter zerlassen. Beides mit 75 g Mehl, 75 g Stärke, Ei, Grieß und 1 Prise Salz glatt verkneten. Evtl. noch etwas mehr Mehl unterkneten. Ca. 1 Stunde bei Zimmertemperatur ruhen lassen.

2 Aprikosen waschen und entsteinen. ¼ l Wasser, 75 g Zucker, Likör und Saft aufkochen. 1 TL Stärke und 4 EL Wasser glatt rühren. In die Flüssigkeit rühren und ca. 2 Minuten köcheln. Marillen darin ca. 1 Minute köcheln. Abkühlen lassen.

3 Aus dem Kartoffelteig auf etwas Mehl fingerdicke Rollen (ca. 7 cm lang) formen und an den Enden spitz formen. In reichlich kochendem, leicht gesalzenem Wasser ca. 10 Minuten gar ziehen lassen. Abtropfen lassen.

4 40 g Butter in einer großen Pfanne schmelzen. Mohn, 2 EL Zucker, Zimt und Nelken einrühren. Die Nudeln darin schwenken. Mit dem Kompott anrichten und mit Puderzucker bestäuben.
Getränk: Weißwein oder Marsala.

ZUBEREITUNGSZEIT ca. 1 ½ Std.
RUHEZEIT ca. 1 Std.
PORTION ca. 470 kcal
9 g E · 11 g F · 75 g KH

Beeren-Trifle mit Joghurtcreme

ZUTATEN FÜR 8 PERSONEN

- 4 Blatt weiße Gelatine
- 750 g Magermilch-Joghurt
- 200 g Crème fraîche
- 100 g Zucker
- 4 EL Zitronensaft
- 100 g Löffelbiskuits
- 300 g TK-Beeren-Mischung

1 Gelatine in kaltem Wasser einweichen. Joghurt, Crème fraîche, Zucker und Zitronensaft verrühren. Gelatine ausdrücken, bei schwacher Hitze auflösen. 2 EL Joghurt in die Gelatine rühren, dann Gelatine in die übrige Creme rühren.

2 Löffelbiskuits in kleine Stücke brechen. Mit 250 g gefrorenen Beeren und Creme abwechselnd in 8 Dessertgläser verteilen. Mind. 30 Minuten kalt stellen. Kurz vor dem Servieren mit den übrigen Beeren bestreuen.

Getränk: Espresso.

ZUBEREITUNGSZEIT ca. 20 Min.
KÜHLZEIT mind. 30 Min.
PORTION ca. 220 kcal
7 g E · 8 g F · 27 g KH

Extra-Tipps

Anstelle der Löffelbiskuits können Sie auch Amarettini verwenden.

Tauschen Sie den Naturjoghurt mal durch Frucht- oder Vanillejoghurt aus.

Geeistes Baileys-Parfait

ZUTATEN FÜR 6 PERSONEN

- 250 g + 150 g + 200 g Schlagsahne
- 3 frische Eier (Gr. M)
- 3 gehäufte EL Zucker
- 3/8 l Baileys Cream (Whiskey-Sahne-Likör)
- 2 EL brauner Rum
- 50 g Zartbitter-Schokolade
- 1 Würfel (25 g) weißes Plattenfett (z. B. Palmin)
- 1 gestrichener TL Kakao

1 250 g Sahne steif schlagen, kalt stellen. Eier und Zucker 12–15 Minuten im heißen Wasserbad mit den Schneebesen des Handrührgerätes dickschaumig aufschlagen. Dann im kalten Wasserbad schlagen, bis die Masse abgekühlt ist. Unter Schlagen Baileys und Rum langsam zufügen. Sahne portionsweise unterheben.

2 Masse in 6 hohe Trinkgläser füllen. Mindestens 6 Stunden, am besten über Nacht, ins Gefriergerät stellen.

3 Schokolade in Stücke brechen. Mit Plattenfett in 150 g Sahne unter Rühren bei schwacher Hitze schmelzen. Kakao einrühren. Abkühlen lassen.

4 Kurz vor dem Servieren 200 g Sahne halb steif schlagen. Baileys-Parfait mit Sahne und einem Klecks Schokoladensoße verzieren. Restliche Soße dazureichen.

ZUBEREITUNGSZEIT ca. 45 Min.
WARTEZEIT mind. 6 Std.
PORTION ca. 450 kcal
6 g E · 31 g F · 33 g KH

Salzburger Nockerln

ZUTATEN FÜR 4 PERSONEN

- Fett für die Form
- 4 Eier (Gr. M)
- 1 Päckchen Bourbon-Vanillezucker
- Salz
- 40 g + etwas Puderzucker
- 40 g Mehl

1 Boden einer flachen Auflaufform (ca. 26 cm lang) fetten. Den Backofen (E-Herd: 175 °C/Umluft: nicht geeignet/ Gas: Stufe 2) vorheizen.

2 Eier trennen. Eigelb und Vanillezucker cremig schlagen. Eiweiß und 1 Prise Salz steif schlagen, dabei 40 g Puderzucker einrieseln lassen. Vorsichtig unter die Eigelbmasse heben. Mehl daraufsieben und vorsichtig darunterheben.

3 3 große Nockerln mit der Teigkarte in die Form setzen. Im vorgeheizten Backofen 20–25 Minuten backen. Mit Puderzucker bestäuben, sofort servieren. Dazu: Zwetschenkompott.
Getränk: Obstbrand.

ZUBEREITUNGSZEIT ca. 45 Min.
PORTION ca. 180 kcal
9 g E · 7 g F · 20 g KH

Extra-Tipp

„Süß wie die Liebe und zart wie ein Kuss" – so muss das berühmte österreichische Dessert einem Operettenlied zufolge sein. Damit die empfindliche Pracht nicht zusammenfällt, den Ofen während des Backens geschlossen halten. Bitte auch nicht lange stehen lassen, sondern sofort servieren.

Erdbeer-Torte mit Vanillecreme

ZUTATEN FÜR CA. 16 STÜCKE

- etwas + 100 g weiche Butter
- 50 g + 125 g Zucker
- 3 Päckchen Vanillin-Zucker • Salz
- 2 Eier (Gr. M)
- 150 g Mehl
- ½ Päckchen Backpulver
- 3–4 EL Milch
- 75 g gehackte Mandeln
- 500 g Erdbeeren
- 500 g Magerquark • 500 g Mascarpone
- 2 EL Zitronensaft
- evtl. Amarettini, Puderzucker und Melisse zum Verzieren

1 Eine Springform (26 cm Ø) fetten. 100 g Butter, 50 g Zucker, 1 Vanillin-Zucker und 1 Prise Salz mit den Schneebesen des Handrührgerätes cremig rühren. Eier nacheinander darunterrühren. Mehl und Backpulver mischen und im Wechsel mit der Milch portionsweise kurz unterrühren. Mandeln darunterheben.

2 Teig in die Springform streichen. Im vorgeheizten Backofen (E-Herd: 200 °C/ Umluft: 175 °C/Gas: Stufe 3) 15–20 Minuten backen. Auskühlen lassen.

3 Erdbeeren waschen, putzen und halbieren. Quark, Mascarpone, 125 g Zucker, 2 Vanillin-Zucker und Zitronensaft nur kurz verrühren.

4 ¼ Mascarponecreme auf den Tortenboden streichen. Erdbeeren, bis auf 10 Hälften, darauf verteilen. Die übrige Creme daraufstreichen. Torte mit zerbröckelten Amarettini, Rest Erdbeeren, Puderzucker und Melisse verzieren.

ZUBEREITUNGSZEIT ca. 45 Min.
BACKZEIT 15–20 Min.
AUSKÜHLZEIT ca. 45 Min.
STÜCK ca. 340 kcal
9 g E · 22 g F · 24 g KH

Kuchen- & Torten-Hits

Backen begeistert – Ihre Kaffeegäste, weil's so verführerisch ist. Und Sie als Bäckerin, weil Sie so kreativ sein können

Aranca-Baiser-Torte

ZUTATEN FÜR CA. 16 STÜCKE

- etwas + 100 g weiche Butter
- 4 Eier (Gr. M)
- 100 g + 200 g Zucker
- Salz
- 125 g Mehl
- 2 gestrichene TL Backpulver
- 6 EL + 300 ml kalte Milch
- 2 EL Mandelblättchen
- 2 reife Nektarinen oder 4 Pfirsichhälften (Dose)
- 1 Päckchen Cremespeise-Pulver „Zitrone“ (für 200 ml Wasser und 150 g Joghurt; z. B. Aranca)
- evtl. Minze und Puderzucker

1 Eine Springform (26 cm Ø; ca. 8 cm hoch) fetten. Eier trennen. 100 g Butter, 100 g Zucker und 1 Prise Salz cremig rühren. Eigelb einzeln unterrühren. Mehl und Backpulver mischen und im Wechsel mit 6 EL Milch kurz unterrühren. In die Form streichen.

2 Eiweiß und 1 Prise Salz steif schlagen. Unter weiterem Schlagen 200 g Zucker einrieseln lassen und weiterschlagen, bis der Zucker vollständig gelöst ist. Auf den Teig streichen, dabei am Rand ca. 2 cm frei lassen. Mit Mandeln bestreuen. Im vorgeheizten Backofen (E-Herd: 175 °C/Umluft: 150°C/Gas: Stufe 2) ca. 30 Minuten backen (evtl. nach ca. 20 Minuten abdecken). Auskühlen lassen.

3 Den Tortenboden waagerecht halbieren. Einen Tortenring um unteren Boden schließen. Nektarinen waschen, halbieren, entsteinen und in feine Spalten schneiden. 300 ml Milch in einen hohen Rührbecher gießen. Cremespeise-Pulver auf einmal zufügen, mit dem Handrührgerät auf niedrigster Stufe kurz verrühren. Dann auf höchster Stufe ca. 3 Minuten schaumig schlagen.

4 Nacheinander Hälfte Creme, Nektarinen und Rest Creme auf dem unteren Tortenboden verteilen. Den 2. Boden daraufsetzen. Mind. 1 Stunde kalt stellen. Torte mit Minze verzieren und mit Puderzucker bestäuben.

ZUBEREITUNGSZEIT ca. 30 Min.
BACKZEIT ca. 30 Min.
AUSKÜHL-/KÜHLZEIT mind. 2 Std.
STÜCK ca. 220 kcal
4 g E · 8 g F · 32 g KH

Apfel-Käsekuchen mit Mandelkruste

ZUTATEN FÜR CA. 16 STÜCKE

- etwas + 4 EL (60 g) + 150 g Butter
- 1,2 kg (5–6 Stück) säuerliche Äpfel (z. B. Boskop)
- 6–7 leicht gehäufte EL + 100 g + 150 g Zucker
- abgeriebene Schale und Saft von 1 Bio-Zitrone
- 200 g Mehl
- Salz
- 250 g Crème fraîche
- 250 g Magerquark
- 3 Eier (Gr. M)
- 1 Päckchen Puddingpulver „Vanille“ (zum Kochen; für ½ l Milch)
- 2–3 EL Mandelblättchen
- Puderzucker zum Bestäuben

1 Eine Springform (26 cm Ø; ca. 8 cm hoch) fetten. Äpfel schälen, vierteln, entkernen und mit 1 EL Zucker bestreuen. 2 EL Butter, 2–3 EL Zucker und Zitronensaft im Topf erhitzen. Die Apfelstücke darin zugedeckt ca. 10 Minuten dünsten (sie sollen weich werden, aber nicht zerfallen), dabei zwischendurch öfter umrühren. Ca. 30 Minuten abkühlen lassen.

2 150 g Butter bei schwacher Hitze schmelzen. Mehl, 100 g Zucker und 1 Prise Salz in einer Schüssel mischen. Die flüssige Butter zugießen, alles mit den Knethaken des Handrührgerätes zu Streuseln verkneten. Als Boden in der Form verteilen und andrücken.

3 Crème fraîche, Quark, Eier, Puddingpulver, 150 g Zucker und Zitronenschale kurz verrühren. Äpfel abtropfen lassen und auf dem Teig verteilen. Crème-fraîche-Masse darauf streichen und mit Mandeln bestreuen. Im vorgeheizten Backofen (E-Herd: 175 °C/Umluft: 150 °C/Gas: Stufe 2) ca. 30 Minuten backen.

4 2 EL Butter in Flöckchen und 3 EL Zucker auf dem Kuchen verteilen. Ofen hochschalten (E-Herd: 200 °C/Umluft: 175 °C/Gas: Stufe 3) und den Kuchen ca. 20 Minuten weiterbacken. In der Form auskühlen lassen. Mit Puderzucker bestäuben.

ZUBEREITUNGSZEIT ca. 45 Min.
BACKZEIT ca. 50 Min.
AB-/AUSKÜHLZEIT mind. 4 ½ Std.
STÜCK ca. 350 kcal
6 g E · 17 g F · 41 g KH

** lässt sich prima einfrieren*

Kirsch-Joghurt-Torte

ZUTATEN FÜR CA. 16 STÜCKE

- 2 Eier (Gr. M) • Salz
- 75 g + 100 g Zucker
- 75 g Mehl • 1 Msp. Backpulver
- 12 Blatt weiße Gelatine
- 500 g frische Kirschen + 175 ml Kirschsaft oder 1 Glas (720 ml) Kirschen
- 750 g Magermilch-Joghurt
- 1 Päckchen Vanillin-Zucker
- 250 g Schlagsahne
- evtl. weiße Schokolade und Minze zum Verzieren • Backpapier

1 Springform (26 cm Ø) am Boden mit Backpapier auslegen. Eier trennen. Eiweiß, 2 EL kaltes Wasser und 1 Prise Salz steif schlagen, dabei 75 g Zucker einrieseln lassen. Eigelb einzeln darunter schlagen. Mehl und Backpulver daraufsieben, unterheben. In die Form streichen. Im vorgeheizten Ofen (E-Herd: 175 °C/ Umluft: 150 °C/Gas: Stufe 2) ca. 12 Minuten backen. Auskühlen lassen.

2 Um den Biskuit einen Tortenring (ca. 8 cm hoch) schließen. 2 und 10 Blatt Gelatine getrennt in kaltem Wasser einweichen. Kirschen waschen, ca. 5 zum Verzieren beiseite legen. Rest Kirschen entstielen, entsteinen (Glaskirschen abtropfen lassen, Saft dabei auffangen und 175 ml Saft davon abmessen.). Den Kirschsaft erwärmen (nicht kochen!). 2 Blatt Gelatine ausdrücken, darin auflösen. Auskühlen. Ca. 30 Minuten kalt stellen, bis er zu gelieren beginnt.

3 Joghurt, 100 g Zucker und Vanillin-Zucker verrühren. Sahne steif schlagen. 10 Blatt Gelatine ausdrücken und bei schwacher Hitze auflösen. 2 EL Joghurt einrühren und dann unter den übrigen Joghurt rühren. Sahne darunterheben.

4 Eine dünne Schicht Joghurtcreme auf den Biskuit streichen. Kirschen darauf verteilen. Rest Creme daraufstreichen. Den gelierenden Kirschsaft in großen Klecksen darauf geben und sofort mit einer Gabel marmorartig durch die obere Cremeschicht ziehen. Ca. 5 Stunden kalt stellen. Von der Schokolade mit einem Sparschäler feine Späne abziehen. Die Torte mit Minze, Kirschen und Schokospänen verzieren.

ZUBEREITUNGSZEIT ca. 40 Min.
BACKZEIT ca. 12 Min.
AUSKÜHL-/KÜHLZEIT ca. 6 Std.
STÜCK ca. 170 kcal
5 g E · 6 g F · 23 g KH

Birnen-Schokotorte mit Baiserhaube

ZUTATEN FÜR CA. 16 STÜCKE

- Fett und Mehl für die Form
- 1 Dose (850 ml) Birnen
- 150 g Zartbitter-Kuvertüre
- 4 Eier (Gr. M)
- 125 g weiche Butter/Margarine
- 100 g + 125 g Zucker
- 1 Päckchen Vanillin-Zucker
- 2 TL Lebkuchen-Gewürz
- Salz • 150 g Mehl
- 50 g Speisestärke
- 1 gehäufter EL (15 g) Kakao
- ½ Päckchen Backpulver
- 3 EL Milch
- Puderzucker zum Bestäuben

1 Springform (26 cm Ø; ca. 8 cm hoch) fetten, mit Mehl ausstäuben. Birnen abtropfen lassen. Kuvertüre grob hacken, 100 g im heißen Wasserbad schmelzen. Ca. 5 Minuten abkühlen lassen.

2 2 Eier trennen. Fett, 100 g Zucker, Vanillin-Zucker, Lebkuchen-Gewürz und 1 Prise Salz cremig rühren. Die flüssige Kuvertüre nach und nach, dann 2 Eigelb und 2 Eier einzeln unterrühren. Mehl, Stärke, Kakao und Backpulver mischen, im Wechsel mit der Milch kurz unterrühren. In die Form streichen.

3 Birnenhälften mit der Wölbung nach oben auf den Teig legen und leicht hineindrücken. Im vorgeheizten Backofen (E-Herd: 175 °C/Umluft: 150 °C/Gas: Stufe 2) auf der untersten Schiene (Gas: s. Herdhersteller) zunächst ca. 30 Minuten backen.

4 2 Eiweiß und 1 Prise Salz steif schlagen, dabei 125 g Zucker einrieseln lassen. Wellenartig auf den heißen Kuchen streichen, am Rand ca. 1 cm frei lassen. Ca. 25 Minuten weiterbacken. In der Form auskühlen lassen.

5 50 g Kuvertüre hacken, im Wasserbad schmelzen. Mit einem Löffel auf den Kuchen klecksen und trocknen lassen. Mit Puderzucker bestäuben.

ZUBEREITUNGSZEIT ca. 45 Min.
BACKZEIT ca. 55 Min.
AUSKÜHLZEIT ca. 2 Std.
STÜCK ca. 270 kcal
4 g E · 12 g F · 35 g KH

* *lässt sich prima einfrieren*

Eiskaffee-Torte mit Amarettini

ZUTATEN FÜR CA. 16 STÜCKE

- Fett für die Form
- 125 g weiche Butter
- 100 g Zucker
- Salz
- 3 Eier (Gr. M)
- 125 g Mehl
- 2 gestrichene TL Backpulver
- 3 Bananen
- 2 EL Zitronensaft
- 500 g Schlagsahne
- 2 Päckchen Sahnefestiger
- 2 Päckchen Vanillin-Zucker
- 1 Beutel Eiskaffee-Pulver (z. B. Nescafé frappé; Typ Eiskaffee)
- evtl. Amarettini und Kakao zum Verzieren

1 Springform (26 cm Ø) fetten. Butter, Zucker und 1 Prise Salz cremig rühren. Eier einzeln unterrühren. Mehl und Backpulver mischen und kurz unterrühren. Teig in die Form streichen. Im vorgeheizten Backofen (E-Herd: 175 °C/Umluft: 150 °C/Gas: Stufe 2) ca. 25 Minuten backen. Auskühlen lassen.

2 Bananen schälen, längs halbieren und mit Zitronensaft beträufeln. Sahne steif schlagen, dabei Sahnefestiger, Vanillin-Zucker und Eiskaffee-Pulver einrieseln lassen.

3 Bananen auf dem Tortenboden verteilen. Die Eiskaffee-Sahne daraufstreichen. Torte mit Amarettini verzieren und mit Kakao bestäuben.

ZUBEREITUNGSZEIT ca. 25 Min.
BACKZEIT ca. 25 Min.
AUSKÜHLZEIT ca. 1 Std.
STÜCK ca. 270 kcal
3 g E · 18 g F · 22 g KH

Herrlich aromatisch

Der Boden erhält ein extra feines Aroma und wird noch saftiger, wenn Sie ihn mit 5 EL Kaffee- oder Amaretto-Likör beträufeln. Ohne Alkohol geht's aber auch: mit Kakao oder Orangensaft. Sie können den Boden auch einfrieren und erst nach dem Auftauen so aromatisieren.

Geschichtete Sieben-Tage-Torte

ZUTATEN FÜR CA. 16 STÜCKE

- Fett für die Form
- 6 Eier (Gr. M)
- 375 g weiche Butter/Margarine
- 375 g Zucker
- 375 g Mehl
- 6 EL Mandelblättchen
- 100 g Himbeer-Konfitüre
- 2 Becher (à 250 g) Schmand
- 100 g Aprikosen-Konfitüre
- 1 Päckchen Vanillin-Zucker
- ca. 1 EL Puderzucker
- Klarsichtfolie

1 Eine Springform (26 cm Ø) fetten. Eier trennen. Fett und Zucker cremig rühren. Eigelb einzeln, dann Mehl darunterrühren. Eiweiß steif schlagen. ¾ Eischnee unter den Teig rühren und dann den Rest Eischnee darunterheben.

2 ⅕ Teig in die Springform streichen. Mit 1 EL Mandelblättchen bestreuen. Im vorgeheizten Backofen (E-Herd: 200 °C/Umluft: 175 °C/Gas: Stufe 3) ca. 10 Minuten backen. Sofort aus der Springform lösen und mit der Hälfte Himbeer-Konfitüre und 3 EL (ca. 60 g) Schmand bestreichen. Auskühlen lassen.

3 Auf gleiche Weise 4 weitere Tortenböden backen. Sofort aus der Form lösen. 1 Boden sofort mit der übrigen Himbeer-Konfitüre und 3 EL Schmand, 2 Böden sofort mit je einer Hälfte Aprikosen-Konfitüre und 3 EL Schmand bestreichen. Den letzten Boden nicht bestreichen. Alle Böden auskühlen lassen.

4 Die rot und gelb bestrichenen Böden abwechselnd aufeinander stapeln und mit dem letzten Boden abschließen. In die Folie hüllen. Über Nacht kalt stellen.

5 1 EL Mandelblättchen ohne Fett rösten, auskühlen lassen. Rest Schmand und Vanillin-Zucker leicht aufschlagen. Auf die Torte streichen. Mit den Mandelblättchen bestreuen und mit Puderzucker bestäuben.

ZUBEREITUNGSZEIT ca. 1 ½ Std.
WARTEZEIT ca. 13 Std.
STÜCK ca. 510 kcal
7 g E · 30 g F · 50 g KH

In Alufolie oder einer festen Box ca. 7 Tage kühl lagern oder max. 2 Monate einfrieren.

Extra-Tipp

Diese Torte ist am 3. Tag besonders gut durchgezogen und bleibt auch noch bis zum 7. Tag saftig.

Baileys-Nuss-Gugelhupf

ZUTATEN FÜR CA. 20 STÜCKE

- Fett und Paniermehl für die Form
- 2 EL lösliches Cappuccino-Pulver
- 100 g Walnusskerne
- 200 g Zartbitter-Schokolade
- 150 g Mehl
- 100 g Speisestärke
- 1 Päckchen Backpulver
- 5 Eier (Gr. M)
- 250 g Puderzucker
- ¼ l Sonnenblumenöl
- ⅛ l Whiskey-Sahne-Likör (z. B. Baileys Cream)
- 75 g + 150 g Halbbitter-Kuvertüre
- evtl. Puderzucker zum Bestäuben

1 Gugelhupfform (22 cm Ø; ca. 2,5 l Inhalt) fetten und mit Paniermehl ausstreuen. Cappuccino-Pulver in 100 ml heißem Wasser auflösen, auskühlen. Nüsse mahlen. Schokolade fein hacken. Mehl, Stärke und Backpulver mischen und sieben. Nüsse untermischen.

2 Eier und Puderzucker mit den Schneebesen des Handrührgerätes ca. 7 Minuten schaumig schlagen. Öl und Likör unter weiterem Schlagen langsam zugießen. Die Mehl-Nussmischung im Wechsel mit dem Cappuccino portionsweise kurz unterrühren. Schokolade kurz unterheben.

3 In die Gugelhupfform streichen und im vorgeheizten Backofen (E-Herd: 175 °C/Umluft: 150 °C/Gas: Stufe 2) 1–1¼ Stunden backen.

4 Den Gugelhupf ca. 10 Minuten abkühlen lassen. Dann aus der Form stürzen und vollständig auskühlen lassen.

5 75 g Kuvertüre grob hacken und im heißen Wasserbad schmelzen. Dünn auf eine glatte Fläche (z. B. eine Marmorplatte, eine Porzellanplatte oder die Rückseite eines Backblechs) streichen und trocknen lassen. Dann die Kuvertüreschicht mit einem Spachtel abhobeln.

6 150 g Kuvertüre grob hacken und im heißen Wasserbad schmelzen. Den Kuchen damit überziehen. Schokospäne sofort darauf verteilen. Guss trocknen lassen. Gugelhupf vor dem Servieren evtl. mit Puderzucker bestäuben.

ZUBEREITUNGSZEIT ca. 2 Std.
WARTEZEIT ca. 2 Std.
STÜCK ca. 400 kcal
5 g E · 25 g F · 35 g KH

* *lässt sich prima einfrieren*

Amarettini-Schnitten mit Aprikosen

ZUTATEN FÜR CA. 10 STÜCKE

- 3 Eier (Gr. M)
- Salz
- 125 g Zucker
- 125 g Mehl
- 1 ½ gestrichene TL Backpulver
- 100 g Amarettini
- 1 Dose (850 ml) Aprikosen
- 450 g Crème fraîche
- 4 EL + etwas Puderzucker
- Backpapier

1 Backblech (ca. 35 x 40 cm) mit Backpapier auslegen. Eier trennen. Eiweiß und 1 Prise Salz steif schlagen, dabei Zucker einrieseln. Eigelb einzeln darunterschlagen. Mehl und Backpulver daraufsieben und unterheben.

2 Biskuit aufs Blech streichen, Amarettini daraufstreuen und dabei leicht in den Biskuit drücken. Im vorgeheizten Backofen (E-Herd: 200 °C/Umluft: 175 °C/Gas: Stufe 3) ca. 12 Minuten backen. Auskühlen lassen.

3 Aprikosen abtropfen lassen. Crème fraîche und 4 EL Puderzucker mit einem Löffel nur kurz verrühren (wird sonst dünnflüssig). Biskuit 1x quer halbieren. Hälfte Creme auf eine Biskuit-Platte streichen. Aprikosen darauf verteilen. Übrige Creme daraufstreichen. 2. Platte darauflegen. Mit Puderzucker bestäuben.

ZUBEREITUNGSZEIT ca. 20 Min.
BACKZEIT ca. 12 Min.
AUSKÜHLZEIT ca. 30 Min.
STÜCK ca. 290 kcal
4 g E · 14 g F · 36 g KH

** lässt sich prima einfrieren*

Apfel-Bauerntarte

ZUTATEN FÜR CA. 16 STÜCKE

- Fett und Paniermehl für die Form
- 100 g + 1 EL weiche Butter
- 150 g + 50 g + 1–2 EL Zucker
- Salz
- abgeriebene Schale und 3 EL Saft von 1 Bio-Zitrone
- 5 Eier (Gr. M)
- 50 g + 75 g Crème double oder Crème fraîche
- 150 g Mehl
- 1 gestrichener TL Backpulver
- 1 kg säuerliche Äpfel
- 1 Päckchen Vanillin-Zucker
- 1½ EL (30 g) Aprikosen-Konfitüre
- 3 EL Mandelblättchen
- Puderzucker zum Bestäuben

1 Eine Tarteform (26 cm Ø; ca. 4,5 cm Rand) oder Springform (26 cm Ø) fetten und mit Paniermehl ausstreuen. 100 g Butter, 150 g Zucker, 1 Prise Salz und Zitronenschale mit den Schneebesen des Handrührgerätes cremig rühren. 2 Eier einzeln, dann 50 g Crème double unterrühren. Mehl und Backpulver mischen, kurz darunterrühren. In die Form streichen.

2 Äpfel schälen, vierteln, entkernen und grob raspeln (wenn sich dabei Saft gebildet hat, diesen abtropfen lassen). Äpfel mit Zitronensaft mischen.

3 75 g Crème double, 3 Eier, 50 g Zucker und Vanillin-Zucker verrühren. Mit den Apfelraspeln mischen. Auf dem Teig verteilen und mit 1–2 EL Zucker bestreuen. Im vorgeheizten Backofen (E-Herd: 200 °C/Umluft: 175 °C/Gas: Stufe 3) 30–35 Minuten backen.

4 Konfitüre und 1 EL Butter erwärmen und durch ein Sieb streichen. Vorsichtig auf den heißen Kuchen streichen. Bei gleicher Temperatur ca. 10 Minuten weiterbacken. Auskühlen lassen.

5 Mandelblättchen ohne Fett rösten und auskühlen lassen. Kuchen damit bestreuen und mit Puderzucker bestäuben.

ZUBEREITUNGSZEIT ca. 50 Min.
BACKZEIT 40–45 Min.
AUSKÜHLZEIT ca. 2 Std.
STÜCK ca. 270 kcal
4 g E · 13 g F · 32 g KH

Krokant-Käsekuchen mit Pflaumen

ZUTATEN FÜR CA. 16 STÜCKE

- Fett und Mehl für die Form
- 150 g + etwas Mehl
- 50 g + 175 g + 100 g Zucker
- 2 Päckchen Vanillin-Zucker
- Salz
- 7 Eier (Gr. M)
- 75 g kalte Butter
- 600 g Pflaumen/Zwetschen
- 2 EL Paniermehl
- 1 kg Magerquark
- 150 g + 50 g Schlagsahne
- 1 Päckchen Puddingpulver „Vanille" (zum Kochen; für ½ l Milch)
- 100 g Walnusskerne

1 Springform (26 cm Ø; ca. 8 cm hoch) fetten und mit Mehl ausstäuben. 150 g Mehl, 50 g Zucker, 1 Vanillin-Zucker, 1 Prise Salz, 1 Ei und Butter in Stückchen erst mit dem Handrührgerät, dann kurz mit den Händen glatt verkneten. Zugedeckt ca. 30 Minuten kalt stellen.

2 Pflaumen waschen, entstielen, halbieren und entsteinen. Den Mürbeteig auf etwas Mehl rund (26 cm Ø) ausrollen. Auf den Boden der Springform legen und mit Paniermehl bestreuen.

3 6 Eier, 175 g Zucker, 1 Vanillin-Zucker und 1 Prise Salz 4–5 Minuten schaumig schlagen. Quark, 150 g Sahne und Puddingpulver unterrühren. ⅓ Käsemasse in die Form streichen. ⅔ Pflaumen daraufstreuen. Rest Käsemasse und dann Rest Pflaumen darauf verteilen. Im vorgeheizten Backofen (E-Herd: 175 °C/ Umluft: 150 °C/Gas: Stufe 2) ca. 1 Stunde backen.

4 Nüsse grob hacken. 100 g Zucker in einer großen Pfanne goldgelb karamellisieren. 50 g Sahne zugießen und unter Rühren köcheln, bis sich der Karamell gelöst hat. Sofort Nüsse unterrühren und auf dem heißen Kuchen verteilen. Ca. 5 Minuten weiterbacken. In der Springform ca. 4 Stunden auskühlen lassen.

ZUBEREITUNGSZEIT ca. 1 ¼ Std.
KÜHL-/AUSKÜHLZEIT ca. 5 ½ Std.
BACKZEIT ca. 65 Min.
STÜCK ca. 330 kcal
14 g E · 13 g F · 38 g KH

Rahm-Käsekuchen mit Rosinen

ZUTATEN FÜR CA. 12 STÜCKE

- 150 g Mehl • 1 Msp. Backpulver
- 50 g + 150 g Zucker
- 1 Päckchen Vanillin-Zucker
- Salz
- 75 g kalte + 75 g weiche Butter/Margarine
- 5 Eier (Gr. M)
- Fett für die Form
- Mehl zum Ausrollen
- 100 g Rosinen
- abgeriebene Schale von 1 Bio-Zitrone
- 750 g Magerquark
- 125 g Schlagsahne
- 2 gehäufte EL (30 g) Speisestärke
- Puderzucker zum Bestäuben

1 Mehl, Backpulver, 50 g Zucker, Vanillin-Zucker, 1 Prise Salz, 75 g Fett in Stückchen und 1 Ei erst mit den Knethaken des Handrührgerätes und dann kurz mit den Händen glatt verkneten. Ca. 30 Minuten kalt stellen.

2 Boden einer Springform (26 cm Ø) und den Formrand (ca. 8 cm hoch) fetten. Teig mit etwas Mehl bestäuben und auf dem Formboden ausrollen. Mit einer Gabel mehrmals einstechen. Den Formrand um den Formboden schließen. Im vorgeheizten Ofen (E-Herd: 200 °C/Umluft: 175 °C/Gas: Stufe 3) ca. 15 Minuten backen. Auskühlen lassen.

3 Rosinen waschen, abtropfen. 4 Eier trennen. 75 g Fett, 150 g Zucker und Zitronenschale cremig rühren. 4 Eigelb, Quark, Sahne und Stärke unterrühren. 4 Eiweiß und 1 Prise Salz steif schlagen und unter die Quarkmasse heben. Die Rosinen darunterziehen. In die Springform streichen.

4 Im vorgeheizten Ofen (E-Herd: 175 °C/Umluft: 150 °C/Gas: Stufe 2) ca. 1¼ Stunden backen. Aus der Form lösen, evtl. mit der oberen Seite nach unten auf einem Kuchengitter auskühlen lassen. Vor dem Servieren mit Puderzucker bestäuben.

ZUBEREITUNGSZEIT ca. 40 Min.
KÜHL-/AUSKÜHLZEIT ca. 5 Std.
BACKZEIT ca. 1 ½ Std.
STÜCK ca. 360 kcal
13 g E · 17 g F · 37 g KH

** lässt sich prima einfrieren*

Käse-Sahne-Torte mit Baiser

ZUTATEN FÜR CA. 16 STÜCKE

- Fett für die Form
- 4 Eier (Gr. M)
- 125 g weiche Butter/Margarine
- 125 g + 100 g Zucker
- 1 Päckchen Vanillin-Zucker
- Salz
- 150 g Mehl
- ½ Päckchen Backpulver
- 4–6 EL Milch
- 200 g + etwas Puderzucker
- 6 Blatt weiße Gelatine
- 250 g Schlagsahne
- 500 g Magerquark
- abgeriebene Schale und Saft von 1 Bio-Zitrone
- 200 g Pflaumenmus (Glas)

1 Eine Springform (26 cm Ø) fetten. Eier trennen. Fett, 125 g Zucker, Vanillin-Zucker und 1 Prise Salz cremig rühren. Eigelb einzeln unterrühren. Mehl und Backpulver mischen und im Wechsel mit der Milch kurz unterrühren.

2 Hälfte Teig in die Form streichen. Eiweiß und 1 Prise Salz steif schlagen, dabei 200 g Puderzucker einrieseln lassen. Hälfte Eischnee leicht wellenförmig auf den Teig streichen. Im vorgeheizten Backofen (E-Herd: 175 °C/ Umluft: 150 °C/Gas: Stufe 2) ca. 25 Minuten backen. Auskühlen lassen. Rest Teig und Eischnee auf die gleiche Weise backen.

3 Gelatine in kaltem Wasser einweichen. Sahne steif schlagen. Quark, 100 g Zucker und Zitronenschale verrühren. Gelatine ausdrücken und bei schwacher Hitze auflösen, Zitronensaft löffelweise einrühren. Unter die Quarkmasse rühren. Sahne unterheben.

4 Einen Tortenring oder Springformrand um einen Tortenboden legen. Erst Pflaumenmus, dann Quark-Sahne daraufstreichen. 2. Boden darauflegen. Ca. 4 Stunden kalt stellen. Mit Puderzucker bestäuben.

ZUBEREITUNGSZEIT ca. 25 Min.
BACKZEIT ca. 50 Min.
AUSKÜHLZEIT ca. 1 Std.
KÜHLZEIT ca. 4 Std.
STÜCK ca. 330 kcal
8 g E · 13 g F · 42 g KH

Zitronen-Krokant-Rolle

ZUTATEN FÜR CA. 12 STÜCKE

- 4 Eier (Gr. M) • Salz
- 125 g + 3 EL + 75 g Zucker
- 100 g Mehl • 50 g Speisestärke
- 1 leicht gehäufter TL Backpulver
- 100 g Haselnuss-Krokant
- 250 g + 3 EL rote Konfitüre
- 8 Blatt weiße Gelatine
- 250 g + 125 g Schlagsahne
- 500 g Magerquark
- abgeriebene Schale und Saft von 2 Bio-Zitronen
- 2 Bio-Zitronenscheiben und Puderzucker zum Verzieren • Backpapier

1 Backblech (ca. 35 x 40 cm) mit Backpapier auslegen. Eier trennen. Eiweiß, 4 EL kaltes Wasser und 1 Prise Salz steif schlagen, dabei 125 g Zucker einrieseln lassen. Eigelb nacheinander darunterschlagen. Mehl, Stärke und Backpulver daraufsieben und unterheben. Krokant, bis auf 1–2 EL, darunterheben. Aufs Backblech streichen. Im vorgeheizten Ofen (E-Herd: 200 °C/Umluft: 175 °C/Gas: Stufe 3) ca. 10 Minuten backen.

2 Biskuit auf ein mit 3 EL Zucker bestreutes Geschirrtuch stürzen und das Backpapier sofort abziehen. 250 g Konfitüre glatt rühren und auf den warmen Biskuit streichen. Auskühlen lassen.

3 Gelatine kalt einweichen. 250 g Sahne steif schlagen. Quark, 75 g Zucker und Zitronenschale verrühren. Gelatine ausdrücken, bei schwacher Hitze auflösen. 3 EL Zitronensaft einrühren, dann unter den übrigen Saft rühren. Unter die Quarkmasse rühren. Sahne sofort darunterheben, ca. 10 Minuten kalt stellen.

4 Quarkcreme auf den Biskuit streichen, rundum ca. 1 ½ cm frei lassen. Biskuit mithilfe des Tuches von der Längsseite her aufrollen. Mind. 4 Stunden kalt stellen.

5 3 EL Konfitüre erwärmen und durch ein Sieb streichen. Zitronenscheiben in Ecken schneiden. 125 g Sahne steif schlagen. Rolle in schräge Stücke schneiden. Mit Puderzucker, Sahne, Konfitüre, Zitrone und Rest Krokant verzieren.

ZUBEREITUNGSZEIT ca. 1 ¼ Std.
BACKZEIT ca. 10 Min.
AUSKÜHL-/KÜHLZEIT mind. 5 Std.
STÜCK ca. 400 kcal
11 g E · 14 g F · 54 g KH

* *lässt sich prima einfrieren*

Schwarzwälder Kirsch-Windbeutel

ZUTATEN FÜR CA. 14 STÜCK

- 1 Glas (720 ml) Kirschen
- 25 g Speisestärke
- ⅛ l Milch • 100 g Butter • Salz
- 200 g Mehl • 4 Eier (Gr. M)
- 300 g Schlagsahne
- 1 Päckchen Sahnefestiger
- 1–2 Päckchen Vanillin-Zucker
- evtl. 1–2 EL Kirschwasser
- 50 g Zartbitter-Kuvertüre
- Puderzucker zum Bestäuben
- Backpapier
- 1 kleiner Plastikbeutel

1 Kirschen abtropfen lassen, Saft dabei auffangen. Stärke und 3 EL kaltes Wasser verrühren. Saft aufkochen. Stärke einrühren, aufkochen. Kirschen darunterheben. Auskühlen lassen.

2 Backofen vorheizen (E-Herd: 225 °C/ Umluft: 200 °C/Gas: Stufe 4). Ein niedriges ofenfestes Förmchen oder eine Tasse mit heißem Wasser auf den Ofenboden stellen. 2 Backbleche mit Backpapier auslegen.

3 Milch, ⅛ l Wasser, Butter in Stückchen und 1 Prise Salz aufkochen. Mehl auf einmal zugeben und mit einem Kochlöffel rühren, bis sich der Teig als Kloß vom Topfboden löst und sich dort ein weißer Film bildet. Vom Herd ziehen. Sofort 1 Ei mit den Knethaken des Handrührgerätes darunterkneten. Ca. 10 Minuten abkühlen lassen. Dann 3 Eier nacheinander mit dem Handrührgerät darunterkneten.

4 Teig in einen Spritzbeutel mit großer Sterntülle füllen. Auf jedes Blech 7 Tuffs (6–7 cm Ø) mit genügend Abstand spritzen. Nacheinander ca. 25 Minuten backen. Sofort mit einer Schere aufschneiden. Auskühlen lassen.

5 Sahne steif schlagen, dabei Sahnefestiger und Vanillin-Zucker einrieseln. Kirschwasser unterheben. Böden mit Kirschen und Sahne füllen. Kuvertüre grob hacken, im Plastikbeutel in heißem (nicht kochendem) Wasser schmelzen. Vom Beutel unten eine kleine Ecke abschneiden, Streifen auf die Sahne spritzen. Die Deckel daraufsetzen und mit Puderzucker bestäuben.

ZUBEREITUNGSZEIT ca. 1 Std.
BACKZEIT PRO BLECH ca. 25 Min.
AUS-/ABKÜHLZEIT ca. 40 Min.
STÜCK ca. 290 kcal
5 g E · 18 g F · 26 g KH

Holländischer Nusskuchen

ZUTATEN FÜR CA. 18 SCHEIBEN

- Fett und Paniermehl für die Form
- 6 Eier (Gr. M)
- 250 g weiche Butter/Margarine
- 250 g + 100 g Zucker • Salz
- 300 g Mehl • 1 Päckchen Backpulver
- 150 g gemahlene Haselnüsse
- Puderzucker zum Bestäuben
- 100 g Schlagsahne
- ca. 18 Haselnusskerne

1 Eine Kastenform (ca. 30 cm lang; mind. 2 l Inhalt) fetten und mit Paniermehl ausstreuen. 2 Eier trennen. Fett, 250 g Zucker und 1 Prise Salz mit dem Handrührgerät cremig rühren. 4 Eier und 2 Eigelb einzeln unterrühren. Mehl und Backpulver mischen und portionsweise kurz unterrühren.

2 Teig in die Form streichen. Im vorgeheizten Backofen (E-Herd: 175 °C/ Umluft: 150 °C/Gas: Stufe 2) ca. 40 Minuten backen.

3 2 Eiweiß und 1 Prise Salz steif schlagen. Unter weiterem Schlagen 100 g Zucker einrieseln lassen und so lange weiterschlagen, bis er sich vollständig gelöst hat. Gemahlene Haselnüsse darunterheben. Die Nuss-Masse auf dem Kuchen verteilen, glatt streichen und bei gleicher Temperatur weitere ca. 25 Minuten backen. Auskühlen lassen. Den Kuchen aus der Form stürzen.

4 Kuchen mit Puderzucker bestäuben. Sahne steif schlagen und in einen Spritzbeutel mit Sterntülle füllen. Den Nusskuchen mit Sahnetuffs und Haselnüssen verzieren.

ZUBEREITUNGSZEIT ca. 50 Min.
BACKZEIT ca. 40 Min.
AUSKÜHLZEIT ca. 1 Std.
SCHEIBE ca. 360 kcal
5 g E · 22 g F · 33 g KH

* *lässt sich einfrieren*

Apfel-Mandel-Strudel

ZUTATEN FÜR CA. 16 STÜCKE

- ca. 100 g + 1 EL (15 g) Butter
- 250 g + etwas Mehl • Salz
- 2 Eigelb (Gr. M) • Öl für die Alufolie
- 100 g Mandelkerne ohne Haut
- 50 g + 50 g Zucker
- 1,5 kg säuerliche Äpfel
- abger. Schale und Saft von 1 Bio-Zitrone
- 3–4 EL Paniermehl • Alufolie • Backpapier

1 100 g Butter schmelzen, abkühlen. 250 g Mehl und 1 Prise Salz in einer Schüssel mischen. Eigelb und 2 EL flüssige Butter in eine Mulde geben. Mit den Knethaken des Handrührgerätes alles verkneten, dabei nach und nach ca. ⅛ l lauwarmes Wasser unterkneten. Ca. 2 Minuten kneten, bis der Teig geschmeidig glatt ist und sich vom Schüsselboden löst.

2 Teig auf einer nicht bemehlten Arbeitsfläche mit den Händen ca. 10 Minuten weiterkneten, bis er weich und elastisch ist, dabei den Teig mehrmals auf die Arbeitsfläche schlagen. Zur Kugel formen und dünn mit flüssiger Butter bestreichen. Unter eine heiß ausgespülte Schüssel legen. Mind. 30 Minuten ruhen lassen.

3 1 Stück Alufolie dünn mit Öl bestreichen. Mandeln ohne Fett rösten. 50 g Zucker zufügen, unter Rühren goldgelb karamellisieren. 1 EL Butter unterrühren. Flach auf der Alufolie ausbreiten. Auskühlen.

4 Äpfel schälen, vierteln, entkernen und in dünne Scheiben schneiden. Mit 50 g Zucker, Zitronensaft und -schale mischen. Gebrannte Mandeln grob hacken.

5 Teig auf einem mit Mehl bestäubten Geschirrtuch zum Rechteck (ca. 45 x 60 cm) ausrollen. Mit etwas flüssiger Butter bestreichen, mit Paniermehl bestreuen. Äpfel und Mandeln darauf verteilen, dabei an den langen Seiten ca. 4 cm, an den kurzen ca. 10 cm Rand frei lassen. Längsseiten etwas einschlagen.

6 Strudel mithilfe des Tuches von der kurzen Seite her aufrollen. Auf ein Backblech mit Backpapier heben. Mit flüssiger Butter bestreichen. Im vorgeheizten Ofen (E-Herd: 225 °C/Umluft: 200 °C/Gas: Stufe 4) ca. 40 Minuten backen, dabei mehrmals mit flüssiger Butter bestreichen.

ZUBEREITUNGSZEIT ca. 1 ¼ Std.
RUHEZEIT mind. 30 Min.
BACKZEIT ca. 40 Min.
AB-/AUSKÜHLZEIT ca. 2 Std.
STÜCK ca. 230 kcal
4 g E · 10 g F · 29 g KH

Giotto-Muffins

ZUTATEN FÜR 12 STÜCK

- 3 Stangen (à 10 Stück) Giotto-Kugeln (gefüllte Haselnuss-Spezialität)
- 3 Eier (Gr. M)
- 100 g saure Sahne
- 200 ml Öl
- 150 g Zucker
- 1 Päckchen Vanillin-Zucker
- Salz • 300 g Mehl
- 2 gehäufte TL Backpulver
- Puderzucker zum Bestäuben
- 24 Papier-Backförmchen (5 cm Ø)

1 Je 2 Papierförmchen ineinanderstellen und in die Mulden eines Muffinblechs (für 12 Stück) setzen. 10 Giotto-Kugeln fein hacken.

2 2 Eier, saure Sahne, Öl, Zucker, Vanillin-Zucker und 1 Prise Salz kurz verrühren. Mehl und Backpulver mischen, portionsweise kurz unterrühren. Gehackte Kugeln unterheben. Teig in die Förmchen füllen. 20 Kugeln darauf verteilen und leicht in den Teig drücken. Im vorgeheizten Backofen (E-Herd: 175 °C/Umluft: 150 °C/Gas: Stufe 2) ca. 25 Minuten backen. Auskühlen lassen. Mit Puderzucker bestäuben.

ZUBEREITUNGSZEIT ca. 20 Min.
BACKZEIT ca. 25 Min.
STÜCK ca. 440 kcal
7 g E · 27 g F · 40 g KH

* *lassen sich prima einfrieren*

Mini-Cappuccino-Muffins

ZUTATEN FÜR CA. 24 STÜCK

- 100 g weiche Butter/Margarine
- 75 g + 175 g Zucker
- 1 Päckchen Vanillin-Zucker
- 1 EL Cappuccino-Pulver (Instant)
- Salz
- 3 Tropfen Bittermandel-Aroma
- 2 Eier + 2 frische Eiweiß (Gr. M)
- 175 g Mehl
- 1 leicht gehäufter TL Backpulver
- 40 g Raspel-Schokolade
- 1 TL Kakao
- 1 TL Puderzucker
- ca. 24 Alu- oder Papierförmchen (ca. 2,5 cm Ø)

1 Förmchen auf ein Blech oder in ein Mini-Muffinblech (für 24 Stück) setzen. Fett, 75 g Zucker, Vanillin-Zucker, Cappuccino-Pulver, 1 Prise Salz und Aroma cremig rühren. 2 Eier einzeln unterrühren. Mehl und Backpulver mischen, portionsweise kurz darunterrühren. Schokoraspel unterheben. In die Förmchen füllen. Im vorgeheizten Backofen (E-Herd: 175 °C/Umluft 150 °C/Gas: Stufe 2) ca. 5 Minuten vorbacken.

2 2 Eiweiß und 1 Prise Salz steif schlagen. 175 g Zucker unter weiterem Schlagen einrieseln lassen, bis er gelöst ist. Auf die Muffins verteilen. Bei gleicher Temperatur ca. 20 Minuten weiterbacken. Auskühlen lassen. Kakao und Puderzucker mischen. Muffins damit bestäuben.

ZUBEREITUNGSZEIT ca. 30 Min.
BACKZEIT ca. 25 Min.
STÜCK ca. 120 kcal
2 g E · 5 g F · 17 g KH

Wie vom Konditor

Sind Ihnen die Muffins zu lässig verziert? Dann füllen Sie die Baisermasse in einen Spritzbeutel mit Stern- oder Lochtülle und spritzen Sie hübsche Rosetten auf die Küchlein.

Schlemmen & Verwöhnen

Dem steht jetzt nichts mehr im Weg. Unsere feinen Menüs machen Sie zur beliebtesten Gastgeberin. Versprochen!

HAUPTGERICHT
Entrecôte mit Ratatouille

VORSPEISE
Baguette mit Olivenpaste

DESSERT
Kirschgelee mit Vanillehaube

Das brauchen Sie fürs ganze Menü

FLEISCH

- 4 Entrecôtes (à ca. 200 g; Rindersteaks; s. Tipp)

GEMÜSE & OBST

- 2–3 Knoblauchzehen
- 1 mittelgroße + 4 große reife Tomaten
- 2 Zucchini (ca. 400 g)
- 2 Paprikaschoten (zB. gelb und rot)
- 1 kleine Gemüsezwiebel
- 800 g–1 kg festkochende Kartoffeln für die Beilage
- 2–3 Stiele Petersilie
- 2 kleine Zweige Rosmarin
- 3–4 Stiele Thymian
- 1 TL Zitronensaft
- 250 g Süßkirschen
- 100 g Himbeeren

WAS SIE SONST NOCH BRAUCHEN

- 150 g grüne Oliven (ohne Stein)
- 8 Scheiben (ca. 150 g) Baguette
- 1 Glas (370 ml) Artischockenherzen
- 4 Blatt weiße Gelatine
- ⅜ l Roséwein (s. Tipp)
- ¼ l kalte Milch
- 1 Päckchen Dessert-Soßenpulver „Vanille" (ohne Kochen; für ¼ l Milch)
- 4 Löffelbiskuits

DAS SOLLTEN SIE ZU HAUSE HABEN

- Olivenöl • Salz • Pfeffer • Zucker
- Vanillin-Zucker
- Alufolie

GETRÄNKE NICHT VERGESSEN

Die Provence ist auch berühmt für ihre frischen Roséweine. Perfekt zum Hauptgang passt ein trockener, fruchtiger **Côtes de Provence**. Bitte stets gut gekühlt (7–9 °C) servieren!

VORSPEISE

Baguette mit Olivenpaste

ZUTATEN FÜR 4 PERSONEN

- **1 Knoblauchzehe**
- **1 mittelgroße Tomate**
- **2–3 Stiele Petersilie**
- **150 g grüne Oliven (ohne Stein)**
- **7–8 EL Olivenöl**
- **1 TL Zitronensaft**
- **Pfeffer • Salz**
- **8 Scheiben (150 g) Baguette**

1 Knoblauch schälen und hacken. Tomate und Petersilie waschen. Tomate fein würfeln, Petersilie fein schneiden.

2 Oliven, bis auf 2 Stück, im Universal-Zerkleinerer fein hacken, dabei 6 EL Öl langsam zugießen. Tomaten und Petersilie, bis auf 2 TL zum Garnieren, und Knoblauch unterrühren. Mit Zitrone, Pfeffer und evtl. Salz abschmecken.

3 Restliche Oliven in Ringe schneiden. Baguette-Scheiben in 1–2 EL heißem Öl goldbraun rösten. Dann mit der Olivenpaste bestreichen. Mit Oliven, Tomaten und Petersilie bestreuen.

ZUBEREITUNGSZEIT ca. 20 Min.
PORTION ca. 320 kcal
4 g E · 23 g F · 22 g KH

HAUPTGERICHT

Entrecôte mit Ratatouille

ZUTATEN FÜR 4 PERSONEN

- **2 Zucchini (ca. 400 g)**
- **2 Paprikaschoten (z. B. gelb und rot)**
- **4 große reife Tomaten**
- **1 kleine Gemüsezwiebel**
- **1–2 Knoblauchzehen**
- **2 kleine Zweige Rosmarin**
- **3–4 Stiele Thymian**
- **1 Glas (370 ml) Artischockenherzen**
- **4 EL Olivenöl**
- **Salz • Pfeffer**
- **4 Entrecôtes (à ca. 200 g; Rindersteaks; s. Tipp)**
- **evtl. Alufolie**

1 Zucchini, Paprika und Tomaten putzen, waschen und in Stücke schneiden. Zwiebel und Knoblauch schälen, fein würfeln. Rosmarin und Thymian waschen und, bis auf etwas, hacken. Artischocken

Entrecôte – ein saftiges Stück vom Rind

Das Entrecôte (sprich: antrekoot) wird aus dem vorderen Teil des Roastbeefs, dem **Zwischenrippenstück** (franz.: entre – zwischen; côte – Rippe) geschnitten. Das Fleisch ist leicht marmoriert und hat meist ein „Fettauge". Das macht das Steak herzhaft und saftig.

Das klassische **Entrecôte** war früher ein mehrere Zentimeter dickes, 400–500 g schweres Steak und wurde erst nach dem Braten in Scheiben geschnitten. Manchmal steht es heute noch als **Entrecôte double** auf Speisekarten und reicht für zwei Personen. Das heute übliche **Entrecôte (simple)** ist das normale Portionssteak und wiegt um die 200 g.

abtropfen lassen, je nach Größe halbieren oder vierteln.

2 2 EL Öl in einem weiten flachen Topf erhitzen. Zwiebel, Knoblauch und Gemüse darin in 2–3 Portionen unter Wenden anbraten. Mit Salz, Pfeffer und gehackten Kräutern würzen. Evtl. etwas Wasser angießen, aufkochen. Offen 10–15 Minuten schmoren.

3 2 EL Öl in einer großen Pfanne erhitzen. Steaks trocken tupfen und darin von jeder Seite ca. 1 Minute anbraten. Dann bei mittlerer Hitze von jeder Seite 2–4 Minuten weiterbraten, dabei übrige Kräuter zufügen. Steaks mit Salz und Pfeffer würzen. Herausnehmen, evtl. in Folie wickeln bzw. warm stellen und ca. 5 Minuten ruhen lassen.

4 Bratensatz mit 5–6 EL Wasser lösen, zum Gemüse gießen und mit Salz und Pfeffer abschmecken. Gemüse und Steaks anrichten. Dazu schmecken geröstete Kartoffeln.

ZUBEREITUNGSZEIT ca. 45 Min.
PORTION ca. 470 kcal
51 g E · 20 g F · 19 g KH

Gemüse-Varianten

Auch wenn's nicht ganz klassisch ist, für die Ratatouille können Sie diverse Gemüse mixen. Gut passen auch Auberginen und Staudensellerie.

Kräuter müssen sein. Rosmarin, Thymian oder Kräuter der Provence (tiefgefroren) sollten von Anfang an mitschmoren.

DESSERT

Kirschgelee mit Vanillehaube

ZUTATEN FÜR 4 PERSONEN

- **4 Blatt weiße Gelatine**
- **250 g Süßkirschen**
- **100 g Himbeeren**
- **3/8 l Roséwein (s. Tipp)**
- **3–4 EL Zucker**
- **1 Päckchen Vanillin-Zucker**
- **1/4 l kalte Milch**
- **1 Päckchen Dessert-Soßenpulver „Vanille" (ohne Kochen; für 1/4 l Milch)**
- **4 Löffelbiskuits**

1 Gelatine kalt einweichen. Kirschen entstielen, waschen, halbieren und entsteinen. Himbeeren verlesen und evtl. vorsichtig waschen.

2 Wein, 1–2 EL Zucker und Vanillin-Zucker erwärmen. Gelatine ausdrücken und darin auflösen. Kirschen und Himbeeren in 4 hohe Gläser verteilen. Flüssiges Gelee darübergießen. Mind. 4 Stunden kalt stellen.

3 Milch und Soßenpulver mit einem Schneebesen ca. 1 Minute kräftig verschlagen. Löffelbiskuits grob zerbröseln und auf das Gelee streuen. Die Vanillesoße darauf verteilen.

ZUBEREITUNGSZEIT ca. 30 Min.
GELIERZEIT mind. 4 Std.
PORTION ca. 280 kcal
8 g E · 5 g F · 36 g KH

Welcher Wein fürs Gelee?

Natürlich können Sie für das Dessert den Roséwein vom Hauptgang verwenden. Es geht aber auch ein halbtrockener. Dann brauchen Sie evtl. weniger Zucker. Oder statt Wein roten Saft nehmen.

Feiner Lavendelring

Hier hält Lavendel die Serviette duftend umschlungen. Die getrockneten Stängel wurden mit feinem Draht auf einen selbst geformten Drahtreif gebunden. Abgerundet wird die Dekoration mit frischen Lavendel- und kleinen Olivenzweigen

Zeitplan

5 STUNDEN ODER 1 TAG VORHER

- Dessert: Gelee zubereiten, einfüllen und kalt stellen.
- Für die Beilage Pellkartoffeln kochen, schälen und auskühlen lassen.

1½ STUNDEN VORHER

- Vorspeise: Olivenpaste zubereiten.

1 STUNDE VORHER

- Gemüse etc. vorbereiten (s. Hauptgericht 1).

20 MINUTEN VORHER

- Gemüse anbraten und schmoren (s. Hauptgericht 2).
- Für die Beilage Röstkartoffeln braten.
- Dessert: Vanillesoße anrühren und Nachtisch fertig stellen.

10 MINUTEN VORHER

- Steaks braten und warm stellen (s. Hauptgericht 3).
- Vorspeise: Baguette rösten.

KURZ VORHER

- Vorspeise: Baguette mit Olivenpaste anrichten.
- Gemüse fertig stellen (s. Hauptgericht 4).

Frisch und leicht für den Frühling

HAUPTGERICHT
Pizzabraten mit würziger Käsekruste

VORSPEISE
Geeiste Gurkensuppe mit Lachs

DESSERT
Erdbeer-Melonen-Gelee

Das brauchen Sie fürs ganze Menü

FLEISCH & FISCH
- 1,2 kg Schweineschnitzelbraten (z. B. Oberschale)
- 75 g gekochten Schinken
- 100 g geräucherten Lachs in Scheiben

GEMÜSE & OBST
- 1 große Salatgurke
- 800 g Kartoffeln
- 1 Bund Lauchzwiebeln
- 3 Paprikaschoten (zB. grün, gelb und rot)
- 500 g Tomaten
- ½–1 Bund Dill
- 3–4 Stiele Oregano/Majoran
- 6 EL + 1–2 TL Zitronensaft (2 Zitronen)
- ½ Honigmelone (ca. 600 g)
- ½ Wassermelone (ca. 1,5 kg)
- 150 g Erdbeeren

WAS SIE SONST NOCH BRAUCHEN
- 500–600 g Sahnejoghurt
- 175 g geriebenen Pizzakäse
- 1 TL Meerrettich (Glas)
- 80 g getrocknete Tomaten in Öl (Glas)
- 1 ½ EL Pizza-Gewürzmischung
- 100 ml Aperol (ital. Aperitiflikör) oder Rhabarbersaft
- 8 EL Vanillesoße (Flasche)
- 6 Blatt weiße Gelatine

DAS SOLLTEN SIE ZU HAUSE HABEN
- Olivenöl • evtl. Öl
- Butterschmalz
- Salz • Pfeffer • Zucker
- evtl. Kakao
- Holzspießchen • Küchengarn

VORSPEISE

Geeiste Gurkensuppe mit Lachs

ZUTATEN FÜR 4 PERSONEN
- **1 große Salatgurke**
- **½–1 Bund Dill**
- **500–600 g Sahnejoghurt**
- **1 EL Olivenöl**
- **1–2 TL Zitronensaft**
- **Salz • Pfeffer**
- **100 g geräucherter Lachs in Scheiben**
- **1 TL Meerrettich (Glas)**

1 Gurke schälen, längs halbieren und die Kerne herausschaben. Gurke grob zerkleinern. Dill waschen und, bis auf etwas zum Garnieren, von den Stielen zupfen.

2 2 EL vom Joghurt zum Garnieren beiseie stellen. Hälfte vom übrigen Joghurt, Gurke und Dill pürieren. Rest Joghurt und Öl unterrühren. Mit Zitronensaft, Salz und Pfeffer abschmecken. Mind. 3 Stunden kalt stellen.

3 Lachs fein schneiden. Kaltschale abschmecken und anrichten. 2 EL Joghurt mit Meerrettich verrühren, als Schlieren unterrühren. Mit Lachs und Rest Dill garnieren.

ZUBEREITUNGSZEIT ca. 20 Min.
KÜHLZEIT mind. 3 Std.
PORTION ca. 290 kcal
9 g E · 19 g F · 18 g KH

HAUPTGERICHT

Pizzabraten mit würziger Käsekruste

ZUTATEN FÜR 4 PERSONEN
- **75 g gekochter Schinken**
- **80 g getrocknete Tomaten in Öl (Glas)**
- **75 g + 100 g geriebener Pizzakäse**
- **1 ½ EL Pizza-Gewürzmischung**
- **1,2 kg Schweineschnitzelbraten (z. B. Oberschale)**
- **Salz • Pfeffer**
- **Fett für die Fettpfanne**
- **800 g Kartoffeln**
- **1 Bund Lauchzwiebeln**
- **3 Paprikaschoten (z. B. grün, gelb und rot)**
- **500 g Tomaten**
- **3–4 Stiele Oregano/Majoran**
- **2 EL Butterschmalz oder Öl**
- **Holzspießchen**
- **Küchengarn**

1 Schinken und getrocknete Tomaten fein würfeln. Mit 75 g Käse und 1 EL Pizzagewürz mischen. Fleisch waschen und trocken tupfen. Dann aufschneiden, füllen und verschließen.

2 Fleisch mit Salz und Pfeffer würzen. Auf eine gefettete Fettpfanne setzen. Im heißen Backofen (E-Herd: 175 °C/Umluft: 150 °C/Gas: Stufe 2) ca. 1 ¼ Stunden braten. Nach ca. 20 Minuten ca. 200 ml Wasser angießen.

Step by step – so wird der Schnitzelbraten gefüllt

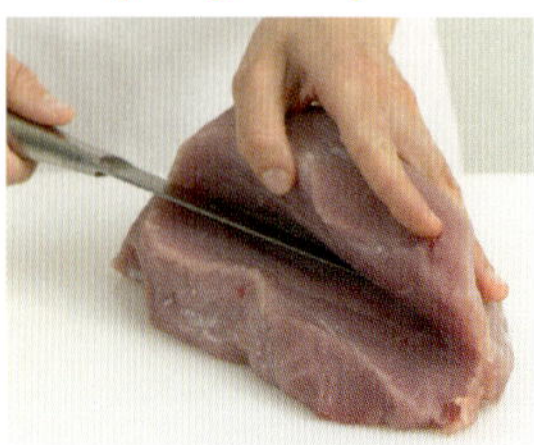

Schneiden Sie zuerst das Fleisch mit einem scharfen großen Messer der Länge nach so weit ein, dass Sie es zu einer flachen Scheibe aufklappen können.

Verteilen Sie dann die Füllung gleichmäßig darauf und drücken sie gut an. Fleisch wieder zuklappen und mit den Händen kräftig zusammendrücken.

Stecken Sie den Braten anschließend mit Spießchen zu. Umschlingen Sie die Spieße dann kreuzweise mit Küchengarn. Fest zuziehen und die Enden gut verknoten.

3 Kartoffeln waschen und ca. 20 Minuten zugedeckt kochen. Abschrecken und die Schale abziehen.

4 Lauchzwiebeln und Paprika putzen, waschen. Lauchzwiebeln halbieren, Paprika grob würfeln. Tomaten waschen und vierteln. Oregano waschen und die Blättchen von den Stielen zupfen.

5 Gemüse nach ca. 45 Minuten um den Braten verteilen. Mit Oregano, Salz und Pfeffer würzen. 100 g Käse und restliches Pizzagewürz aufs Fleisch streuen.

6 Kartoffeln in Spalten schneiden und im heißen Butterschmalz goldbraun braten. Mit Salz und Pfeffer würzen. Braten aus dem Ofen nehmen und kurz ruhen lassen. Dann in Scheiben schneiden und mit dem Gemüse anrichten. Geröstete Kartoffeln dazureichen.

ZUBEREITUNGSZEIT ca. 1 ¾ Std.
PORTION ca. 730 kcal
89 g E · 23 g F · 38 g KH.

Wein-Tipp

Besonders gut zu so einem mediterranen Braten passt ein trockener italienischer Weißwein. Zum Beispiel ein **Pinot Grigio** aus Venetien. Mit seinem feinen, fruchtigen Bukett und nur wenig Säure ist er ein idealer Begleiter zu hellem Fleisch, aber auch zu Fisch und Meeresfrüchten.

DESSERT

Erdbeer-Melonen-Gelee

ZUTATEN FÜR 4 PERSONEN

- **½ Honigmelone (ca. 600 g)**
- **½ Wassermelone (ca. 1,5 kg)**
- **6 EL Zitronensaft**
- **100 ml Aperol (ital. Aperitiflikör) oder Rhabarbersaft**
- **100 g Zucker • 150 g Erdbeeren**
- **6 Blatt weiße Gelatine**
- **8 EL Vanillesoße (Flasche)**
- **evtl. Kakao zum Bestäuben**

1 Aus der Honigmelone ca. 16 und aus der Wassermelone ca. 8 Kugeln ausstechen. Rest Fleisch jeweils herauslösen und mit Zitronensaft, Aperol und Zucker mischen.

2 Erdbeeren waschen, putzen und klein schneiden. Gelatine kalt einweichen. Melonenfleisch und Erdbeeren erst pürieren, dann durch ein feines Sieb streichen.

3 Gelatine ausdrücken und auflösen. Erst mit 2 EL Püree verrühren, dann in Rest Püree rühren. 8 Honigmelonenkugeln in vier Förmchen oder Tassen verteilen. Püree einfüllen und mind. 4 Stunden kühlen. Gelee stürzen. Mit restlichen Melonenkugeln, Vanillesoße und Kakao verzieren.

ZUBEREITUNGSZEIT ca. 30 Min.
KÜHLZEIT mind. 4 Std.
PORTION ca. 350 kcal
5 g E · 1 g F · 65 g KH

Mit Pizzeria-Flair

So sind Servietten schnell und hübsch verpackt: Legen Sie sie mit dem Besteck in Brottüten. Schneiden Sie die Tüten an jeder Seite ca. 3 cm ein und klappen einen Rand um. Bast darumbinden und Kirschtomaten mit Stiel daranhängen.

Zeitplan

1 TAG ODER MIND. 5 STUNDEN VORHER
- Dessert und Vorspeise: Gelee und Gurkensuppe zubereiten, kalt stellen.

1 ¾ STUNDEN VORHER
- Füllung für Pizzabraten zubereiten und Fleisch damit füllen.

1 ¼ STUNDEN VORHER
- Fleisch braten (s. Hauptgericht 2).
- Vorspeise: Lachs schneiden und Meerrettich-Joghurt anrühren.

1 STUNDE VORHER
- Kartoffeln kochen und Schale abziehen (s. Hauptgericht 3).
- Gemüse und Kräuter vorbereiten (s. Hauptgericht 4).

30 MINUTEN VORHER
- Gemüse zum Braten geben und Käse über das Fleisch streuen (s. Hauptgericht 5).
- Kartoffeln braten (s. Hauptgericht 6).

KURZ VORHER
- Dessert: Gelee stürzen und anrichten.
- Vorspeise: Kaltschale anrichten und garnieren.

NACH DER VORSPEISE
- Braten aufschneiden und alles anrichten.

Verwöhnprogramm für Freunde und Familie

HAUPTGERICHT
Schweinefilet in Dijon-Senfsoße

VORSPEISE
Lachs-Tatar mit Prinzessbohnen

DESSERT
Bayerische Creme auf Himbeermark

Das brauchen Sie fürs ganze Menü

FLEISCH & FISCH

- 2 große Schweinefilets (ca. 800 g)
- 12 Scheiben (ca. 100 g) Frühstücksspeck (Bacon)
- 300 g frisches Lachsfilet

GEMÜSE & OBST

- 200 g Prinzessbohnen (frisch oder TK)
- 1 kleinen Blumenkohl
- 1 Romanesco
- 400–500 g Broccoli
- etwas Schnittlauch
- evtl. Dill, Kerbel und Minze zum Garnieren
- 1 kg festkochende Kartoffeln (Beilage)
- 250–300 g TK-Himbeeren
- 1 Limette oder kleine Zitrone
- evtl. Bio-Limetten- oder Zitronenspalten zum Garnieren

WAS SIE SONST NOCH BRAUCHEN

- 4–5 EL + ¼ l Milch
- 250–325 g Schlagsahne
- 2 frische Eigelb (Gr. M)
- 2–3 EL Dijon-Senf
- 1 Scheibe Toastbrot
- 4 Blatt weiße Gelatine
- 1 Vanilleschote
- evtl. 1 EL Sesam

DAS SOLLTEN SIE ZU HAUSE HABEN

- Öl • Butter
- Salz • weißen Pfeffer • Muskat
- Zwiebeln
- klare Brühe
- Zucker • Puderzucker
- Mehl

Wein-Tipp

Roséweine sind leichter als Rotweine und zaubern die Frühlingssonne auf den Tisch. Also genau richtig, um dieses Menü zu begleiten. Denn ein trockener Rosé passt auch zum ersten Gang, dem Lachs-Tatar. Bekannte Rosés kommen aus Südfrankreich (Rhône und Provence), Baden oder vom Kap/Südafrika. Sie werden gut gekühlt (7–9 °C) getrunken.

VORSPEISE

Lachs-Tatar mit Prinzessbohnen

ZUTATEN FÜR 4 PERSONEN

- **200 g Prinzessbohnen (frisch oder TK)**
- **Salz • Pfeffer**
- **1 kleine Zwiebel**
- **etwas Schnittlauch**
- **300 g frisches Lachsfilet**
- **1 Limette oder kleine Zitrone**
- **Zucker**
- **1 EL Öl**
- **evtl. 1 EL Sesam**
- **evtl. Bio-Limetten- oder Zitronenspalten und Dill zum Garnieren**

1 Bohnen putzen, waschen. In wenig kochendem Salzwasser zugedeckt 8–10 Minuten dünsten. (TK-Bohnen unaufgetaut in ⅛ l kochendes Salzwasser geben. Aufkochen, 4–5 Minuten garen.) Abtropfen lassen.

2 Zwiebel schälen, hacken. Schnittlauch waschen und fein schneiden. Lachs waschen, trocken tupfen und sehr fein würfeln. Alles mischen. Limette auspressen. Tatar mit Saft, Salz, Pfeffer, 1 Prise Zucker und Öl verrühren.

3 Sesam in einer Pfanne ohne zusätzliches Fett goldbraun rösten, herausnehmen. Lachs-Tatar mit den Bohnen anrichten. Mit dem Sesam bestreuen und garnieren.

ZUBEREITUNGSZEIT ca. 30 Min.
PORTION ca. 220 kcal
17 g E · 14 g F · 6 g KH

HAUPTGERICHT

Schweinefilet in Dijon-Senfsoße

ZUTATEN FÜR 4 PERSONEN

- **1 kleiner Blumenkohl**
- **1 Romanesco • 400–500 g Broccoli**
- **2 große Schweinefilets (ca. 800 g)**
- **Salz • Pfeffer • Muskat**
- **12 dünne Scheiben (ca. 100 g) Frühstücksspeck (Bacon)**
- **2–3 EL Öl • 1 mittelgroße Zwiebel**
- **1 gehäufter EL (20 g) Mehl**
- **⅜ l klare Brühe**
- **100–125 g Schlagsahne**
- **2–3 EL Dijon-Senf**
- **1 Scheibe Toastbrot**
- **5 EL (50 g) Butter**

- **4–5 EL Milch**
- **evtl. Kerbel, Bio-Zitronen- oder Bio-Limettenspalten zum Garnieren**

1 Kohl putzen, waschen, in Röschen teilen. Filets waschen und trocken tupfen. Mit Salz und Pfeffer würzen. Diagonal mit Speck umwickeln. Filets im heißen Öl rundherum ca. 8 Minuten kräftig anbraten. Herausnehmen und in eine ofenfeste Form setzen.

2 Zwiebel schälen und fein würfeln. Im heißen Bratfett andünsten. Mit Mehl bestäuben und unter Rühren anschwitzen. Mit der Brühe und Sahne unter Rühren ablöschen. Aufkochen und 2–3 Minuten köcheln. Zum Schluss Senf darunterrühren. Mit Salz und Pfeffer abschmecken.

3 Ca. ⅓ der Soße über die Filets gießen. Toast fein zerbröseln, daraufstreuen. 1½ EL Butter in Flöckchen darauf verteilen. Im heißen Backofen (E-Herd: 200 °C/Umluft: 175 °C/Gas: Stufe 3) 15–20 Minuten überbacken.

4 Blumenkohl in wenig Salzwasser mit Milch zugedeckt 15–20 Minuten garen. Romanesco in wenig Salzwasser zugedeckt 8–10 Minuten dünsten. Broccoli nach ca. 3 Minuten zugeben und mitgaren. Das Gemüse abgießen und leicht mit Muskat würzen. 3½ EL Butter aufschäumen, über die Kohlröschen verteilen.

5 Filets aus der Soße heben, warm stellen. Übrige Soße wieder erhitzen. Schweinefilet, Kohlröschen und Soße

anrichten. Nach Belieben mit Kerbel und Zitronenspalten garnieren. Dazu passen Röstkartoffeln.

ZUBEREITUNGSZEIT ca. 1 ½ Std.
PORTION ca. 630 kcal
60 g E · 34 g F · 17 g KH

Rund ums Menü

VORSPEISE:

- Statt frischem Lachs schmeckt auch sehr gut Räucherlachs – kombiniert mit Blattsalat und grüner Gurke.
- Der feincremige Dijon-Senf ist super für Soßen. Erst zuletzt zufügen, damit er seine pikante Schärfe nicht verliert. Wer es milder mag, nimmt mittelscharfen Senf.

FÜRS DESSERT:

- Creme nur rühren, nicht schlagen – sonst entstehen zu viele Luftbläschen.
- Zum Stürzen die Creme am Rand rundherum mit spitzem Messer etwas lösen. Danach die Förmchen zu etwa Dreiviertel kurz in heißes Wasser tauchen.

DESSERT

Bayerische Creme auf Himbeermark

ZUTATEN FÜR 4 PERSONEN

- 250–300 g TK-Himbeeren
- 4 Blatt weiße Gelatine
- 1 Vanilleschote
- ¼ l Milch
- 2 frische Eigelb (Gr. M)
- 50 g Zucker
- 150–200 g Schlagsahne
- 2 EL Puderzucker
- evtl. Minze zum Verzieren

1 Himbeeren auftauen. Gelatine in kaltem Wasser einweichen. Vanilleschote längs aufschneiden, Mark herauskratzen. Milch, Vanilleschote und -mark aufkochen. Schote entfernen.

2 Eigelb und Zucker cremig rühren. Heiße Vanille-Milch langsam in die Eicreme rühren. Gelatine ausdrücken, in der warmen Creme auflösen. Kalt stellen, bis die Masse halbfest wird.

3 Sahne steif schlagen und unter die Creme ziehen. In 4 kalt ausgespülte Förmchen (à ca. 150 ml Inhalt) oder in eine große Schüssel füllen. Mind. 4 Stunden kalt stellen.

4 Beeren, bis auf einige, fein pürieren und durch ein Sieb streichen. Mit Puderzucker verrühren. Creme stürzen (s. Tipps). Anrichten, verzieren.

ZUBEREITUNGSZEIT ca. 40 Min.
WARTEZEIT mind. 4 Std.
PORTION ca. 290 kcal
8 g E · 17 g F · 23 g KH

Zeitplan

4 STUNDEN ODER AM TAG VORHER

- Dessert: Creme zubereiten und kalt stellen.
- Pellkartoffeln für die Röstkartoffeln kochen und schälen (Beilage).

3 STUNDEN VORHER

- Vorspeise: Bohnen und Tatar vorbereiten.
- Dessert: Himbeeren pürieren.

1¾ STUNDEN VORHER

- Kohl putzen, Filets braten (s. Hauptgericht 1).

45 MINUTEN VORHER

- Soße zubereiten (s. Hauptgericht 2).

30 MINUTEN VORHER

- Filets goldbraun überbacken (s. Hauptgericht 3).

20 MINUTEN VORHER

- Gemüse garen (s. Hauptgericht 4).
- Kartoffeln in Spalten schneiden und rösten (Beilage).

10 MINUTEN VORHER

- Vorspeise: Lachs-Tatar mit Bohnen anrichten.
- Dessert: Creme stürzen, auf dem Himbeermark anrichten.

So wird Ihr Tisch frühlingsfrisch

Zartes Grün, sonniges Gelb und leuchtendes Orange zaubern im Nu Frühlingsstimmung auf den Tisch. Eine ausgebreitete Stoffserviette in der Mitte falten und leicht diagonal aufrollen. Passendes Band und Kordel doppelt nehmen, die Serviette darauflegen, dann Band- und Kordelenden durch die entstandene Lasche ziehen. Mit einer Blüte in einem kleinen Glas auf dem Teller platzieren.

Spargelzeit ist immer ein Grund zum Feiern!

HAUPTGERICHT
Schinken-Crespelle mit frischem Spargel

VORSPEISE
Spargelsuppe mit Flusskrebsen

DESSERT
Quark-Tiramisu mit Erdbeeren

Das brauchen Sie fürs ganze Menü

FLEISCH & FISCH
- 8 große dünne Scheiben (200 g) gekochten Schinken
- 100–125 g Flusskrebsfleisch (Frischetheke oder Kühlregal)

GEMÜSE & OBST
- 1,5–2 kg weißen Spargel
- 500 g Erdbeeren
- 1 TL Zitronensaft
- evtl. 1 Bio-Zitronenscheibe, Kerbel und Minze zum Garnieren

WAS SIE SONST NOCH BRAUCHEN
- 350 g Schlagsahne
- ¼ l Milch
- 1 Eigelb + 7 Eier
- 75–100 g geriebenen Gouda
- 500 g Quark (20 % Fett)
- 1 Päckchen Bourbon-Vanillezucker
- 12 Löffelbiskuits
- 100 ml starken kalten Kaffee
- evtl. 3 EL Amaretto

DAS SOLLTEN SIE ZU HAUSE HABEN
- Butter
- Salz • Pfeffer
- Muskat
- Zucker
- Mehl
- Kakao
- Mineralwasser (mit Kohlensäure)

VORSPEISE

Spargelsuppe mit Flusskrebsen

ZUTATEN FÜR 4 PERSONEN
- 2 EL (30 g) Butter
- 2 leicht gehäufte EL (30 g) Mehl
- ca. 800 ml Spargelfond
- und 4–5 geschälte Spargelstangen (vom Hauptgericht)
- ⅛ l Milch
- Salz • Pfeffer • Zucker
- 1 TL Zitronensaft
- 1 Eigelb
- 100–125 g Flusskrebsfleisch (Frischetheke oder Kühlregal)
- evtl. Kerbel zum Garnieren

1 Fett in einem Topf erhitzen. Mehl darin goldgelb anschwitzen. Spargelfond und Milch unter Rühren zugießen und aufkochen.

2 Spargel in Stücke schneiden und in der Suppe ca. 10 Minuten köcheln. Mit Salz, Pfeffer, 1 Prise Zucker und Zitronensaft abschmecken. Dann die Suppe mit verquirltem Eigelb legieren (nicht mehr kochen!). Krebsfleisch darin erhitzen. Die Suppe anrichten und mit Kerbel garnieren.

ZUBEREITUNGSZEIT ca. 25 Min.
PORTION ca. 160 kcal
9 g E · 9 g F · 9 g KH

Einkaufs-Tipp

Wenn Sie nur die Spargelsuppe kochen möchten, nehmen Sie ruhig preiswerten Bruchspargel. Sie brauchen etwa 500 g, um genug Schalen und Abschnitte für den Fond zu bekommen.

Crespelle – so werden sie schön dünn

Den Teig mit einer Kelle ins nicht zu heiße Fett geben und sofort durch Schwenken der Pfanne dünn darin verteilen. Evtl. schnell noch etwas Teig nachgießen, wenn der Boden nicht ganz bedeckt ist.

Den goldbraunen Pfannkuchen vorsichtig aus der Pfanne auf eine Lage Pergament- oder Küchenpapier gleiten lassen. So kann man sie gleich prima stapeln, ohne dass sie zusammenkleben.

HAUPTGERICHT

Schinken-Crespelle mit frischem Spargel

ZUTATEN FÜR 4 PERSONEN
- 1,5–2 kg weißer Spargel
- 150 g Mehl
- 7 Eier
- Salz • Pfeffer • Muskat
- ⅛ l Milch
- Zucker
- 8 TL + etwas Butter
- ⅛ l Mineralwasser (mit Kohlensäure)
- 8 große dünne Scheiben (200 g) gekochter Schinken
- 75–100 g geriebener Gouda
- 200 g Schlagsahne
- evtl. Kerbel zum Garnieren

1 Spargel waschen, schälen und die holzigen Enden abschneiden. In ein feuchtes Tuch wickeln und kühl aufbewahren. Spargelschalen und -enden in einem großen Topf mit ca. 1 ½ l kaltem Wasser aufkochen und 10–15 Minuten köcheln.

2 Spargelfond durch ein Sieb geben und ca. 800 ml Fond für die Suppe abmessen. Rest beiseite stellen.

3 Mehl, 3 Eier, ½ TL Salz und Milch in einer Schüssel glatt verrühren. Teig 10–15 Minuten quellen lassen.

4 Inzwischen den übrigen Spargelfond mit etwas Salz und 1 TL Zucker aufko-

chen. Spargel darin zugedeckt 15–20 Minuten garen. Herausheben und abtropfen lassen.

5 Für die Pfannkuchen je 1 TL Butter in einer beschichteten Pfanne (16–18 cm Ø) erhitzen. Mineralwasser in den Teig rühren und daraus nacheinander 8 dünne Pfannkuchen goldbraun backen.

6 Pfannkuchen mit je einer Scheibe Schinken und einigen Spargelstangen belegen. Aufrollen und in eine große gefettete Auflaufform legen.

7 Die Crespelle mit Käse bestreuen. 4 Eier und Sahne verquirlen. Mit Salz, Pfeffer und Muskat würzen und darübergießen. Alles im vorgeheizten Backofen (E-Herd: 200 °C/Umluft: 175 °C/Gas: Stufe 3) 30–40 Minuten backen. Mit Kerbel garnieren.

ZUBEREITUNGSZEIT ca. 2 ½ Std.
PORTION ca. 770 kcal
45 g E · 47 g F · 37 g KH

Wein-Tipp

Der **Riesling** ist der klassische Spargelwein: frisch, elegant und fruchtig. Und da haben besonders unsere deutschen Weinbaugebiete hervorragende Qualitäten zu bieten, allen voran Rheingau, Mosel, Rheinhessen und Pfalz.

DESSERT

Quark-Tiramisu mit Erdbeeren

ZUTATEN FÜR 4 PERSONEN

- 500 g Speisequark (20 % Fett)
- 2–3 gehäufte EL Zucker
- 1 Päckchen Bourbon-Vanillezucker
- 150 g Schlagsahne
- 12 Löffelbiskuits
- 100 ml starker kalter Kaffee
- evtl. 3 EL Amaretto-Likör
- 500 g Erdbeeren
- 1–2 TL Kakao
- evtl. 1 Bio-Zitronenscheibe und Minze zum Verzieren

1 Quark, Zucker und Vanillezucker verrühren. Sahne steif schlagen und unterheben.

2 Eine rechteckige Form (ca. 16 x 20 cm) mit Löffelbiskuits auslegen. Kaffee und evtl. Likör verrühren. Über die Biskuits träufeln. Quarkcreme daraufstreichen und mind. 1 Stunde kalt stellen.

3 Erdbeeren waschen, putzen und halbieren. Quarkcreme mit Kakao bestäuben und mit Erdbeeren belegen. Tiramisu mit Minze und Zitronenscheibe verzieren.

ZUBEREITUNGSZEIT ca. 30 Min.
WARTEZEIT mind. 1 Std.
PORTION ca. 420 kcal
19 g E · 20 g F · 39 g KH

Fix variiert

Anstelle von Kaffee können Sie zum Tränken der Löffelbiskuits auch prima Orangensaft nehmen.

Haben Sie noch Amarettini im Vorrat? Einfach statt der Biskuits einschichten.

Zeitplan

3 STUNDEN VORHER
- Spargel schälen und Fond kochen (s. Hauptgericht 1 und 2).
- Dessert: Quarkcreme zubereiten, einschichten und ohne Erdbeeren kalt stellen.

1¾ STUNDEN VORHER
- Pfannkuchenteig anrühren (s. Hauptgericht 3).
- Spargel kochen (s. Hauptgericht 4).
- Pfannkuchen backen (s. Hauptgericht 5).

1 STUNDE VORHER
- Pfannkuchen füllen und einschichten (s. Hauptgericht 6).

45 MINUTEN VORHER
- Pfannkuchen überbacken (s. Hauptgericht 7).
- Vorspeise: Suppe kochen.
- Dessert: Erdbeeren vorbereiten und auf die Creme legen.

Grüner Spargel …

spart Zeit, bringt Farbe ins Spiel und schmeckt auch lecker. Einfach die Enden großzügig abschneiden oder nur das untere Drittel schälen. Holzige Enden abschneiden. Variieren Sie die Crespelle doch mal mit einer Mischung aus weiß und grün. Da grüner Spargel nur ca. 10 Minuten gart, erst später zum weißen geben.

Tischlein deck dich

Servietten-Kunst und originelle Deko-Ideen für besondere Feste

Einfach edel: „königliche Lilie“

Die „Lilie“ mit einem weißen Tortendeckchen und frischen Streublümchen passend zu der Serviettenfarbe dekorieren. So macht Sie richtig Staat!

1. Serviette diagonal falten – offene Spitze nach unten. Ecken entlang der Mittelsenkrechten zur Spitze kniffen, dann zurück zur oberen Spitze bügeln.

2. Offene Spitzen von unten zur Falzkante führen. 2 x umschlagen, über die Falzkante legen, bügeln. Ecken nach hinten biegen, ineinanderstecken.

3. Zum Schluss die Serviette aufstellen. Die aufgerichteten Flügelecken leicht nach unten ziehen und die Enden knapp in den gefalzten Rand stecken.

Taufe

Pastellfarben ist der Tischschmuck, wenn ein Täufling seine erste „Party“ feiert: farbige Pralinenmanschetten mit Geschenkband auffädeln und ein, zwei Minis von den ersten Fotos zwischen eine duftige Organza-Serviette stecken.

Verlobung

Symbol der Liebe: Knallrote Herzen aus Zeichenkarton oder Balsaholz weisen den Weg am festlich gedeckten Tisch. Mit aufgeklebter künstlicher Rose oder Gardenie und Namen eine Erinnerung an einen wundervollen Tag.

Hochzeit

Serviettenkränze aus künstlichem (Hobbyladen) oder frischem Schleierkraut winden und weiße Nelkenblüten daran festdrahten. Die Serviette durchziehen. Den Platzteller schmückt eine Einzelblüte mit zarter Organza-Schleife.

Jubiläum

Über den Tisch laufen bunte Bordüren. Die Menükarte, handgeschrieben auf Pergament, wird aufgerollt, mit einem Stück Bordüre fixiert und mit weißer Schleife umwickelt. Und ein Medaillon mit der Jubiläumszahl verrät den Anlass.

Obstsalat mit Quarkcreme

Bunte Osterei-Muffins

Vanille-Herzwaffeln

Spargel-Lachs-Frittata

Fröhlich-buntes Eiersuchen

Ob Brunch, Familienessen oder Kaffeetafel – wir verraten Ihnen unsere kulinarischen Köstlichkeiten für ein gelungenes Osterfest

Spargel-Lachs-Frittata

ZUTATEN FÜR 8–10 STÜCKE

- 500 g grüner Spargel
- Salz • Zucker • Pfeffer
- 1 Zwiebel
- 2 Knoblauchzehen
- 125 g Rucola (Rauke)
- 100 g geräucherter Lachs in Scheiben
- 8 Eier
- 1 EL Öl (z.B. Olivenöl)

1 Spargel waschen, Enden großzügig abschneiden. Spargel in Stücke schneiden. In kochendem Salzwasser mit etwas Zucker ca. 5 Minuten vorgaren, abtropfen lassen. 4–5 Spargelspitzen beiseitelegen.

2 Zwiebel und Knoblauch schälen, fein würfeln. Rucola waschen, klein schneiden. Lachs, bis auf 1–2 Scheiben, in Streifen schneiden. Eier verquirlen. Spargel, Lachs und Rucola darunterrühren. Würzen.

3 Öl in einer Pfanne (ca. 24 cm Ø) erhitzen. Zwiebel und Knoblauch darin andünsten. Eiermischung zugießen. Zugedeckt bei schwacher Hitze ca. 20 Minuten stocken lassen. Mit Lachs und Spargel garnieren.

ZUBEREITUNGSZEIT ca. 50 Min.
STÜCK ca. 120 kcal
9 g E · 8 g F · 1 g KH

Tomaten-Mozzarella-Spießchen

ZUTATEN FÜR CA. 30 STÜCK

- ca. 15 Kirschtomaten
- ca. 8 dünne Scheiben Frühstücksspeck (Bacon)
- 2 Packungen (à 125 g) Mini-Mozzarella-Kugeln
- ca. 15 grüne Oliven
- Petersilie zum Garnieren
- ca. 30 Cocktail-Spießchen

Tomaten waschen. Speck längs halbieren. Hälfte Mozzarella-Kugeln damit umwickeln. Auf 15 Spießchen je 1 Mozzarella-Kugel und 1 Tomate stecken, auf die anderen 15 je 1 Mozzarella-Kugel und 1 Olive. Garnieren.

ZUBEREITUNGSZEIT ca. 15 Min.
STÜCK ca. 40 kcal
2 g E · 3 g F · 0 g KH

Würzige Frischkäse-Kugeln

ZUTATEN

- 40–50 g Pinienkerne
- 1 sehr kleine Zwiebel
- 100 g Kasseler-Aufschnitt
- etwas Petersilie, Schnittlauch und Basilikum (frisch oder getrocknet)
- 600 g Doppelrahm-Frischkäse
- Salz • Pfeffer • 1 Knoblauchzehe
- 3 getrocknete Tomaten in Öl (Glas)
- 1–2 TL Tomatenmark
- Edelsüß-Paprika
- ½ Bund Dill
- 125 g geräucherte Forellenfilets
- abgeriebene Schale von ¼ Bio-Zitrone
- 1–2 TL Meerrettich (Glas)
- evtl. 6 Papiermanschetten

1 Mit Kasseler & Pinienkernen: Kerne rösten. Zwiebel schälen. Kasseler und Zwiebel sehr fein würfeln. Petersilie und Schnittlauch waschen, fein schneiden. Mit Hälfte Kernen, Zwiebel, Kasseler und 200 g Frischkäse verrühren. Mit Salz und Pfeffer abschmecken. Zu 2 Kugeln formen. In übrigen Kernen wälzen.

2 Mit Tomaten & Knoblauch: Knoblauch schälen. Tomaten abtupfen. Beides sehr fein würfeln. Basilikum waschen, hacken. Alles mit 200 g Frischkäse, Tomatenmark und Paprika verrühren. Abschmecken. Zu 2 Kugeln formen.

3 Mit Forelle & Meerrettich: Dill waschen. Dill und Forellenfilets fein schneiden. Mit 200 g Frischkäse, Zitronenschale und Meerrettich verrühren. Würzen. Zu 2 Kugeln formen.

4 Käsekugeln in Manschetten setzen und kalt stellen. Dazu schmecken Grissini (ital. Teigstangen).

ZUBEREITUNGSZEIT ca. 40 Min.
PORTION ca. 250 kcal
8 g E · 23 g F · 2 g KH

Schinken im Ciabatta-Teig

ZUTATEN

- 1,5 kg gepökelter Schweineschinken (evtl. beim Fleischer vorbestellen)
- 2 Zwiebeln
- 2 Lorbeerblätter • 1 EL Pfefferkörner
- 3 Nelken
- 1 Würfel (42 g) frische Hefe
- 1 Packung (1 kg) Ciabatta Brotbackmischung
- etwas Mehl
- 1 kg Tomaten • 1 Zwiebel
- 4 EL Essig
- Salz • Pfeffer • Zucker
- 4–5 EL Öl
- je 1 Bund Petersilie und Schnittlauch
- 500 g Joghurt • 200 g Schmand
- 2 EL Zitronensaft
- Backpapier

Alle Rezepte reicher

1 Fleisch im Topf mit Wasser bedecken. Zwiebeln schälen, vierteln, mit Gewürzen zufügen. Zugedeckt gut 1½ Stunden köcheln. Etwas abkühlen.

2 Hefe zerbröckeln und in 3–4 EL lauwarmem Wasser auflösen. Backmischung in eine Schüssel geben, eine Mulde eindrücken. Hefe hineingießen und mit etwas Backmischung bestäuben. Zugedeckt ca. 5 Minuten gehen lassen. Mit 600 ml Wasser verkneten. Zugedeckt ca. 30 Minuten gehen lassen.

3 Gut ⅓ Teig abnehmen. Rest auf wenig Mehl doppelt so groß wie das Fleisch (ca.1 cm dick) ausrollen. Fleisch mit Teig umhüllen. Rest zu ca. 4 Rollen (ca. 20 cm lang) und Brötchen formen. Braten mit Rollen verzieren.

4 Braten und Brötchen auf ein mit Backpapier ausgelegtes Blech setzen. Zugedeckt ca. 30 Minuten gehen lassen. Im vorgeheizten Backofen (E-Herd: 175 °C/Umluft: 150 °C/Gas: Stufe 2), 2. Schiene von unten, 50–60 Minuten, Brötchen nur ca. 20 Minuten backen.

für 8–10 Personen

5 Tomaten waschen und zerkleinern. Zwiebel schälen, würfeln. Essig, Salz, Pfeffer, Zucker und Öl verschlagen. Alles mischen. Dip: Kräuter waschen und hacken. Mit Joghurt, Schmand und Zitronensaft verrühren.

ZUBEREITUNGSZEIT ca. 2 ¼ Std.
GEHZEIT ca. 1 Std.
BACKZEIT 50–60 Min.
PORTION ca. 540 kcal
45 g E · 15 g F · 52 g KH

Kartoffel-Gemüse-Salat

ZUTATEN

- 1,25 kg große Kartoffeln
- 400 g Möhren
- 2 Bund Radieschen
- 1 große Salatgurke
- 1 Bund Schnittlauch
- 2 Zwiebeln
- 8 EL Öl
- ⅛ l Weißwein-Essig
- ½ TL Gemüsebrühe
- 2–3 TL Senf
- Salz • Pfeffer • Zucker
- 150 g Rucola (Rauke)
- 1 Beet Kresse

1 Kartoffeln waschen und ca. 20 Minuten kochen. Abschrecken, schälen und auskühlen lassen.

2 Möhren, Radieschen und Gurke schälen bzw. putzen, waschen. Möhren grob raspeln. Radieschen und Gurke klein, Kartoffeln in Scheiben schneiden. Schnittlauch waschen und fein schneiden.

3 Zwiebeln schälen, fein würfeln und in 1 EL heißem Öl glasig dünsten. Mit ⅛ l Wasser und Essig ablöschen und aufkochen. Brühe, Senf und 7 EL Öl einrühren. Abschmecken. Noch heiß über die Kartoffeln gießen. Vorbereitete Zutaten unterheben. Zugedeckt mind. 30 Minuten ziehen lassen.

4 Rucola putzen, waschen und kleiner schneiden. Kresse waschen, vom Beet schneiden. Beides unter den Salat heben und abschmecken.

ZUBEREITUNGSZEIT ca. 45 Min.
AUSKÜHLZEIT ca. 30 Min.
MARINIERZEIT mind. 30 Min.
PORTION ca. 160 kcal
3 g E · 8 g F · 18 g KH

Bunte Osterei-Muffins

ZUTATEN FÜR 12 STÜCK

- Fett und Mehl für die Form
- 70 g Marzipan-Rohmasse
- 90 g weiche Butter/Margarine
- 75 g Zucker
- 1 Päckchen Vanillin-Zucker
- Salz
- 2 Eier + 1 Eiweiß (Gr. M)
- 175 g Mehl • 3 gestr. TL Backpulver
- 3 EL Milch
- je 2 EL geh. Pistazien und Mandeln
- 250 g Puderzucker
- 3–4 EL Zitronensaft
- evtl. Speisefarben und Schokolinsen

1 Mulden eines Ostereier-Backbleches (für 6 Stück) fetten und mit Mehl ausstäuben. Marzipan fein würfeln. Fett, Zucker, Vanillin-Zucker und 1 Prise Salz cremig rühren. 2 Eier einzeln unterrühren. Mehl und Backpulver mischen, abwechselnd mit der Milch kurz unterrühren. Marzipan, Pistazien und Mandeln unterheben.

2 Hälfte Teig einfüllen. Im vorgeheizten Ofen (E-Herd: 200 °C/Umluft: 175 °C/Gas: Stufe 3) 15–20 Minuten backen. Ca. 10 Minuten abkühlen, aus der Form lösen und auskühlen lassen. Restlichen Teig ebenso abbacken.

3 Puderzucker, 1 Eiweiß und Zitronensaft verrühren. Portionieren und einfärben. Muffins verzieren. Trocknen.

ZUBEREITUNGSZEIT ca. 1 Std.
BACKZEIT gesamt 30–40 Min.
STÜCK ca. 300 kcal
5 g E · 12 g F · 42 g KH

Vanille-Herzwaffeln

ZUTATEN FÜR CA. 12 STÜCK

- 200 g weiche Butter
- 50 g Zucker
- 2 Päckchen Bourbon-Vanillezucker
- Salz
- 6 Eier (Gr. M)
- 300 g Mehl
- 2 gestr. TL Backpulver
- ⅛ l Milch
- Fett fürs Waffeleisen

1 Butter, Zucker, Vanillezucker und 1 Prise Salz verrühren. Eier einzeln unterrühren. Mehl und Backpulver mischen, im Wechsel mit Milch kurz unterrühren. Ca. 10 Minuten quellen lassen.

2 Waffeleisen vorheizen und fetten. Pro Waffel 1½–2 EL Teig hineingeben, goldbraun backen. Herausnehmen und abkühlen lassen.

ZUBEREITUNGSZEIT ca. 1 Std.
STÜCK ca. 290 kcal
7 g E · 18 g F · 24 g KH

Obstsalat mit Quarkcreme

ZUTATEN

- 500 g Erdbeeren (frisch oder TK)
- 3–5 EL Zucker
- 6–8 Kiwis
- 4 Bananen
- 1 Dose (850 ml) Aprikosen
- Saft von 2 Orangen
- evtl. 2–3 EL Rum
- 500 g Sahnequark
- 250 g Schmand
- 3 EL Zitronensaft
- 3 EL flüssiger Honig

Beeren waschen, putzen bzw. auftauen lassen. Klein schneiden und mit 1–2 EL Zucker mischen. Kiwis und Bananen schälen, klein schneiden. Aprikosen abtropfen, vierteln. Orangensaft, 2–3 EL Zucker und Rum verrühren. Alles mischen. Quark, Schmand, Zitronensaft und Honig glatt rühren.

ZUBEREITUNGSZEIT ca. 20 Min.
PORTION ca. 270 kcal
8 g E · 10 g F · 35 g KH

Oberschlesischer Osterschinken

ZUTATEN FÜR 6 PERSONEN

- 2 Zwiebeln • 1 Möhre
- 2 Lorbeerblätter
- 1 EL Pfefferkörner
- 2 Gewürznelken
- 1,5 kg angeräucherter gepökelter Schweineschinken ohne Schwarte (beim Fleischer vorbestellen)
- 1 Ei
- 200 g frischer oder 1 Glas (145 g) Meerrettich
- 1 kleiner Apfel
- 2–3 EL Zitronensaft
- 250 g Schlagsahne • Salz
- ½ Bund Schnittlauch
- ½ Beet Kresse

1 Zwiebeln und Möhre schälen und in grobe Stücke schneiden. ¾ l Wasser mit Zwiebeln, Möhre, Lorbeerblättern, Pfefferkörnern und Nelken in einem weiten Topf aufkochen. Schinken (er darf nur 3–4 cm tief im Wasser liegen!) zugedeckt bei schwacher Hitze ca. 2 Stunden köcheln lassen. Nach ca. 1 Stunde wenden. Den Schinken anschließend im Sud über Nacht auskühlen lassen.

2 Ei hart kochen und abschrecken. Meerrettich und Apfel schälen. Meerrettich sehr fein, Apfel grob reiben. Ei schälen und halbieren. Eigelb herauslösen, etwas zerdrücken und mit Meerrettich, Apfel und Zitronensaft mischen. Sahne halbsteif schlagen und unterheben. Mit Salz abschmecken.

3 Schinken in dünne Scheiben schneiden. Schittlauch und Kresse mit einer Schere direkt darüberschneiden. Dazu passt Sahne-Meerrettich, Soleier und ein Hefezopf mit Mohn.
Getränk: Kaffee oder Tee.

ZUBEREITUNGSZEIT ca. 2¾ Std.
AUSKÜHLZEIT ca. 12 Std.
PORTION ca. 730 kcal
69 g E · 46 g F · 7 g KH

Lammkeule mit Tomaten-Zwiebel-Kruste

ZUTATEN FÜR 6 PERSONEN

- 3 Zwiebeln • 1 Möhre
- 5 Knoblauchzehen
- 5–6 Stiele Thymian
- 1,2 kg Lammkeule ohne Knochen
- Salz • Pfeffer
- 2 EL Olivenöl
- 3 getocknete Tomaten in Öl (Glas)
- 5–6 schwarze Oliven (ohne Stein)
- 1 Scheibe Toastbrot
- 3 EL Butter/Margarine
- 1 kg TK-grüne-Bohnen
- 1 Bund Petersilie
- 1 Tomate
- 2–3 EL dunkler Soßenbinder

1 Zwiebeln schälen, 2 in Stücke schneiden. Möhre schälen, waschen und klein schneiden. 4 Knoblauchzehen und Thymian waschen.

2 Keule trocken tupfen, würzen und in einen Bräter legen. Mit Öl beträufeln. Vorbereitetes Gemüse, Knoblauch und 2 Stiele Thymian darumverteilen.

3 Im vorgeheizten Backofen (E-Herd: 225 °C/Umluft: 200 °C/Gas: Stufe 4) offen ca. 30 Minuten braten. Auf 200 °C (Umluft: 175 °C/Gas: Stufe 3) herunterschalten, ca. ½ l Wasser angießen und 1 ½–1 ¾ Stunden weiterbraten. Öfter mit Fond beschöpfen.

4 1 Knoblauchzehe schälen. Knoblauch, 1 Zwiebel, getrocknete Tomaten und Oliven fein würfeln. Rest Thymian abzupfen. Toast entrinden und zerbröseln. Knoblauch und Hälfte Zwiebel in 2 EL heißem Fett andünsten. Mit Thymian, Oliven, getrockneten Tomaten und Bröseln mischen. 20–30 Minuten vor Ende der Bratzeit auf der Keule verteilen.

5 TK-Bohnen in kochendem Salzwasser 8–10 Minuten garen. Petersilie waschen, hacken. Tomate waschen, würfeln. Mit Rest Zwiebel in 1 EL heißem Fett dünsten. Bohnen abgießen, mit Petersilie darin schwenken. Fleisch warm stellen. Fond durchsieben, binden, abschmecken. Keule aufschneiden, alles anrichten. Dazu: Röstkartoffeln. **Getränk:** kräftiger Rotwein.

ZUBEREITUNGSZEIT ca. 2 ½ Std.
PORTION ca. 630 kcal
40 g E · 44 g F · 14 g KH

Sahne-Lendchen mit Kräuterbutter

ZUTATEN FÜR 4 PERSONEN

- 1 große Zwiebel
- 250 g Kirschtomaten
- 600 g Schweinefilet
- 6–8 dünne Scheiben Frühstücksspeck (Bacon)
- 1–2 EL + etwas Öl
- Pfeffer • Salz
- 1 gestrichener EL Mehl
- 200 g Schlagsahne
- 1 TL klare Brühe
- ½ Bund/Töpfchen Basilikum
- 40 g Kräuterbutter

1 Zwiebel schälen, würfeln. Tomaten waschen. Fleisch trocken tupfen und mit Speck umwickeln. In 1–2 EL heißem Öl in einer großen Pfanne rundherum anbraten. Tomaten kurz mitbraten. Mit Pfeffer und evtl. Salz würzen. Alles herausheben und in eine leicht geölte ofenfeste Form legen.

2 Zwiebel im Bratfett glasig dünsten. Mit Mehl bestäuben und kurz anschwitzen. ¼ l Wasser, Sahne und Brühe einrühren. Aufkochen und ca. 5 Minuten köcheln.

3 Basilikum waschen und, bis auf einige Blättchen zum Garnieren, fein schneiden. In die Soße rühren. Soße abschmecken und über das Fleisch gießen. Die Kräuterbutter in Scheiben schneiden und auf dem Fleisch verteilen.

4 Im vorgeheizten Backofen (E-Herd: 200 °C/Umluft: 175°C/Gas: Stufe 3) ca. 25 Minuten braten. Anrichten und mit Rest Basilikum garnieren. Dazu schmecken Röstkartoffeln und ein grüner Salat.

Getränk: kühler Weißwein.

ZUBEREITUNGSZEIT ca. 1 Std.
PORTION ca. 520 kcal
38 g E · 36 g F · 7 g KH

Eier-Gratin mit Krabben

ZUTATEN FÜR 4 PERSONEN

- 8 Eier
- 200 g Tiefseekrabben ohne Schale (frisch oder TK)
- Fett für die Förmchen
- 250 g Schmand oder Crème fraîche
- 1 EL Meerrettich (Glas)
- Salz • Pfeffer
- 1 Bund Lauchzwiebeln
- 1 Scheibe Weißbrot
- 50–75 g geriebener Gouda

1 Eier hart kochen. Inzwischen TK-Krabben lauwarm abspülen und abtropfen lassen. 4 kleine Gratinförmchen (ca. 12 cm Ø) oder eine große Auflaufform fetten. Eier abschrecken, schälen und abkühlen lassen.

2 Schmand und Meerrettich glatt verrühren. Mit Salz und Pfeffer abschmecken. Lauchzwiebeln putzen, waschen und in Ringe schneiden. Brot fein zerbröseln.

3 Eier mit einem Eierschneider in Scheiben schneiden und dachziegelartig in die Förmchen verteilen. Lauchzwiebeln und Krabben darauf verteilen. Schmandcreme, Brotbrösel und Käse darübergeben.

4 Im vorgeheizten Backofen (E-Herd: 225 °C/ Umluft: 200 °C/Gas: Stufe 4) ca. 10 Minuten überbacken. Dazu schmeckt Weißbrot.
Getränk: kühles Mineralwasser.

ZUBEREITUNGSZEIT ca. 30 Min.
PORTION ca. 470 kcal
32 g E · 32 g F · 11 g KH

Senfeier mit Püree & Röstzwiebeln

ZUTATEN FÜR 4 PERSONEN

- 1 kg Kartoffeln
- Salz • Pfeffer
- 3–4 Zwiebeln
- 5–6 gestrichene EL Mehl
- 2 EL Öl
- 8 Eier
- 4 EL Butter/Margarine
- ½ l Milch
- 1 TL Gemüsebrühe
- 2–3 EL mittelscharfer Senf
- 2–3 Stiele Petersilie

1 Kartoffeln schälen, waschen und grob würfeln. In Salzwasser zugedeckt ca. 20 Minuten kochen.

2 Zwiebeln schälen und, bis auf eine, in feine Ringe schneiden. In 2–3 EL Mehl wenden und im heißen Öl rundherum goldbraun braten Zwiebelringe herausnehmen und auf Küchenpapier abtropfen lassen.

3 Eier ca. 8 Minuten wachsweich kochen. Übrige Zwiebel fein würfeln. In 3 EL heißem Fett anschwitzen. 3 EL Mehl darüberstäuben, anschwitzen. Mit je ¼ l Wasser und Milch ablöschen, aufkochen. Brühe einrühren, ca. 5 Minuten köcheln. Senf einrühren. Soße mit Salz und Pfeffer abschmecken.

4 Petersilie waschen und hacken. Eier abschrecken. Kartoffeln abgießen. ¼ l Milch und 1 EL Fett zu den Kartoffeln geben, alles zerstampfen. Eier schälen und halbieren. Alles anrichten, mit Petersilie bestreuen.
Getränk: kühles Bier.

ZUBEREITUNGSZEIT ca. 30 Min.
PORTION ca. 600 kcal
26 g E · 32 g F · 48 g KH

Das Ei ist zu hart!

Damit die Eier hier auch wirklich wachsweich bleiben und nicht nachgaren, diese gut abschrecken, aber nicht auskühlen lassen. Zuletzt mit der heißen Soße anrichten.

Bunt garnierte Eierplatte

ZUTATEN FÜR 4 PERSONEN

- 8–10 Eier
- evtl. 3–4 Wachteleier
- 50 g Feldsalat
- 4–5 Stiele Kerbel oder Petersilie
- 6 paprikagefüllte Oliven
- 2–3 TL mittelscharfer Senf
- Salz • Pfeffer • Cayennepfeffer
- 50 g Räucheraal-Filet (ohne Haut und Gräte)
- 1 TL Zitronensaft
- 1–2 TL Tomatenmark
- 8–10 Tiefseekrabben ohne Schale
- evtl. Bio-Zitronenscheiben zum Garnieren

1 Eier hart kochen. Wachteleier in den letzten 5 Minuten mitkochen. Abschrecken, schälen, auskühlen lassen.

2 Inzwischen Feldsalat putzen, waschen und abtropfen lassen. Kerbel waschen und abzupfen.

3 Oliven und Wachteleier in Scheiben schneiden. Hühnereier längs halbieren, Eigelb herauslösen. Hälfte Eigelb mit Senf glatt rühren. Mit Salz und Pfeffer abschmecken.

4 Aalfilet mit einer Gabel gut zerdrücken. Mit Zitronensaft, restlichem Eigelb und Tomatenmark zu einer cremigen Masse verrühren. Mit Salz und Cayennepfeffer abschmecken.

5 Cremes jeweils in einen Spritzbeutel mit Sterntülle geben und in die Eihälften spritzen. Aalfüllung mit Krabben und ⅔ Kerbelblättchen, Senf-Füllung mit Wachtelei- und Olivenscheiben garnieren. Mit dem Salat auf einer Platte anrichten. Mit Zitronenscheiben und restlichem Kerbel garnieren. Dazu passt frisches Baguette.

Getränk: Sherry medium.

ZUBEREITUNGSZEIT ca. 40 Min.
PORTION ca. 320 kcal
23 g E · 23 g F · 2 g KH

Eier-Cocktail mit Garnele

ZUTATEN FÜR 8–10 PERSONEN

- 8–10 geschälte Garnelen (ca. 250 g; frisch oder TK)
- 150 g TK-Erbsen
- 5 Eier
- 1 Dose (210 ml) kleine Champignons
- 150 g Staudensellerie
- 2 Tomaten
- 150 g Vollmilch-Joghurt
- 4 EL Salatcreme
- 1–2 TL Zitronensaft
- Salz • Pfeffer • Zucker
- Worcestersoße
- 1–2 EL Öl
- Petersilie zum Garnieren

1 TK-Garnelen und Erbsen auftauen. Eier hart kochen, abschrecken und schälen. Pilze abtropfen. Sellerie putzen, waschen und fein schneiden. Tomaten waschen, vierteln, entkernen, würfeln.

2 Joghurt und Salatcreme verrühren. Mit Zitronensaft, Salz, Pfeffer, Zucker und Worcestersoße würzen. Eier würfeln. Mit Gemüse und Pilzen unterheben.

3 Von den Garnelen den dunklen Darm entfernen. Garnelen abspülen, trocken tupfen. Im heißen Öl 2–3 Minuten braten, würzen. Abkühlen lassen. Cocktail mit Garnelen und Petersilie anrichten.
Getränk: frisch gepresster Orangensaft.

ZUBEREITUNGSZEIT ca. 35 Min.
AUFTAUZEIT 2–3 Std.
PORTION ca. 120 kcal
8 g E · 7 g F · 5 g KH

Sahne-Rührei im Förmchen

ZUTATEN FÜR 6–8 PERSONEN

- 3–4 dünne Scheiben Frühstücksspeck (Bacon)
- 1 Bund Schnittlauch
- 12–14 Eier
- 200 g Schlagsahne
- Salz • Pfeffer
- 150 g TK-Erbsen

1 Speck in Streifen schneiden. Schnittlauch waschen und fein schneiden.

2 Eier und Sahne verquirlen. Mit Salz und Pfeffer würzen. Erbsen und Schnittlauch unterrühren. Speck ohne Fett knusprig braten. Abtropfen lassen.

3 6–8 kleine Förmchen (à ca. 150 ml Inhalt) mit dem Speckfett ausstreichen. Rührei einfüllen. Im vorgeheizten Backofen (E-Herd: 175 °C/Umluft: 150 °C/Gas: Stufe 2) 15–20 Minuten stocken lassen. Nach ca. 10 Minuten ab und zu umrühren und fertig stocken lassen. Mit Speck anrichten.

Getränk: leichter Weißwein.

ZUBEREITUNGSZEIT ca. 30 Min.
PORTION ca. 250 kcal
14 g E · 19 g F · 4 g KH

Kirschtorte mit Mandelsahne

ZUTATEN FÜR CA. 16 STÜCKE

- etwas + 150 g weiche Butter
- 125 g + 3 TL Zucker
- 1 Päckchen Vanillin-Zucker
- Salz • 4 Eier (Gr. M)
- 200 g Mehl • 1 Päckchen Backpulver
- 5 EL (50 g) + 400 g + 300 g Schlagsahne
- 1 Glas (720 ml) Kirschen
- 35 g Speisestärke
- 75 g gemahlene Mandeln
- 75 g Mandelblättchen
- 2 Päckchen Sahnefestiger
- 300 g Marzipan-Rohmasse
- 100 g + etwas Puderzucker
- 50–75 g Aprikosen-Konfitüre
- evtl. Marzipanhäschen, Ostereier und Minze zum Verzieren
- Klarsichtfolie

1 Springform (26 cm Ø) fetten. 150 g Butter, 125 g Zucker, Vanillin-Zucker und 1 Prise Salz cremig rühren. Eier einzeln unterrühren. Mehl und Backpulver mischen, im Wechsel mit 5 EL Sahne kurz unterrühren. In die Form streichen. Im vorgeheizten Ofen (E-Herd: 175 °C/Umluft: 150 °C/Gas: Stufe 2) ca. 25 Minuten backen. Auskühlen.

2 Kirschen abtropfen, Saft dabei auffangen. Stärke und 5 EL Saft verrühren. Rest Saft aufkochen. Stärke einrühren, unter Rühren ca. 1 Minute köcheln. Kirschen unterheben, 10–15 Minuten abkühlen.

3 Gemahlene Mandeln und Mandelblättchen getrennt ohne Fett rösten, auskühlen. Biskuit 2 x waagerecht durchschneiden. Tortenring um 1. Boden schließen. Kirschen daraufstreichen, auskühlen.

4 400 g Sahne steif schlagen, dabei 1 Sahnefestiger und 2 TL Zucker einrieseln. Gemahlene Mandeln, bis auf 1 TL, unterheben. ⅓ Mandelsahne auf die Kirschen streichen. 2. Boden darauflegen. Rest Mandelsahne daraufstreichen. 3. Boden darauflegen. Die Torte mind. 30 Minuten kalt stellen.

5 300 g Sahne steif schlagen, dabei 1 Sahnefestiger und 1 TL Zucker einrieseln. Torte mit gut ⅔ Sahne dünn einstreichen. Rest Sahne in einen Spritzbeutel (Sterntülle) füllen, kalt stellen.

6 Marzipan raspeln, mit 100 g Puderzucker verkneten. Zwischen 2 Lagen Folie (rund ca. 40 cm Ø) ausrollen. Obere Folie abziehen. Kreis mithilfe der unteren auf die Torte legen. Marzipan andrücken. Überstehendes Marzipan abschneiden.

7 Konfitüre durch ein Sieb streichen. Tortenrand damit bestreichen. Mandelblättchen darandrücken, mit Puderzucker bestäuben. Torte mit Sahnetuffs, Rest gemahlenen Mandeln etc. verzieren.

ZUBEREITUNGSZEIT ca. 1 ½ Std.
AUSKÜHL-/KÜHLZEIT ca. 2 ½ Std.
BACKZEIT ca. 25 Min.
STÜCK ca. 550 kcal
8 g E · 35 g F · 46 g KH

* *lässt sich prima einfrieren*

Eierlikör-Sahnetorte

ZUTATEN FÜR CA. 16 STÜCKE

- 5 Eier (Gr. M)
- 200 g Zucker
- 200 g gemahlene Mandeln
- 3 gestrichene EL Kakao
- ½ gestrichener TL Backpulver
- 500 g Schlagsahne
- 1 Päckchen Vanillin-Zucker
- 150–175 ml Eierlikör
- 2 EL Zartbitter-Schokoraspel
- Backpapier

1 Den Boden einer Springform (26 cm Ø) mit Backpapier auslegen. Eier und Zucker in einer großen Rührschüssel mit den Schneebesen des Handrührgerätes ca. 8 Minuten schaumig rühren – es soll eine dickliche weiße Creme entstehen.

2 Mandeln, 2 EL Kakao und Backpulver mischen und mit einem Teigschaber vorsichtig und gleichmäßig unter die Eicreme heben.

3 Biskuitmasse in die Springform füllen und glatt streichen. Im vorgeheizten Backofen (E-Herd: 200 °C/Umluft: 175 °C/Gas: Stufe 3) 25–35 Minuten backen. Biskuit mit einem Messer rundum vom Springformrand lösen. Dann auf einem Kuchengitter in der Form auskühlen lassen.

4 Biskuitboden aus der Form lösen, Backpapier abziehen. Sahne steif schlagen, dabei Vanillin-Zucker einrieseln lassen. Sahne locker auf dem Boden verstreichen. Torte ca. 1 Stunde kalt stellen.

5 Kurz vorm Servieren Eierlikör vorsichtig auf die Sahne gießen (vorher nicht schütteln!). Rundherum mit Schokoraspeln bestreuen und mit 1 EL Kakao bestäuben.

ZUBEREITUNGSZEIT ca. 25 Min.
BACKZEIT 25–35 Min.
AUSKÜHL-/KÜHLZEIT ca. 2 ½ Std.
STÜCK ca. 300 kcal
6 g E · 20 g F · 18 g KH

* *lässt sich prima einfrieren*

Nusskuchen mit Mascarpone

ZUTATEN FÜR CA. 16 STÜCKE

- Fett und Mehl für die Form
- 200 g Möhren
- 50 g Mehl
- 250 g gemahlene Haselnüsse
- 1 Päckchen Backpulver
- 4 Eier (Gr. M)
- Salz
- 100 g + 50 g Zucker
- 200 g Mascarpone
- 100 g Magerquark
- 5 EL Orangensaft
- 2 Päckchen Vanillin-Zucker
- evtl. Mandel- und Pistazienkerne und Marzipan-Möhrchen zum Verzieren

1 Springform (26 cm Ø) fetten und mit Mehl ausstäuben. Möhren schälen, waschen und fein raspeln.

2 Mehl, Nüsse und Backpulver mischen. Eier trennen. Eiweiß, 2 EL kaltes Wasser und 1 Prise Salz steif schlagen, dabei 100 g Zucker einrieseln lassen. Eigelb einzeln darunterschlagen. Erst Mehlmischung und dann Möhren darunterheben. In die Form streichen. Im vorgeheizten Backofen (E-Herd: 175 °C/Umluft: 150 °C/Gas: Stufe 2) ca. 40 Minuten backen. Auskühlen lassen.

3 Mascarpone, Quark, Orangensaft, 50 g Zucker und Vanillin-Zucker verrühren. Locker auf den Kuchen streichen, ca. 30 Minuten kalt stellen. Mandeln halbieren und einige Pistazien hacken oder mahlen. Torte mit Möhrchen, Mandeln und Pistazien verzieren.

ZUBEREITUNGSZEIT ca. 1 ¼ Std.
BACKZEIT ca. 40 Min.
AUSKÜHL-/KÜHLZEIT ca. 1 ½ Std.
STÜCK ca. 230 kcal
7 g E · 15 g F · 15 g KH

* *lässt sich prima einfrieren*

Aus eigener „Ernte"

Sie können die Marzipan-Möhrchen auch selbst basteln: dazu 100 g Marzipan, 3 EL Puderzucker, etwas rote und gelbe Speisefarbe verkneten. Dann formen und mit einem Messer Rillen einritzen. Möhrengrün oder Pistazien daransetzen.

Aprikosen-Spiegelei-Törtchen

ZUTATEN FÜR 12 STÜCK

- Fett für die Förmchen
- 150 g + etwas Mehl
- 50 g + 75 g Zucker
- Salz
- 100 g kalte Butter/Margarine
- 350 g Speisequark (20 %)
- 3 EL Zitronensaft
- 2 Päckchen Vanillin-Zucker
- 200 g Schlagsahne
- 12 Aprikosenhälften (Dose)
- Puderzucker zum Bestäuben

1 12 Briocheförmchen (ca. 9 cm Ø, 3 cm hoch) oder ein Muffinblech (für 12 Stück) fetten. 150 g Mehl, 50 g Zucker, 1 Prise Salz, Fett in Stückchen und 2–3 EL eiskaltes Wasser erst mit den Knethaken des Handrührgerätes, dann kurz mit den Händen verkneten.

2 Teig auf etwas Mehl ca. 5 mm dick ausrollen, mit einem Förmchen ausstechen, Teig hineindrücken. Oder für ein Muffinblech den Teig zur Rolle formen und in 12 Stücke schneiden. Jedes Stück zur Kugel formen, auf wenig Mehl rund (ca. 11 cm Ø) ausrollen. Förmchen damit auslegen, den Teig am Rand hochdrücken. Teigböden mit einer Gabel mehrmals einstechen. Zugedeckt ca. 1 Stunde kalt stellen.

3 Törtchen im vorgeheizten Backofen (E-Herd: 200 °C/Umluft: 175 °C/ Gas: Stufe 3) ca. 12 Minuten backen. Ca. 10 Minuten abkühlen lassen, dann aus den Förmchen oder dem Blech stürzen und auskühlen.

4 Quark, Zitronensaft, 75 g Zucker und Vanillin-Zucker verrühren. Sahne steif schlagen und darunterheben. In die Törtchen füllen. Je 1 Aprikosenhälfte darauflegen. Ränder mit Puderzucker bestäuben.

ZUBEREITUNGSZEIT ca. 45 Min.
KÜHL-/AUSKÜHLZEIT ca. 2 Std.
BACKZEIT ca. 12 Min.
STÜCK ca. 260 kcal
5 g E · 14 g F · 26 g KH

* *lassen sich ohne Füllung prima einfrieren*

Das schönste Fest des Jahres

Ohne Plätzchen, Stollen und Weihnachtsgans einfach unvorstellbar! Deshalb hier Rezeptideen, die Sie in Weihnachtsstimmung bringen

HAUPTGERICHT
Weihnachtsgans mit Zimtrotkohl & Bratäpfeln

VORSPEISE
Rindsbouillon mit Eierstich

DESSERT
Honigkuchen-Tiramisu

Das brauchen Sie fürs ganze Menü

FLEISCH & GEFLÜGEL

- 1 Rinderbeinscheibe (500 g)
- 1 bratfertige Gans (ca. 4,5 kg)

GEMÜSE & OBST

- 1 großes Bund Suppengrün
- 4–5 EL TK-Erbsen
- 1–2 Möhren
- 1 Rotkohl (ca. 1,5 kg)
- evtl. etwas frischen Majoran
- 6–8 kleine Äpfel
- Beilage: evtl. 500 g–1 kg Kartoffeln

WAS SIE SONST NOCH BRAUCHEN

- 2 Eier • 100 ml Milch
- 2 EL Butterschmalz
- 250 g Mascarpone
- 250 g Magerquark
- 400–500 ml Gänsefond
- Beilage: evtl. 1 Packung „Teig für Kartoffelknödel halb & halb“ (für 12 Knödel) oder selbst gemachte
- 2 Dosen (à 314 ml) Mandarinen
- 1 Packung (350 g) Frühstückskuchen
- 100 ml kalten, starken Kaffee
- 3–4 EL Amarettolikör

DAS SOLLTEN SIE ZU HAUSE HABEN

- Butter oder Margarine
- Butterschmalz
- Salz • Pfeffer
- Lorbeerblätter
- Gewürznelken
- getrockneten Majoran
- Zimtstange
- gemahlenen Zimt
- Zucker
- Vanillin-Zucker
- Kakao
- Zwiebeln
- Essig • Mehl
- Holzspießchen
- Küchengarn • Alufolie

GETRÄNKE

Ein kräftiger vollmundiger Rotwein ist der perfekte Begleiter zur Weihnachtsgans. Zum Beispiel eine **Spätburgunder Spätlese** aus Baden oder ein kräftiger **Tempranillo** aus der Rioja in Spanien. Oder probieren Sie mal einen edlen Roten aus fernen Anbaugebieten wie der **Shiraz** aus Südafrika oder Australien.

VORSPEISE

Rindsbouillon mit Eierstich

ZUTATEN FÜR 6 PERSONEN

- 1 großes Bund Suppengrün
- 1 Zwiebel
- 1 Rinderbeinscheibe (500 g)
- Salz • Pfeffer • 1 Lorbeerblatt
- 1–2 Gewürznelken
- 2 Eier • 100 ml Milch
- etwas Fett für die Tassen
- 4–5 EL TK-Erbsen • Alufolie

1 Suppengrün schälen bzw. putzen, waschen. Hälfte grob würfeln (vom Rest 1 Stück Sellerie für die Gans beiseite legen). Zwiebel samt Schale halbieren. Schnittflächen im Suppentopf kräftig anrösten. Fleisch waschen. Mit Gemüsewürfeln, knapp 2 l Wasser, 1 TL Salz und Gewürzen aufkochen. Offen ca. 2 Stunden köcheln. Öfter abschäumen.

2 Eier, Milch und 1 Prise Salz verquirlen. In 2 gefettete Tassen füllen. Mit Folie verschließen. Im Topf im heißen Wasserbad zugedeckt bei schwacher Hitze 30–40 Minuten stocken lassen. Stürzen und auskühlen.

3 Rest Gemüse fein schneiden. Fleisch herausnehmen, Brühe durchsieben. Gemüse darin ca. 5 Minuten köcheln. Fleisch vom Knochen lösen, fein würfeln und zur Brühe geben. Abschmecken. Aus dem Eierstich Sterne ausstechen oder würfeln. In der Bouillon anrichten.

ZUBEREITUNGSZEIT ca. 2 ½ Std.
PORTION ca. 190 kcal
22 g E · 8 g F · 6 g KH

HAUPTSPEISE

Weihnachtsgans mit Zimtrotkohl & Bratäpfeln

ZUTATEN FÜR 6 PERSONEN

- 1 bratfertige Gans (ca. 4,5 kg)
- Salz • Pfeffer • Zucker
- 3–4 TL getrockneter Majoran
- 6–8 kleine Äpfel
- 4 Zwiebeln • 1–2 Möhren
- evtl. 1 Stück Knollensellerie (vom Suppengrün; Vorspeise)
- 400–500 ml Gänsefond (Glas)
- 1 Rotkohl (ca. 1,5 kg)
- 2 EL Butterschmalz
- 2 Lorbeerblätter
- 1 Zimtstange • etwas gem. Zimt
- 2–3 Gewürznelken
- 3–5 EL Essig • 2–3 EL Mehl
- evtl. Majoran zum Garnieren
- Holzspießchen • Küchengarn

1 Anhängendes Fett von der Gans entfernen. Gans waschen, innen mit Salz, Pfeffer und Majoran einreiben. 2 Äpfel waschen und hineinlegen. Öffnung zustecken

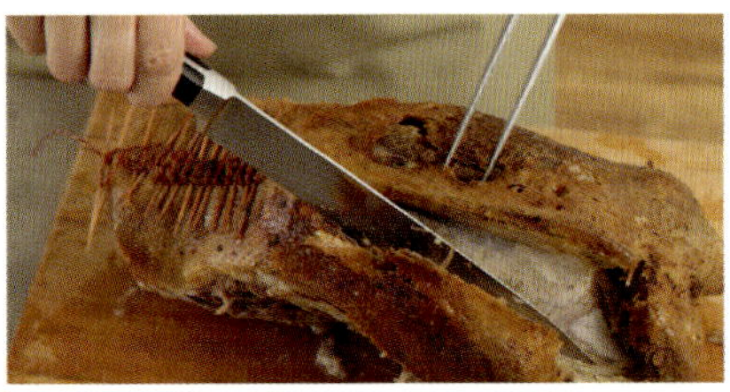

Perfekt tranchiert

Zuerst die Keulen und Flügel mit einem scharfen Messer oder der Geflügelschere abtrennen. Dann das Brustfleisch zu beiden Seiten des Brustbeins vom Knochen lösen und quer zur Faser in breite Stücke schneiden. Übriges Fleisch ablösen.

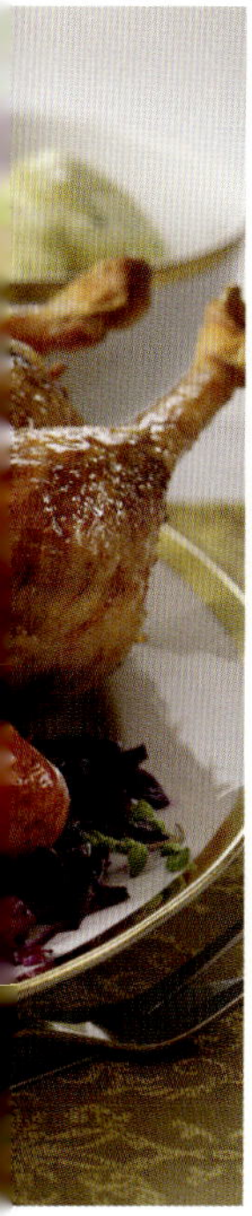

und mit Küchengarn kreuzweise verschnüren. Keulen zusammenbinden. Gans von außen nur mit Pfeffer einreiben.

2 Zwiebeln schälen und 2 in Spalten schneiden. Möhren schälen, waschen. Möhren und Sellerie grob würfeln. Alles auf der Fettpfanne verteilen. Gans auf dem Rost daraufsetzen. ¼ l Wasser angießen. Im vorgeheizten Backofen (E-Herd: 175 °C/Umluft: 150 °C/Gas: Stufe 2) ca. 3 ½ Stunden braten. Nach und nach Fond und ca. ⅜ l Wasser angießen.

3 Kohl putzen, waschen, vierteln. Strunk herausschneiden. Kohl in Streifen schneiden. 2 Zwiebeln würfeln. Im heißen Butterschmalz andünsten. Kohl, Lorbeer, Zimtstange und Nelken kurz mit andünsten. Mit Essig und gut ¼ l Wasser ablöschen. Mit Salz, Pfeffer und Zucker würzen. Aufkochen und zugedeckt ca. 1 ½ Stunden schmoren. Abschmecken.

4 Rest Äpfel waschen. 30 Minuten vor Ende der Bratzeit um die Gans verteilen. In den letzten 10 Minuten die Gans mit kaltem, stark gesalzenem Wasser einstreichen und bei höchster Hitze knusprig braten.

5 Gans und Äpfel warm stellen. Fond durchsieben, entfetten und aufkochen. Mehl in wenig Wasser anrühren und Soße damit binden. Abschmecken. Alles anrichten und garnieren. Soße dazureichen. Dazu schmecken Kartoffelklöße und/oder Salzkartoffeln.

ZUBEREITUNGSZEIT ca. 4 ¼ Std.
PORTION ca. 670 kcal
54 g E · 36 g F · 27 g KH

DESSERT

Honigkuchen-Tiramisu

ZUTATEN FÜR 6 PERSONEN

- **2 Dosen (à 314 ml) Mandarinen**
- **1 Packung (350 g) Frühstückskuchen**
- **100 ml kalter, starker Kaffee**
- **3–4 EL Amaretto-Likör**
- **250 g Mascarpone**
- **250 g Magerquark**
- **1 Päckchen Vanillin-Zucker**
- **ca. 2 EL Kakao**

1 Mandarinen abtropfen, Saft dabei auffangen. Kuchen in 8 Scheiben schneiden. Eine Form (ca. 14 x 24 cm) damit auslegen. Kaffee und Likör verrühren und darüberträufeln.

2 Mandarinen darauf verteilen. Mascarpone, Quark, 6 EL Mandarinensaft und Vanillin-Zucker verrühren. Creme auf die Mandarinen geben. Mind. 2 Stunden kalt stellen. Danach mit Kakao bestäuben. In 6 Stücke schneiden, anrichten und verzieren.

ZUBEREITUNGSZEIT ca. 20 Min.
KÜHLZEIT mind. 2 Stunden.
PORTION ca. 470 kcal
10 g E · 19 g F · 61 g KH

Festlicher Serviettenstern

Aus Seidenpapier Streifen von 7 x 50 cm zuschneiden. In eine der langen Seiten mit der Schere Bögen schneiden. Streifen zur Ziehharmonika falten. Die Faltentiefe beträgt ca. 1 cm. Um den Stern zu stabilisieren, diesen mit dem Muster nach oben vor sich hinlegen, Nähgarn einfädeln. Falte für Falte in der Mitte des Sterns mit Nähgarn zusammennähen. Enden des Fadens straff zusammenziehen und verknoten. Den Streifen an zwei nebeneinanderliegenden Falten zum Kreis schließen und mit doppelseitigem Klebeband fixieren.

Zeitplan

1 TAG VORHER
- Vorspeise: Brühe kochen – Gemüseeinlage noch nicht mitgaren. Eierstich zubereiten.
- Rotkohl kochen (s. Hauptgericht 3).
- Dessert: Honigkuchen-Tiramisu zubereiten und kalt stellen.

4 ½ STUNDEN VORHER
- Gans vorbereiten (s. Hauptgericht 1).

3 ¾ STUNDEN VORHER
- Röstgemüse vorbereiten und Gans braten (s. Hauptgericht 2).

2 STUNDEN VORHER
- Knödel formen für die Beilage und/oder Kartoffeln schälen.

30 MINUTEN VORHER
- Äpfel mit in den Ofen geben (s. Hauptgericht 4).
- Rotkohl erhitzen und abschmecken.
- Knödel und/oder Kartoffeln garen.
- Vorspeise: Brühe fertig stellen.

10 MINUTEN VORHER
- Gans mit Salzwasser bestreichen und knusprig braten (s. Hauptgericht 4).
- Soße zubereiten (s. Hauptgericht 5).

NACH DEM HAUPTGERICHT
- Dessert: Tiramisu anrichten und verzieren.

Rehfilet in Holunder-Pilz-Soße

ZUTATEN FÜR 4 PERSONEN

- 5 Brötchen (vom Vortag; 250 g)
- 200 ml Milch
- 2 mittelgroße Zwiebeln
- 50 g geräucherter durchwachsener Speck
- 1 Dose (425 ml) oder 250 g frische Pfifferlinge
- 1 EL Butter
- 4 Stiele Petersilie
- 2 Eier (Gr. M)
- evtl. 1–2 EL Mehl
- Salz • Pfeffer • Muskat
- 750 g ausgelöster Rehrücken (am besten vorbestellen)
- 1–2 TL Wild-Gewürz
- 1 EL Butterschmalz
- ca. 100 ml Holunderbeersaft (ohne Zuckerzusatz)
- 200 ml Wildfond (Glas)
- 100 g Schlagsahne
- 1–2 TL Speisestärke
- evtl. Baby-Birnen (Glas)
- Alufolie

1 Für den Serviettenkloß Brötchen würfeln. Milch erhitzen, darübergießen, ca. 20 Minuten ziehen lassen.

2 Zwiebeln schälen und hacken. Speck fein würfeln. Die Pilze putzen bzw. gut abtropfen lassen.

3 Hälfte Zwiebeln in der heißen Butter andünsten. Petersilie waschen, hacken. Beides mit Brötchen, Eiern und evtl. Mehl verkneten. Mit Salz, Pfeffer und Muskat würzen. Auf einem feuchten Geschirrtuch zur Rolle (ca. 6 cm Ø) formen und ins Tuch einrollen. Enden verknoten.

4 Filet waschen und trocken tupfen. Mit Salz, Pfeffer und Wild-Gewürz einreiben. Fleisch im heißen Butterschmalz anbraten und bei mittlerer Hitze 15–20 Minuten weiterbraten.

5 Den Serviettenkloß in einem weiten Topf in siedendem Salzwasser halb zugedeckt ca. 25 Minuten gar ziehen lassen.

6 Fleisch in Alufolie wickeln, warm stellen. Speck, Rest Zwiebeln und Pilze im heißen Bratfett kräftig anbraten, herausnehmen. Den Bratensatz mit Saft und Fond ablöschen. Bei starker Hitze 3–4 Minuten einkochen. Sahne zufügen und alles aufkochen. Stärke und etwas Wasser verrühren. Soße damit binden, abschmecken. Pilzmischung zufügen. Filet und Kloß aufschneiden. Mit Soße anrichten und garnieren. Dazu schmeckt Rotkohl.

ZUBEREITUNGSZEIT ca. 1¼ Std.
PORTION ca. 700 kcal
52 g E · 34 g F · 42 g KH

Lachsfilet in Blätterteig

ZUTATEN FÜR 4 PERSONEN

- 450 g TK-Blätterteig
- je 1 Bund Petersilie und Dill
- 2 Scheiben Toastbrot
- 500–600 g Lachsfilet
- 2 EL Zitronensaft
- Mehl für die Arbeitsfläche
- Salz • Pfeffer • Cayennepfeffer
- 1 Eigelb
- 200–250 g Langkorn-Wildreis-Mischung
- 500 g Broccoli
- 2 Schalotten oder kleine Zwiebeln
- 1 EL Öl
- 400 ml Riesling-Wein
- 200 g Schlagsahne
- 1 gestrichenen EL Speisestärke
- Backpapier

1 Blätterteig auftauen lassen. Kräuter waschen und, bis auf etwas Dill, grob hacken. Toastbrot entrinden. Brot fein mahlen (z. B. im Universal-Zerkleinerer) bzw. fein zerbröseln. Lachs waschen, evtl. entgräten, gut trocken tupfen. Mit Zitronensaft beträufeln.

2 Teigplatten aufeinanderlegen. Auf leicht bemehlter Arbeitsfläche zum Rechteck (ca. 28 x 36 cm) ausrollen. Toastbrösel an der Längsseite auf ca. ⅓ der Teigfläche verteilen. Den Lachs mit Salz und Pfeffer würzen, darauflegen. Mit Kräutern bestreuen.

3 Teig darüberschlagen und an den Nahtstellen gut andrücken. Überstehenden Teig abschneiden (nicht zusammenkneten!). Dann daraus etwa 8 Streifen schneiden und evtl. Blüten ausstechen. Eigelb und 2 EL Wasser verrühren. Teig damit bestreichen, Teigstreifen und Blüten darauflegen. 3 Löcher in den Blätterteig stechen, damit der Dampf entweichen kann.

4 Lachs auf ein mit Backpapier ausgelegtes Backblech setzen. Im vorgeheizten Backofen (E-Herd: 200 °C/Umluft: 175 °C/Gas: Stufe 3) auf der untersten Schiene (Gas s. Herdhersteller) 40–50 Minuten backen.

5 Die Reis-Mischung in 400–500 ml kochendes Salzwasser geben. Zugedeckt bei schwacher Hitze ca. 20 Minuten ausquellen lassen.

6 Broccoli putzen, waschen und in Röschen teilen. In wenig kochendem Salzwasser zugedeckt 5–8 Minuten dünsten.

7 Schalotten schälen, würfeln und im heißen Öl andünsten. Mit Wein ablöschen, ca. 5 Minuten einkochen. Sahne angießen, aufkochen. Mit Salz und Cayennepfeffer abschmecken. Stärke und 1 EL Wasser glatt rühren. Soße binden. Lachs mit Broccoli, Reis und Soße anrichten. Mit Dill garnieren.

ZUBEREITUNGSZEIT ca. 1½ Std.
PORTION ca. 1080 kcal
41 g E · 58 g F · 83 g KH

Traumhafte Trüffelspitzen

ZUTATEN FÜR CA. 20 STÜCK

- 150 g + 250 g Zartbitter-Kuvertüre
- 250 g Schlagsahne
- 500 g Marzipan-Rohmasse
- 100 g Puderzucker
- 2 leicht gehäufte EL (20 g) Kakao
- ca. 20 Amarena-Kirschen (kandiert in Sirup; 250-g-Glas)
- 1 EL Öl oder ½ Würfel (10 g) weißes Plattenfett (z. B. Palmin)
- evtl. Blattgold zum Verzieren
- Backpapier
- 1 großer Gefrierbeutel

1 Gesamte Kuvertüre grob hacken. Sahne aufkochen und vom Herd ziehen. 150 g Kuvertüre unter Rühren darin schmelzen. Auskühlen lassen. Dann ca. 3 Stunden kalt stellen.

2 Marzipan grob raspeln. Puderzucker und Kakao mischen, mit dem Marzipan verkneten. Portionsweise auf Backpapier setzen, einen Gefrierbeutel darauflegen und ca. 1 mm dick ausrollen. Ca. 20 Quadrate (ca. 10 x 10 cm) ausschneiden.

3 Schokosahne mit dem Handrührgerät kurz aufschlagen und in einen Spritzbeutel mit großer Lochtülle füllen. In die Mitte der Quadrate jeweils 1 Tuff (ca. 1,5 cm Ø; ca. 1,5 cm hoch) spritzen und 1 Kirsche darauflegen.

4 Jedes Marzipanquadrat an allen 4 Spitzen hochziehen und über der Kirsche zur kegelförmigen Spitze zusammendrücken. Ca. 30 Minuten kühlen.

5 250 g Kuvertüre mit Öl im heißen Wasserbad schmelzen. Pralinen kurz hineintauchen, abtropfen und auf einem Pralinengitter oder Backpapier etwas antrocknen lassen. Spitzen mit Blattgold verzieren, ganz trocknen lassen. An einem kühlen trockenen Ort (nicht im Kühlschrank) aufbewahren.

ZUBEREITUNGSZEIT ca. 2 Std.
KÜHLZEIT ca. 3½ Std.
TROCKENZEIT ca. 4 Std.
STÜCK ca. 280 kcal
4 g E · 19 g F · 22 g KH

Nougat-Kringel mit Haselnüssen

ZUTATEN FÜR CA. 50 STÜCK

- 175 g + etwas Mehl
- 50 g Puderzucker
- 1 TL Zimt
- Salz
- 75 g kalte Butter
- 1 Ei (Gr. M)
- ca. 150 g Haselnusskerne (mit oder ohne Haut)
- 400 g Nussnougat (schnittfest)
- 300 g Zartbitter-Kuvertüre
- 300 g Vollmilch-Kuvertüre
- 75 g weiße Kuvertüre
- Backpapier
- 1 kleiner Gefrierbeutel

1 175 g Mehl, Puderzucker, Zimt und 1 Prise Salz, Butter in Stückchen und Ei erst mit den Knethaken des Handrührgerätes und dann kurz mit den Händen glatt verkneten. Den Mürbeteig zugedeckt ca. 30 Minuten kalt stellen.

2 2 Backbleche mit Backpapier auslegen. Teig auf wenig Mehl ca. 3 mm dick ausrollen. Insgesamt ca. 50 Ringe (außen ca. 5 cm Ø; Loch innen ca. 2 cm Ø) ausstechen und auf die Bleche legen. Im vorgeheizten Backofen (E-Herd: 175 °C/ Umluft: 150 °C/Gas: Stufe 2) 10–12 Minuten backen. Auskühlen lassen.

3 Haselnüsse ohne Fett rösten und auskühlen lassen. Nougat würfeln und im heißen Wasserbad schmelzen. Auskühlen lassen. Kalt stellen, bis die Masse spritzfähig ist. In einen Spritzbeutel (mit mittelgroßer Lochtülle) füllen. Auf jeden Ring einen Nougatring spritzen und ca. 7 Haselnüsse daraufsetzen. Mindestens 3 Stunden an einen kühlen Ort stellen.

4 Zartbitter- und Vollmilch-Kuvertüre hacken und zusammen im heißen Wasserbad schmelzen. Kringel damit überziehen und trocknen lassen.

5 Weiße Kuvertüre grob hacken, im heißen Wasserbad schmelzen. In einen Gefrierbeutel geben. Eine kleine Ecke abschneiden. Kringel damit verzieren, trocknen lassen.

ZUBEREITUNGSZEIT ca. 1 Std.
AUSKÜHL-/KÜHLZEIT ca. 4 Std.
BACKZEIT PRO BLECH 10–12 Min.
TROCKENZEIT ca. 1 Std.
STÜCK ca. 160 kcal
2 g E · 10 g F · 15 g KH

Zweierlei Butter-Spritzgebäck

ZUTATEN FÜR CA. 25 STÜCK

- 25 g Zartbitter-Schokolade
- 200 g weiche Butter
- 100 g Puderzucker
- 1 Päckchen Vanillin-Zucker
- Salz
- 1 Ei (Gr. M)
- 275 g Mehl
- 2–3 EL Milch
- Backpapier

1 2 Backbleche mit Backpapier auslegen. Schokolade fein reiben. Butter, Puderzucker, Vanillin-Zucker und 1 Prise Salz cremig rühren. Ei darunterrühren. Mehl im Wechsel mit der Milch kurz unterrühren.

2 Teig halbieren. Unter eine Hälfte kurz die Schokolade rühren. Teige nacheinander in einen Spritzbeutel (mit mittelgroßer Sterntülle) füllen und Kringel (ca. 6 cm Ø) auf die Bleche spritzen. Im vorgeheizten Backofen (E-Herd: 200 °C/Umluft: 175 °C/Gas: Stufe 3) ca. 15 Minuten backen. Auskühlen lassen.

ZUBEREITUNGSZEIT ca. 15 Min.
BACKZEIT PRO BLECH ca. 15 Min.
STÜCK ca. 130 kcal
1 g E · 8 g F · 13 g KH

Lebkuchen-Herzen

ZUTATEN FÜR 16 STÜCK

- 8 rechteckige Back-Oblaten (122 x 202 mm)
- je 50 g Zitronat und Orangeat
- 4 Eier (Gr. M)
- 250 g Zucker • Salz
- 1½ TL gemahlener Kardamom
- je ½ TL gemahlene Nelken und Muskatblüten
- 1 EL Zimt
- 1 Msp. Hirschhornsalz
- 3 EL Milch
- 250 g Mehl
- 100 g Mandelblättchen
- 3 EL (30 g) Pistazienkerne
- ca. 75 g Mandelkerne (ohne Haut)
- ca. 50 g rote Belegkirschen
- 200 g Puderzucker
- 2 EL Zitronensaft
- 250 g Zartbitter-Kuvertüre
- evtl. weihnachtliche Glanzbilder und Schleifenband zum Verzieren
- Backpapier

1 Aus jeder Oblate 2 Herzen (je ca. 11 cm breit) ausschneiden. Zitronat und Orangeat hacken. Eier, Zucker, 1 Prise Salz und Gewürze ca. 5 Minuten schaumig schlagen. Hirschhornsalz in 1 EL Milch auflösen und darunterschlagen. Erst Mehl, dann Zitronat, Orangeat und Mandelblättchen unterheben.

2 Oblatenherzen auf 2 mit Backpapier ausgelegte Backbleche legen. Teig daraufstreichen, dabei je ca. ½ cm Rand frei lassen. Nacheinander im vorgeheizten Backofen (E-Herd: 175 °C/Umluft: 150 °C/Gas: Stufe 2) 12–15 Minuten backen. Sofort mit einer Lochtülle ein Loch ausstechen. Auskühlen lassen.

3 Pistazien, Mandeln und Kirschen halbieren. Puderzucker, Saft, 2 EL Milch und 1–2 EL heißes Wasser glatt rühren. Kuvertüre grob hacken und im heißen Wasserbad schmelzen. Je 8 Herzen mit Kuvertüre bzw. Guss überziehen. Mit Glanzbildern, Pistazien, Mandeln und Kirschen verzieren. Trocknen lassen. Mit Schleifenband versehen.

ZUBEREITUNGSZEIT ca. 1 Std.
BACKZEIT PRO BLECH 12–15 Min.
AUSKÜHLZEIT ca. 1 Std.
STÜCK ca. 350 kcal
6 g E · 12 g F · 53 g KH

Gefüllte Haselnuss-Kipferl

ZUTATEN FÜR 20 STÜCK

- 200 g weiche Butter
- 100 g Zucker
- Salz
- ca. ¼ TL Zimt
- 1 Eiweiß (Gr. M)
- 150 g gemahlene Haselnüsse
- 200 g Mehl
- 100 g Himbeer-Konfitüre
- Puderzucker zum Bestäuben
- Backpapier

1 Butter, Zucker, 1 Prise Salz und Zimt cremig rühren. Eiweiß darunterrühren. Nüsse und Mehl mischen und portionsweise kurz unterrühren.

2 Teig in einen Spritzbeutel (mit großer Lochtülle) füllen und 40 bogenförmige Plätzchen auf 2 mit Backpapier ausgelegte Bleche spritzen. Im vorgeheizten Backofen (E-Herd: 175 °C/Umluft: 150 °C/Gas: Stufe 2) 10–12 Minuten backen. Auskühlen lassen.

3 Konfitüre glatt verrühren. 20 Kipferl damit bestreichen. Übrige Kipferl darauflegen und leicht andrücken. Mit Puderzucker bestäuben.

ZUBEREITUNGSZEIT ca. 30 Min.
BACKZEIT PRO BLECH 10–12 Min.
AUSKÜHLZEIT ca. 45 Min.
STÜCK ca. 190 kcal
2 g E · 13 g F · 16 g KH

Extra-Tipps

Ist der Teig zu fest und dadurch nicht spritzfähig, noch 1–2 EL Milch oder Wasser unterrühren.

Wer keine Haselnüsse mag oder verträgt, nimmt gemahlene Mandeln. Die Kipferl schmecken auch ungefüllt ohne Konfitüre lecker.

Rudolph, das Rentier

ZUTATEN FÜR JE
CA. 18 KLEINE & GROSSE RENTIERE

- 325 g + etwas Mehl
- 200 g kalte Butter
- 50 g gemahlene Haselnüsse
- 125 g + 100 g + etwas Puderzucker
- 1 leicht gehäufter TL Kakao
- 1 Ei (Gr. M)
- 1–2 EL Zitronensaft
- evtl. rote Zuckerperlen, braune und rote Zuckerschrift zum Verzieren
- Backpapier • 1 kleiner Gefrierbeutel

1 325 g Mehl, Butter in Stückchen, Nüsse, 125 g Puderzucker, Kakao und Ei erst mit den Knethaken des Handrührgerätes und dann kurz mit den Händen zum glatten Teig verkneten. Zugedeckt ca. 30 Minuten kalt stellen.

2 2 Backbleche mit Backpapier auslegen. Teig auf wenig Mehl ca. ½ cm dick ausrollen. Mit großen und kleinen Rentier-Ausstechformen (s. Tipp) Kekse ausstechen und auf die Bleche legen. Im vorgeheizten Backofen (E-Herd: 175 °C/ Umluft: 150 °C/Gas: Stufe 2) ca. 12 Minuten backen. Auskühlen lassen.

3 100 g Puderzucker und Saft zum glatten Guss verrühren. In den Gefrierbeutel füllen, eine kleine Ecke abschneiden und damit Nase, Mund, Augen, Geweih, Schwanz und Hufe aufspritzen.

4 Als Nasenspitzen rote Perlen in den Guss kleben. Die Tuben mit Zuckerschrift durchkneten, bis sie weich sind. Mit brauner Schrift Augen und mit der roten Halsbänder aufmalen. Trocknen lassen. Mit Puderzucker bestäuben.

ZUBEREITUNGSZEIT ca. 1 Std.
KÜHLZEIT ca. 30 Min.
BACKZEIT PRO BLECH ca. 12 Min.
AUSKÜHLZEIT ca. 1 Std.

Baileys-Zimtsahne-Torte

ZUTATEN FÜR CA. 16 STÜCKE

- 3 Eier (Gr. M) • Salz
- 75 g + 1 EL Zucker
- 4 Päckchen Vanillin-Zucker
- 50 g Mehl • 50 g Speisestärke
- 1 gestrichener TL Backpulver
- 100 g + 2 EL Walnusskerne
- 8 Blatt weiße Gelatine
- 250 g + 300 g + 300 g Schlagsahne
- ½–1 TL Zimt
- 200 ml + 3 EL Baileys Cream (Whiskey-Sahne-Likör)
- Kakao + evtl. Zimtsterne zum Verzieren
- Backpapier

1 Springform (26 cm Ø) am Boden mit Backpapier auslegen. Eier trennen. Eiweiß, 3 EL Wasser und 1 Prise Salz steif schlagen, dabei 75 g Zucker und 1 Vanillin-Zucker einrieseln. Eigelb einzeln darunterschlagen. Mehl, Stärke und Backpulver mischen und unterheben. In die Form streichen. Im heißen Ofen (E-Herd: 175 °C/Umluft: 150 °C/Gas: Stufe 2) ca. 25 Minuten backen. Auskühlen lassen.

2 100 g Nüsse hacken. 5 und 3 Blatt Gelatine getrennt kalt einweichen. Biskuit 1x durchschneiden. Um den unteren Boden einen Tortenring legen. 250 g Sahne steif schlagen, dabei 1 EL Zucker und Zimt einrieseln. 5 Blatt Gelatine ausdrücken und bei schwacher Hitze auflösen. 200 ml Baileys löffelweise einrühren. Unter Rühren zur Sahne gießen. Auf den unteren Boden streichen. 2. Boden darauflegen, mit 3 EL Likör beträufeln.

3 300 g Sahne steif schlagen, dabei 2 Vanillin-Zucker einrieseln. 3 Blatt Gelatine ausdrücken, auflösen. 1–2 EL Sahne einrühren. Unter Rühren zur Sahne gießen. Gehackte Nüsse unterheben. Auf den 2. Boden streichen. Ca. 4 Std. kühlen.

4 2 EL Nüsse grob hacken. 300 g Sahne steif schlagen, dabei 1 Vanillin-Zucker einrieseln lassen. ⅓ Sahne in einen Spritzbeutel (Sterntülle) füllen. Torte mit Rest Sahne einstreichen, mit Sahnetuffs, Rest Nüssen, Kakao und Sternen verzieren.

ZUBEREITUNGSZEIT ca. 50 Min.
BACKZEIT ca. 25 Min.
AUSKÜHL-/KÜHLZEIT ca. 5 Std.
STÜCK ca. 330 kcal
5 g E · 22 g F · 21 g KH

* *lässt sich ohne Zimtsterne prima einfrieren*

Schoko-Kirsch-Schnitten

ZUTATEN FÜR CA. 12 STÜCKE

- 80 g Zartbitter-Schokolade
- 4 Eier (Gr. M) • Salz • 75 g Zucker
- 2 Päckchen Vanillin-Zucker
- 125 g Mehl
- 1 gestrichener TL Backpulver
- 1 gestrichener TL Lebkuchen-Gewürz
- 1 Glas (720 ml) Kirschen
- 1 Päckchen Puddingpulver „Vanille" (zum Kochen; für ½ l Milch)
- 300 g Schlagsahne
- 2 TL Puderzucker
- Zimt und Kakao zum Bestäuben
- Backpapier

1 Eine quadratische Springform (ca. 23 x 23 cm) am Boden mit Backpapier auslegen. Schokolade in Stücke brechen und im heißen Wasserbad schmelzen. Ca. 5 Minuten abkühlen lassen.

2 Eier trennen. Eiweiß und 1 Prise Salz steif schlagen, Zucker und 1 Päckchen Vanillin-Zucker dabei einrieseln lassen. Eigelb einzeln darunterschlagen. Flüssige Schokolade nach und nach unterrühren. Mehl, Backpulver und Gewürz daraufsieben, unterheben. In die Form streichen. Im vorgeheizten Backofen (E-Herd: 200 °C/Umluft: 175 °C/Gas: Stufe 3) ca. 15 Minuten backen. Auskühlen lassen.

3 Kirschen abtropfen, Saft auffangen. Puddingpulver und 6 EL Saft verrühren. Rest Saft aufkochen, Puddingpulver einrühren. Unter Rühren ca. 1 Minute köcheln. Kirschen unterheben. Ca. 15 Minuten abkühlen lassen.

4 Biskuit waagerecht halbieren. Den Formrand um den 1. Boden schließen. Kompott daraufstreichen. Den 2. Boden darauflegen. Sahne und 1 Päckchen Vanillin-Zucker steif schlagen. Auf den 2. Boden streichen. Ca. 2 Stunden kalt stellen.

5 Kuchen in ca. 12 Stücke schneiden. Vor dem Servieren je 1 TL Puderzucker mit Zimt bzw. Kakao mischen. Mithilfe einer Schablone oder Ausstechform Tannenbäume auf jede Schnitte stäuben.

ZUBEREITUNGSZEIT ca. 45 Min.
AB-/AUSKÜHL-/KÜHLZEIT ca. 3½ Std.
BACKZEIT ca. 15 Min.
STÜCK ca. 280 kcal
5 g E · 13 g F · 34 g KH

* *lassen sich prima einfrieren*

Stollinis mit Rumrosinen

ZUTATEN FÜR CA. 65 STÜCK

- 200 g Rosinen
- 4 EL Rum (ersatzw. Orangensaft)
- 500 g Mehl
- 100 ml + 100 ml Milch
- 2 EL + 50 g Zucker
- 2 Päckchen Trockenhefe
- 200 g + 150 g Butter
- 1 Päckchen Vanillin-Zucker
- Salz
- abgeriebene Schale von 1 Bio-Zitrone
- 100 g gemahlene Mandeln (ohne Haut)
- 100 g + 5 EL gehackte Mandeln
- 125 g Puderzucker
- Backpapier

1 Rosinen abspülen, abtropfen lassen. Mit Rum mischen, ziehen lassen. Mehl in eine Schüssel geben, in die Mitte eine Mulde drücken. 100 ml Milch und 2 EL Zucker leicht erwärmen, Hefe einrühren. In die Mulde gießen, mit etwas von dem Mehl zum Vorteig verrühren. Zugedeckt an einem warmen Ort ca. 30 Minuten gehen lassen.

2 200 g Butter schmelzen, 100 ml Milch zugießen. 50 g Zucker, Vanillin-Zucker, 1 Prise Salz, Zitronenschale, gemahlene Mandeln und lauwarmes Milch-Fett-Gemisch zum Vorteig geben. Alles mit den Knethaken des Handrührgerätes glatt verkneten. Rosinen und 100 g gehackte Mandeln mit den Händen darunterkneten. Zugedeckt mind. 1 Stunde gehen lassen.

3 3 Backbleche mit Backpapier auslegen. Teig kurz durchkneten, knapp walnussgroße Nocken daraus formen, etwas flacher drücken, längs zu ⅔ überklappen. Auf die Bleche setzen.

4 150 g Butter schmelzen. Die Stollinis mit etwas flüssiger Butter bestreichen, mit 5 EL gehackten Mandeln bestreuen und leicht andrücken. Im vorgeheizten Backofen (E-Herd: 200 °C/Umluft: 175 °C/Gas: Stufe 3) ca. 12 Minuten backen. Noch heiß mit der übrigen flüssigen Butter (evtl. nochmals erwärmen) bestreichen und dick mit Puderzucker bestäuben. Auskühlen lassen.

ZUBEREITUNGSZEIT ca. 1 Std.
GEHZEIT mind. 1½ Std.
BACKZEIT PRO BLECH ca. 12 Min.
STÜCK ca. 120 kcal
2 g E · 7 g F · 11 g KH

Lebkuchenhäuschen

ZUTATEN FÜR 1 HÄUSCHEN

- 1 Packung (400 g) Honig-Lebkuchenteig (Kühlregal)
- Mehl für die Arbeitsfläche
- Mandeln, Belegkirschen, Haselnüsse und bunte Zuckerperlen zum Verzieren
- 1 frisches Eiweiß (Gr. M)
- 200 g Puderzucker
- Backpapier • 1 kleiner Gefrierbeutel

1 Teig gut durchkneten und auf wenig Mehl ½ cm dick ausrollen. 2 Giebelwände ausschneiden: ca. 8 cm breit, an den Seiten 5 cm und in der Mitte 10 cm hoch. Den übrigen Teig verkneten, auf etwas Mehl ausrollen. Für Dach und Wände je 2 Quadrate (5 x 5 und 8 x 8 cm) ausschneiden.

2 Teigreste verkneten, zur Kugel formen und auf wenig Mehl zum Kreis (ca. 15 cm Ø) ausrollen. Alle Teile auf ein mit Backpapier belegtes Blech legen. Mit Wasser bestreichen. Größere Dachteile und Kreis mit Mandeln und halbierten Kirschen verzieren. Lebkuchenteile im vorgeheizten Backofen (E-Herd: 175 °C/ Umluft: 150 °C/Gas: Stufe 2) 6–8 Minuten backen. Auskühlen lassen.

3 Eiweiß und Puderzucker mit den Schneebesen des Handrührgerätes dickcremig schlagen. Guss in einen Gefrierbeutel geben und eine kleine Ecke abschneiden. Kanten der Wände damit bespritzen, auf dem Kreis zum Häuschen zusammenkleben, dabei durch Becher oder Glas abstützen. Trocknen lassen.

4 Becher entfernen und die Dachteile aufkleben. Mit übrigem Guss Türen und Fenster aufmalen. Eiszapfen an die Dachkanten spritzen. Nüsse und Zuckerperlen aufs Häuschen kleben und alles trocknen lassen.

ZUBEREITUNGSZEIT ca. 1¼ Std.
BACKZEIT 6–8 Min.
AUSKÜHLZEIT ca. 45 Min.
TROCKENZEIT ca. 2 Std.